법무부 사회통합프로그램(KIIP)

한국어와 한국문화

교사용 지도서

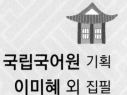

국립국어원 기획
이미혜 외 집필

Hawoo Publishing Inc.

발간사

2020년 9월호 법무부 출입국·외국인 통계월보에 따르면 국내 체류 외국인은 약 210만 명으로 2010년보다 2배 가까이 증가하였습니다. 그런데 주목할 점은 체류 외국인이 양적으로 증가하였을 뿐만 아니라 이들의 유형이 결혼 이민자를 비롯하여 근로자, 유학생, 중도 입국 자녀 등으로 점차 다양해졌다는 것입니다. 이러한 변화는 다양한 언어와 문화적 배경을 가진 구성원과의 '공존'의 중요성을 한국 사회에 알리는 동시에 '소통'의 과제를 던져 준다고 생각합니다.

이에 국립국어원에서는 한국에 온 외국인들이 체계적으로 한국어를 배워 한국 사회의 일원으로 능동적으로 생활하고, 사회 구성원 간의 의사소통이 더욱 원활할 수 있도록 지원하고 있습니다. 그리고 이를 위한 교육 내용을 연구하고, 한국어 교재를 발간하고 있습니다. 이번에 발간되는 ≪사회통합프로그램(KIIP) 한국어와 한국문화≫는 이러한 노력의 결실 중 하나라 할 수 있습니다.

이번 교재 개발에는 한국어 교육 및 사회·문화 교육 전문가가 집필자와 검토자로 참여하여 한국어와 한국 문화의 전문적 내용을 체계적이면서도 친근하게 구성하였습니다. 특히 '사회통합프로그램'을 총괄하는 법무부의 협조로 현장 요구 조사와 시범 적용을 실시하여 교사와 학습자의 의견을 폭넓게 반영하기 위해 노력하였습니다. 그리고 한국어 능력 향상뿐만 아니라 문화 다양성을 고려하여 내용을 구성하였으며, 풍부한 보조 자료를 제공함으로써 교사와 학습자가 손쉽게 활용할 수 있도록 하였습니다.

본 교재는 기초편 교재 1권, 초급 교재 2권, 중급 교재 2권의 5권으로 구성되며, 이 구성에 따라 학습자용 익힘책과 교사용 지도서가 본 교재와 함께 출간됩니다. 이와 함께 학습자용 유형별 보조 자료와 수업용 보조 자료를 별도로 제작하여 현장에서 손쉽게 사용할 수 있도록 제공하였습니다.

아무쪼록 이 교재가 사회통합프로그램에 참여하는 학습자들에게 한국어를 체계적이고 충실하게 익힐 수 있는 유용한 길잡이로 널리 활용되기를 바랍니다. 그래서 이 교재를 사용하는 이민자들이 한국 사회의 주체적인 구성원으로서 안정적인 생활을 영위하는 데 도움이 되기를 희망합니다.

끝으로 이 교재의 개발을 위해 최선의 노력을 기울여 주신 교재 개발진과 출판사 관계자 분들께 깊은 감사의 말씀을 드립니다.

2020년 12월

국립국어원장 소강춘

머리말

국내 체류 외국인의 수가 100만 명을 넘은 2007년을 기점으로 한국 사회는 다문화 사회의 도래를 대비하기 위해 제도적 준비를 해 왔습니다. 그중 이민 초기 정착 단계의 필수적인 지원 사항인 한국어 학습은 여러 부처에서 다양한 프로그램으로 운영되었는데, 2020년부터 법무부가 주관하는 사회통합프로그램으로 표준화되었습니다. 사회통합프로그램은 국내 체류 이민자를 대상으로 하는 '한국어와 한국문화', '한국사회이해' 교육 프로그램으로, 결혼 이민자와 근로자, 유학생 등 전문 인력, 중도 입국 자녀 등이 참여합니다. 2009년에 처음 시행된 이후 점점 성장하여, 현재 약 350개의 운영 기관에서 약 6만 명의 이민자들이 교육에 참여하고 있습니다.

이민자 대상의 한국어 교육에서 사회통합프로그램의 중요성이 커지면서 교육의 체계화와 효율화, 변화하는 사회 양상의 반영 등을 위해 교재 개발 연구가 진행되었고, 그 결과물이 ≪사회통합프로그램(KIIP) 한국어와 한국문화≫ 교재입니다. 이 교재의 특징은 다음과 같습니다.

첫째, 교재와 익힘책, 교사용 지도서, 수업용 보조 자료(PPT)로 구성되어 있습니다. 교실 수업에서 사용할 교재 이외에 교수·학습 효율성을 높이기 위해 학습 자료 일체를 개발하였습니다.

둘째, 교재는 사회통합프로그램 단계별 100시간 수업에 맞춰 구성했는데 이민자들이 한국 사회에 정착하는 과정에서 필요한 한국어와 한국문화 내용을 선정하여 살아있는 언어문화 교육이 되도록 했습니다. 특히 변화하는 한국 사회의 모습과 특징을 교재 전체에 다양한 소재로 사용했을 뿐만 아니라, 다양한 문화 주제를 통해 이민자들이 한국 사회를 이해하고 적응하는 데 도움을 주고자 했습니다. 그리고 결혼 이민자, 근로자, 유학생 등 전문 인력, 중도 입국 자녀들을 등장인물로 하여 한국 사람들과 함께 생각과 정보를 나누고, 공감하며 생활하는 모습을 담았습니다.

셋째, 익힘책은 이민자들이 자신의 학습 속도와 능력에 맞게 학습 내용을 복습하고 보완할 수 있도록 구성하였습니다. 교사들도 교실 상황에 맞춰서 융통성 있게 활용할 수 있을 것입니다.

넷째, 교사용 지도서와 수업용 보조 자료(PPT)는 교사들이 수업의 핵심 내용을 명료하게 파악하고 운용하도록 안내해 줄 것입니다. 또한 교사들의 필수적인 수업 준비 시간을 단축해 주는 대신에 교실 상황에 맞는 수업 설계에 시간을 투자할 수 있도록 도와줄 것입니다.

이민자용 한국어 교재는 단지 의사소통 능력을 길러 주는 역할만이 아니라 우리 사회의 진정한 '사회통합'을 이끄는 교재여야 합니다. 이 교재를 통해 이민자들의 사회통합프로그램 참여를 확대하고 교수·학습의 효율성을 높이기를 기대합니다. 또한 이민자의 사회 적응을 돕고 진정한 사회통합으로 나아가는 데 일조하기를 기대해 봅니다.

마지막으로 우리 사회 이민자 대상 한국어 교육을 위해 의미 있는 교재 개발 사업을 기획하고 지원해 주신 국립국어원 관계자 여러분께 감사드리며, 법무부 이민통합과 관계자분들께도 감사드립니다. 그리고 다양하고 새로운 시도를 통해 멋진 교재로 완성해 주신 하우 출판사 관계자분들께도 진심으로 감사드립니다. 원고를 고치고 다듬느라 오랫동안 소중한 일상을 돌보지 못한 연구진들께도 머리 숙여 감사의 마음을 전합니다.

2020년 12월
저자 대표 이미혜

교사용 지도서의 구성과 사용법

≪사회통합프로그램(KIIP) 한국어와 한국문화 교사용 지도서≫는 한국어 교사들이 교재 구성 및 편찬 의도를 이해하고 효율적으로 수업을 이끌도록 안내하는 안내서입니다. 단원 구성, 교재 사용 방법, 수업 진행 순서와 방법 등을 제시하여 수업을 계획하고 운영하는 데 도움이 되도록 하였습니다.

교사용 지도서는 교재의 구성에 맞춰 한 단원을 12쪽으로 구성하고, 각 페이지에 교재 내용과 수업 방법을 제시했습니다. 교육 현장의 상황이 다양하므로 지도서의 내용을 기본으로 삼아 현장에 맞게 적용하기를 바랍니다.

교사용 지도서는 교재, 익힘책, 수업용 보조 자료(PPT)를 함께 활용할 것을 전제로 하였습니다. 한 단원의 수업 시간을 5시간 정도로 정하고 활동을 제시했으므로, 현장 여건과 학습자 특성을 고려하여 융통성 있게 조정해서 수업을 진행하는 것이 좋습니다.

● 단원 첫머리에 '수업 목표 및 내용', '수업 전개', '이 단원을 지도할 때는…'을 포함하여, 교사들이 단원 내용을 쉽게 파악하고 수업을 계획할 수 있도록 하였습니다.

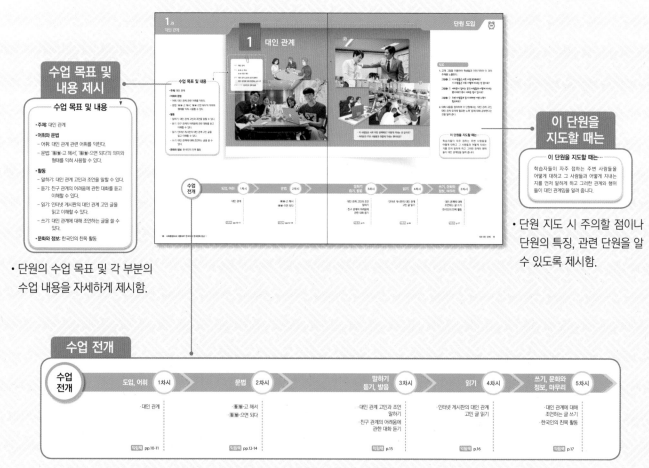

수업 목표 및 내용 제시

• 단원의 수업 목표 및 각 부분의 수업 내용을 자세하게 제시함.

이 단원을 지도할 때는

• 단원 지도 시 주의할 점이나 단원의 특징, 관련 단원을 알 수 있도록 제시함.

수업 전개

• 한 단원의 수업 시간을 5시간으로 보고, 각 차시의 수업 전개와 자료(익힘책)를 한눈에 파악할 수 있도록 정리함.

● 교재의 각 부분에 대한 수업 진행 절차와 교사 발화를 명료하게 제시했습니다. 도입, 어휘, 문법 지도는 '도입, 제시, 연습' 단계로 진행하도록 했으며, 말하기, 듣기, 읽기, 쓰기는 '활동 전, 활동, 활동 후' 단계로 이끄는 것을 기본으로 삼았습니다.

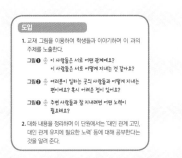

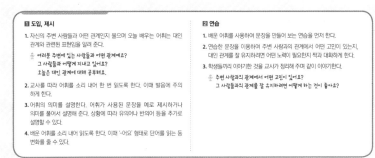

● 수업을 준비할 때 교사들이 가장 필요로 하는 어휘 설명 참고 사항, 문법 설명이나 추가 예문, 발음 정보 등을 메모지 형식으로 명료하게 제시했습니다. 이 자료를 활용하면 짧은 시간에 효율적으로 수업을 준비할 수 있을 것입니다.

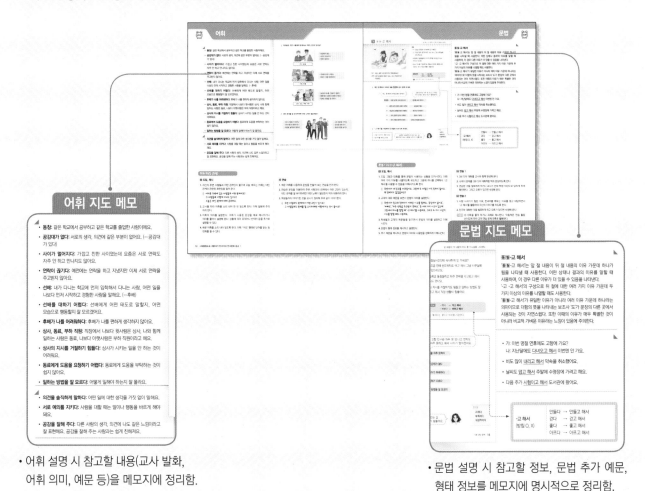

어휘 지도 메모

• 어휘 설명 시 참고할 내용(교사 발화, 어휘 의미, 예문 등)을 메모지에 정리함.

문법 지도 메모

• 문법 설명 시 참고할 정보, 문법 추가 예문, 형태 정보를 메모지에 명시적으로 정리함.

● 활동의 정답, 듣기 지문, 마무리 질문 등을 제시하여 교사용 지도서를 활용하여 편리하게 수업을 준비하고 진행할 수 있도록 하였습니다.

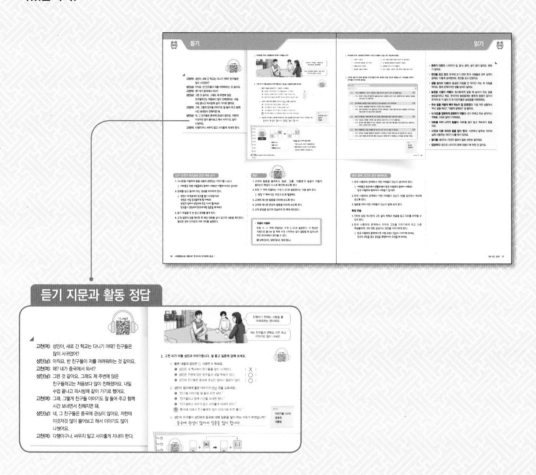

듣기 지문과 활동 정답

마무리 단계의 질문

- 이 단원에서 배운 어휘 중 기억나는 것을 말해 보세요.
- 이 단원에서 배운 문법은 뭐예요? 어떻게 사용해요?
- 주변 사람들과의 관계에서 고민이 있어요?
- 한국 사람들과의 관계에서 생기는 어려움을 어떻게 극복했어요?
- 한국 사람들이 사람들을 사귀고 친하게 지내려고 참석하는 모임에는 어떤 모임이 있어요?

차례

● 발간사   2

● 머리말   3

● 교사용 지도서의 구성과 사용법   4

● 교재 구성표   8

1과   대인 관계   10

2과   성격   22

3과   지역 복지 서비스   34

4과   교환과 환불   46

5과   소비와 절약   58

6과   주거 환경   70

7과   문화생활   82

8과   음식과 요리   94

9과   고장과 수리   106

10과   취업   118

11과   부동산   130

12과   전통 명절   142

13과   직장 생활   154

14과   인터넷과 스마트폰   166

15과   고민과 상담   178

16과   기후와 날씨   190

교재 구성표

단원	단원명/주제	어휘	문법
1	대인 관계	대인 관계	동형-고 해서 동형-으면 되다
2	성격	성격	형-어지다 동형-는 대신(에)
3	지역 복지 서비스	지역 복지 서비스	동형-는지 알다/모르다 동-다가
4	교환과 환불	교환, 환불	동-을 만하다 동형-어 가지고
5	소비와 절약	소비, 절약 방법	명이나/밖에 동형-는다고 하다
6	주거 환경	주거 지역의 지리적 환경	피동 동-자고 하다
7	문화생활	공연과 전시회	동-으라고 하다, 동형-냐고 하다 명만큼
8	음식과 요리	양념과 맛, 요리 방법	사동① 사동②
복습 1(1~8과)			
9	고장과 수리	고장, 수리	동형-어서 그런지 동-나요?, 형-은가요?
10	취업	취업	동-기 위해서 동-어 놓다
11	부동산	집 구하기, 계약	동형-는 데다가 동형-는다
12	전통 명절	명절 풍습	동형-어도 동-게 되다
13	직장 생활	직장 생활	동-게 하다 동-어 가다
14	인터넷과 스마트폰	인터넷과 스마트폰	동형-잖아요 동형-어야
15	고민과 상담	인간관계, 갈등	동-으려던 참이다 동-자마자
16	기후와 날씨	날씨, 날씨에 따른 몸의 변화	동형-을 텐데 동-어 있다
복습 2(9~16과)			

활동	발음	문화와 정보
대인 관계 고민과 조언 말하기 대인 관계에 대해 조언하는 글 쓰기	유음의 비음화	한국인의 친목 활동
성격에 대해 말하기 성격을 소개하는 글 쓰기	격음화	성격과 직업
복지 시설 이용 방법 말하기 지역 복지 서비스 소개하기	이중 모음 발음	다문화이주민플러스센터
교환, 환불하기 교환, 환불에 대한 주의 사항 읽기	연음	소비자 상담 센터
절약에 대해 조언하기 생활비 절약 방법 소개하는 글 쓰기	경음화	적금 가입하기
동네 주변 시설 소개하기 지금 살고 있는 동네와 고향 동네 비교하기	격음화	과거와 현대의 명당
공연 감상 소감 말하기 공연 감상평 쓰기	경음화	공연 정보를 찾는 방법
요리 방법 이야기하기 고향 음식 요리 방법 소개하기	연음	식품의 유통 기한
서비스 센터에 전화 문의하기 집 수리 요청하는 글 쓰기	한자어 경음화	전자 제품 보증 기간
구직 활동에 대해 조언하기 이력서 작성하기	경음화	급여와 세금
부동산에서 집 구하기 살고 싶은 집에 대해 쓰기	비음화	공유 주택(셰어 하우스)
명절 풍습 이야기하기 한국과 고향의 명절 비교하기	유음화	강릉 단오제
직장 생활에 대해 조언 구하기 직장 생활 잘하는 방법 쓰기	'ㄴ' 첨가	워라밸(work-life balance)
스마트폰 활용법 말하기 인터넷과 스마트폰의 활용법 쓰기	'ㅎ' 약화	휴대폰 개통 방법
고민에 대한 조언 구하기 상담 신청서 쓰기	경음화	이민자 상담 센터
날씨에 맞게 계획 변경하기 날씨 관련 정보 제공하기	겹받침 발음	한국의 절기

1 대인 관계

어휘: 대인 관계

문법: 동형-고 해서
　　　동형-으면 되다

활동: 대인 관계 고민과 조언 말하기
　　　대인 관계에 대해 조언하는 글 쓰기

문화와 정보: 한국인의 친목 활동

수업 목표 및 내용

- **주제:** 대인 관계

- **어휘와 문법**
  - 어휘: 대인 관계 관련 어휘를 익힌다.
  - 문법: '동형-고 해서', '동형-으면 되다'의 의미와 형태를 익혀 사용할 수 있다.

- **활동**
  - 말하기: 대인 관계 고민과 조언을 말할 수 있다.
  - 듣기: 친구 관계의 어려움에 관한 대화를 듣고 이해할 수 있다.
  - 읽기: 인터넷 게시판의 대인 관계 고민 글을 읽고 이해할 수 있다.
  - 쓰기: 대인 관계에 대해 조언하는 글을 쓸 수 있다.

- **문화와 정보:** 한국인의 친목 활동

수업 전개	도입, 어휘　　1차시	문법　　2차시
	·대인 관계	·동형-고 해서 ·동형-으면 되다
	익힘책 pp.10-11	익힘책 pp.12-14

- 이 사람들은 서로 어떤 관계예요? 어떻게 지내는 것 같아요?
- 여러분은 주변 사람들과 어떻게 지내는 편이에요?

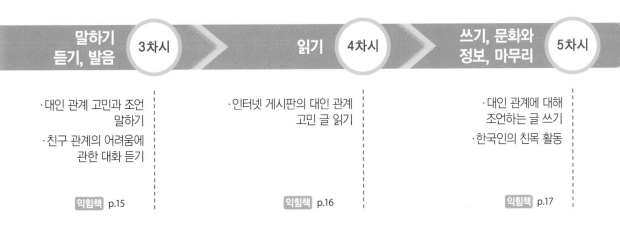

도입

1. 교재 그림을 이용하여 학생들과 이야기하며 이 과의 주제를 노출한다.

그림① 🎤 이 사람들은 서로 어떤 관계예요?
이 사람들은 서로 어떻게 지내는 것 같아요?

그림② 🎤 여러분이 일하는 곳의 사람들과 어떻게 지내는 편이에요? 혹시 어려운 점이 있어요?

그림③ 🎤 주변 사람들과 잘 지내려면 어떤 노력이 필요해요?

2. 대화 내용을 정리하며 이 단원에서는 '대인 관계 고민, 대인 관계 유지에 필요한 노력' 등에 대해 공부한다는 것을 알려 준다.

이 단원을 지도할 때는…

학습자들이 자주 접하는 주변 사람들을 어떻게 대하고 그 사람들과 어떻게 지내는지를 먼저 말하게 하고 그러한 관계와 행위들이 대인 관계임을 알려 줍니다.

말하기 듣기, 발음	3차시	읽기	4차시	쓰기, 문화와 정보, 마무리	5차시
·대인 관계 고민과 조언 말하기 ·친구 관계의 어려움에 관한 대화 듣기		·인터넷 게시판의 대인 관계 고민 글 읽기		·대인 관계에 대해 조언하는 글 쓰기 ·한국인의 친목 활동	
익힘책 p.15		익힘책 p.16		익힘책 p.17	

- **동창:** 같은 학교에서 공부하고 같은 학교를 졸업한 사람이에요.
- **공감대가 없다:** 서로의 생각, 의견에 같은 부분이 없어요. (↔공감대가 있다)
- **사이가 멀어지다:** 가깝고 친한 사이였는데 요즘은 서로 연락도 자주 안 하고 만나지도 않아요.
- **연락이 끊기다:** 예전에는 연락을 하고 지냈지만 이제 서로 연락을 주고받지 않아요.
- **선배:** 내가 다니는 학교에 먼저 입학해서 다니는 사람, 어떤 일을 나보다 먼저 시작하고 경험한 사람을 말해요. (↔후배)
- **선배를 대하기 어렵다:** 선배에게 어떤 태도로 말할지, 어떤 모습으로 행동할지 잘 모르겠어요.
- **후배가 나를 어려워하다:** 후배가 나를 편하게 생각하지 않아요.
- **상사, 동료, 부하 직원:** 직장에서 나보다 윗사람은 상사, 나와 함께 일하는 사람은 동료, 나보다 아랫사람은 부하 직원이라고 해요.
- **상사의 지시를 거절하기 힘들다:** 상사가 시키는 일을 안 하는 것이 어려워요.
- **동료에게 도움을 요청하기 어렵다:** 동료에게 도움을 부탁하는 것이 쉽지 않아요.
- **일하는 방법을 잘 모르다:** 어떻게 일해야 하는지 잘 몰라요.

- **의견을 솔직하게 말하다:** 어떤 일에 대한 생각을 거짓 없이 말해요.
- **서로 예의를 지키다:** 사람을 대할 때는 말이나 행동을 바르게 해야 돼요.
- **공감을 잘해 주다:** 다른 사람의 생각, 의견에 나도 같은 느낌이라고 잘 표현해요. 공감을 잘해 주는 사람과는 쉽게 친해져요.

---

1. 여러분은 주변 사람과의 관계에서 어떤 고민이 있어요?

친구, 동창

- 공감대가 없다
- 사이가 멀어지다
- 연락이 끊기다

선배, 후배

- 선배를 대하기 어렵다
- 후배가 나를 어려워하다

상사, 동료, 부하 직원

- 상사의 지시를 거절하기 힘들다
- 동료에게 도움을 요청하기 어렵다
- 일하는 방법을 잘 모르다

2. 대인 관계를 잘 유지하려면 어떤 노력이 필요해요?

- 자주 연락을 주고받다
- 이야기를 잘 들어 주다
- 의견을 솔직하게 말하다

- 서로 예의를 지키다
- 공감을 잘해 주다
- 함께 시간을 보내다

어휘 (대인 관계)

1 도입, 제시

1. 자신의 주변 사람들과 어떤 관계인지 물으며 오늘 배우는 어휘는 대인 관계와 관련된 표현임을 알려 준다.

   🎤 여러분 주변에 있는 사람들과 어떤 관계예요?
   　그 사람들과 어떻게 지내고 있어요?
   　오늘은 대인 관계에 대해 공부해요.

2. 교사를 따라 어휘를 소리 내어 한 번 읽도록 한다. 이때 발음에 주의하게 한다.

3. 어휘의 의미를 설명한다. 어휘가 사용된 문장을 예로 제시하거나 의미를 풀어서 설명해 준다. 상황에 따라 유의어나 반의어 등을 추가로 설명할 수 있다.

4. 배운 어휘를 소리 내어 읽도록 한다. 이때 '-어요' 형태로 단어를 읽는 등 변화를 줄 수 있다.

2 연습

1. 배운 어휘를 사용하여 문장을 만들어 보는 연습을 먼저 한다.

2. 연습한 문장을 이용하여 주변 사람과의 관계에서 어떤 고민이 있는지, 대인 관계를 잘 유지하려면 어떤 노력이 필요한지 짝과 대화하게 한다.

3. 학생들끼리 이야기한 것을 교사가 정리해 주며 같이 이야기한다.

   🎤 주변 사람과의 관계에서 어떤 고민이 있어요?
   　그 사람들과의 관계를 잘 유지하려면 어떻게 하는 것이 좋아요?

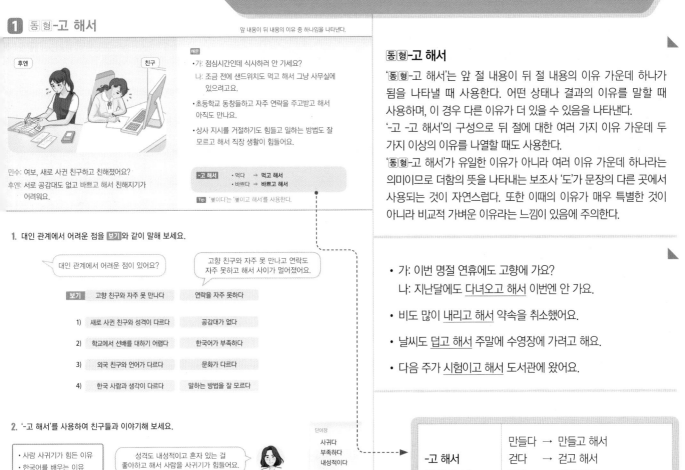

문법 1 (통형-고 해서)

1 도입, 제시

1. 도입 그림과 대화를 통해 문법이 사용되는 상황을 인지시킨다. 이때 여러 가지 이유를 나열하도록 유도하고 그중에 하나를 선택해서 '-고 해서'를 사용할 수 있음을 이해시키도록 한다.

   🎙 후엔 씨가 새 친구를 사귀었어요. 그런데 두 사람은 아직 친하지 않아요. 왜 친해지지 않았을까요?

2. 교재의 대표 예문을 보면서 문법의 의미를 설명한다.

   🎙 후엔 씨가 친구와 친해지기 어려운 이유를 말해요. '공감대가 없어요.', '바빠요.', '자주 연락을 주고받지 못해요.' 등 여러 가지 이유가 있는데 그중에서 하나를 말할 때 '-고 해서'를 사용해요. 그리고 두 가지 이상의 이유를 말할 때도 사용해요.

3. 학생들과 교재의 예문들을 읽으면서 문법의 의미를 설명하고 이해시킨다.

4. 문법의 형태 정보를 제시하고 설명한다.

5. 추가 예문을 제시하고 문법의 의미와 사용법을 정확하게 이해시킨다.

2 연습 1

1. 〈보기〉의 대화를 교사와 함께 완성해 본다.

2. 나머지 문제를 〈보기〉의 대화처럼 짝과 완성하도록 한다.

3. 연습한 것을 발표하게 하거나 교사가 전체 학생 대상으로 답하게 하여 확인한다. 그리고 오류가 있으면 수정해 준다.

3 연습 2

1. 사람 사귀기가 힘든 이유, 한국어를 배우는 이유를 묻고 대답하면서 '-고 해서'를 활용하여 자신의 이야기를 하도록 한다.

2. 친구와 대화한 것을 발표하게 하고 오류가 있으면 수정해 준다.

   익힘책 12-13쪽을 풀게 하거나 과제로 제시한다. 익힘책은 연습 활동 난이도에 따라 교재 연습 문제 전후로 활용한다.

동형 -으면 되다

어떤 결과나 기준을 만족시킬 만한 조건이나 정도를 나타낼 때 사용한다.
다음은 연결 어미와 '되다'가 붙어 형태가 유사하고 조건과 관련된 의미를 나타내는 표현이다.

- -어야 되다: 필수적인 의무나 조건을 나타낸다.
- -어도 되다: 선택적인 조건을 나타내며 허락이나 허용에 사용한다.
- -으면 되다: 충분한 조건을 나타낸다.

- 가: 어떤 집을 찾으세요?
  나: 넓은 거실하고 마당이 <u>있으면 돼요.</u>

- 가: 신청 자격이 어떻게 되나요?
  나: 한국에서 살고 있는 <u>외국인이면 됩니다.</u>

- 땀을 많이 흘린 후에는 물을 많이 <u>마시면 돼요.</u>

- 면접 보기 전에 이 책 두 번만 <u>읽으면 됩니다.</u>

-으면 되다 (받침 O)	같다 → 같으면 되다 끊다 → 끊으면 되다 *짓다 → 지으면 되다 *걷다 → 걸으면 되다 *가깝다 → 가까우면 되다
-면 되다 (받침 X, ㄹ 받침)	지키다 → 지키면 되다 사귀다 → 사귀면 되다 *만들다 → 만들면 되다

2 동형 -으면 되다 앞 내용이 어떤 일을 충족하는 조건임을 나타낼 때 사용한다.

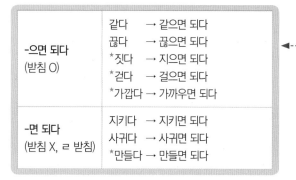

잠시드: 새 직장 동료들하고 가깝게 지내고 싶은데 어떻게 해야 할까요?
안젤라: 웃으면서 먼저 인사하고 서로 예의를 지키면 돼요.

예문
- 가: 찾으시는 휴대 전화 있으세요?
  나: 기능이 다양하고 속도가 빠르면 돼요.
- 이 약은 식사 후에 드시면 됩니다.
- 수업 신청은 홈페이지에서 하면 돼요.

-으면 되다	찾다 → 찾으면 되다 있다 → 있으면 되다
-면 되다	가다 → 가면 되다 크다 → 크면 되다 알다 → 알면 되다

Tip '*이다'는 '*이면 되다'를 사용한다.

1. 어떻게 하면 좋을까요? 보기 와 같이 친구와 이야기해 보세요.

부부가 사이좋게 지내려면 어떻게 하면 좋을까요?

서로 관심을 갖고 상대방의 이야기를 잘 들어 주면 돼요.

보기	부부가 사이좋게 지내는 방법	서로 관심을 갖고 상대방의 이야기를 잘 들어 주다
1)	친구를 위로하는 방법	공감해 주고 같이 고민해 주다
2)	선배와 친하게 지내는 방법	인사를 잘하고 예의를 지키면서 말하다
3)	직장 동료와 의견 차이를 줄이는 방법	의견을 솔직하게 말하고 조금씩 양보하다
4)	고향 친구와 사이가 멀어지지 않는 방법	자주 안부를 묻고 연락을 주고받다

단어장
속도
관심을 갖다
사이좋다
위로
줄이다
안부
문제를 풀다
외우다

2. '-으면 되다'를 사용해서 친구와 이야기해 보세요.

- 토픽 시험에서 높은 점수를 받는 방법
- 한국어 발음을 잘하는 방법

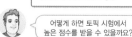

어떻게 하면 토픽 시험에서 높은 점수를 받을 수 있을까요?

문제도 많이 풀어 보고 단어도 많이 외우면 돼요.

16 사회통합프로그램(KIIP) 한국어와 한국문화 중급 1

문법 2 (동형 -으면 되다)

① 도입, 제시

1. 도입 그림과 대화를 통해 문법이 사용되는 상황을 인지시킨다.

🎙 잠시드 씨가 새 직장에 갔어요.
새 직장의 동료들과 잘 지내려면 어떻게 하면 될까요?

2. 교재의 대표 예문을 보면서 문법의 의미를 설명한다.

🎙 새 직장에서 새로 만난 동료들과 잘 지내고 싶으면 어떻게 하는 게 좋아요? 아직 서로 잘 모르는 사이니까 웃으면서 먼저 인사하고 서로 예의를 지키면 문제가 없어요. 어떤 행동을 하거나 어떤 상태만 되면 아무 문제가 없거나 충분할 때 '-으면 되다'를 사용해요.

3. 학생들과 교재의 예문들을 읽으면서 문법의 의미를 설명하고 이해시킨다.

4. 문법의 형태 정보를 제시하고 설명한다.

5. 추가 예문을 제시하고 문법의 의미와 사용법을 정확하게 이해시킨다.

② 연습 1

1. 〈보기〉의 대화를 교사와 함께 완성해 본다.

2. 나머지 문제를 〈보기〉의 대화처럼 짝과 완성하도록 한다.

3. 연습한 것을 발표하게 하거나 교사가 전체 학생 대상으로 답하게 하여 확인한다. 그리고 오류가 있으면 수정해 준다.

③ 연습 2

1. 토픽 시험에서 높은 점수를 받는 방법과 한국어 발음을 잘하는 방법을 묻고 대답하면서 '-으면 되다'를 활용하여 자신의 생각을 이야기하도록 한다.

2. 친구와 대화한 것을 발표하게 하고 오류가 있으면 수정해 준다.

익힘책 13-14쪽을 풀게 하거나 과제로 제시한다. 익힘책은 연습 활동 난이도에 따라 교재 연습 문제 전후로 활용한다.

1. 잠시드 씨가 고민을 이야기합니다. 다음 대화처럼 이야기해 보세요.

반장님: 잠시드 씨, 우리 회사에 온 지 일주일 됐지요?
이제 적응 다 했어요?

잠시드: 좀 힘들지만 적응하려고 노력 중입니다.

반장님: 힘든 게 있어요? 힘든 게 있으면 말해 봐요.

잠시드: 아직 사람들을 대하기가 어렵고 일하는 방법도 잘 모르고 해서 좀 힘듭니다.

반장님: 여기 온 지 얼마 안 돼서 그래요. 좀 익숙해지고 동료들하고 함께 시간을 보내면 될 거예요.

잠시드: 네, 반장님. 시간이 지나면 괜찮아지겠지요. 신경 써 주셔서 감사합니다.

1) 일하는 방법을 잘 모르다 │ 동료들하고 함께 시간을 보내다

2) 공감대가 없다 │ 서로에게 관심을 갖고 이야기를 잘 들어 주다

2. 친구의 대인 관계 고민을 듣고 조언을 해 보세요. 그리고 여러분의 이야기를 해 보세요.

친구의 고민
• 고등학교 친구와 연락이 끊기다
• 직장 상사를 대하기 어렵다

고민에 대한 조언
• 다시 연락해서 만나 보다
• 인사를 잘하고 예의를 지키다

단어장
적응하다
노력 중이다
관심을 갖다

• '통-은 지'는 어떤 일에 대한 시간의 경과를 나타내는 표현이다.

예 우리 회사에 온 지 일주일 됐지요?
밥을 먹은 지 2시간 지났어요.
영화를 본 지 오래됐다.

대인 관계 고민과 조언 말하기

1 대화문 연습

1. 새 직장에 가면 어떤 점이 힘들지 이야기하며 교재의 그림을 이용해 어떤 상황인지 추측해 보도록 한다.

🎤 잠시드 씨가 새 회사에 갔어요. 새로 만난 사람들과의 어려운 점을 반장님에게 이야기하고 있어요. 잠시드 씨는 사람들과의 관계에서 어떤 점이 어려울까요?
잠시드 씨의 고민을 듣고 반장님은 어떤 조언을 할까요?

2. 지시문을 이용하여 대화 상황을 학생들에게 명확하게 알려 준다.

3. 대화를 들려주고 간단한 질문을 하여 대화 내용을 이해했는지 확인한다.

🎤 잠시드 씨는 새 회사에 다닌 지 얼마나 됐어요?
잠시드 씨가 새 회사에서 무엇을 힘들어해요?
반장님은 어떤 조언을 해 줬어요?

4. 교사와 함께 대화문을 읽으면서 자연스럽게 말하는 연습을 한다. 두 번 정도 반복해서 연습한다.

5. 교체 어휘를 활용하여 짝과 함께 연습하게 한다.

6. 연습이 끝나면 한두 팀을 발표시키거나 교사가 전체 학생을 대상으로 확인한다.

2 확장 연습

1. 대인 관계 고민을 말하고, 고민을 듣고 조언 말하기를 한다고 알려 준다.

2. 짝과 같이 대인 관계 고민을 이야기하고, 고민에 대한 조언을 이야기하게 한다. 대화를 할 때는 다음과 같은 내용을 포함하여 말하도록 지시한다.

🎤 누구와의 관계에서 고민이 있어요?
어떤 이유 때문에 고민이 돼요?
어떻게 하면 그 고민이 해결될 것 같아요?

3. 이야기가 끝나면 한두 팀을 발표시키거나 교사가 전체 학생을 대상으로 확인하고 오류를 수정해 준다.

1-L.mp3

고천(여): 성민아, 새로 간 학교는 다니기 어때? 친구들은 많이 사귀었어?

성민(남): 아직요. 반 친구들이 저를 어려워하는 것 같아요.

고천(여): 왜? 네가 중국에서 와서?

성민(남): 그런 것 같아요. 그래도 제 주변에 앉은 친구들하고는 처음보다 많이 친해졌어요. 내일 수업 끝나고 피시방에 같이 가기로 했어요.

고천(여): 그래. 그렇게 친구들 이야기도 잘 들어 주고 함께 시간 보내면서 친해지면 돼.

성민(남): 네, 그 친구들은 중국에 관심이 많아요. 저한테 이것저것 많이 물어보고 해서 이야기도 많이 나눴어요.

고천(여): 다행이구나. 싸우지 말고 사이좋게 지내야 한다.

---

1. 여러분은 주변 사람들과의 관계가 어떻습니까?

친해지기 전에는 사람을 좀 어려워하는 편이에요.

저는 친구들과 연락도 자주 하고 이야기도 많이 나눠요.

2. 고천 씨가 아들 성민과 이야기합니다. 잘 듣고 질문에 답해 보세요.

1-L.mp3

1) 들은 내용과 같으면 ○, 다르면 X 하세요.
   ❶ 성민은 새 학교에서 친구들을 많이 사귀었다. (X)
   ❷ 성민은 주변에 앉은 친구들과 내일 약속이 있다. (○)
   ❸ 성민의 친구들은 중국에 관심이 많아서 질문이 많다. (○)

2) 성민이 엄마에게 들은 이야기가 아닌 것을 고르세요.
   ❶ "친구들 이야기를 잘 들어 주면 된다."
   ❷ "친구들하고 함께 시간을 보내면 된다."
   ❸ "친구들하고 싸우지 말고 사이좋게 지내야 한다."
   ❹ "중국에 대해서 친구들에게 많이 이야기해 주면 좋다."

3) 성민의 친구들이 성민에게 중국에 대해 질문을 많이 하는 이유가 무엇입니까?
   중국에 관심이 많아서 질문을 많이 합니다.

단어장
이야기를 나누다
동호회
대통령

발음

동료[동뇨]
강릉[강능]
대통령[대통녕]

다음을 듣고 따라 읽으세요.
1) 직장 동료와 사이가 멀어졌어요.
2) 동호회에서 강릉에 가기로 했어요.
3) 대통령의 말씀이 있겠습니다.

18 사회통합프로그램(KIIP) 한국어와 한국문화 중급 1

친구 관계의 어려움에 관한 대화 듣기

1. 지시문을 이용하여 들을 내용과 관련있는 이야기를 나눈다.
   🎤 여러분은 주변 사람들과의 관계가 어때요? 어떻게 지내고 있어요?

2. 문제를 읽고 들어야 하는 정보를 파악하게 한다.
   🎤 성민이 새 학교에서 친구를 많이 사귀었어요?
   성민은 내일 친구들과 뭐 할 거예요?
   성민의 엄마가 성민에게 무슨 이야기를 해요?
   친구들이 성민에게 중국에 대한 질문을 왜 해요?

3. 듣기 파일을 두 번 듣고 문제를 풀게 한다.

4. 교재 질문의 답을 확인한 후 해당 대화를 같이 읽으며 내용을 확인한다. 필요한 경우 단어장의 어휘 의미를 설명한다.

발음

1-P.mp3

발음

1. 교재의 발음을 들려주고 '동료', '강릉', '대통령'의 발음이 어떻게 들리는지 학습자 스스로 확인해 보도록 한다.

2. 받침 'ㅇ' 뒤에 연결되는 'ㄹ'은 [ㄴ]으로 발음된다는 것을 알려 준다.
   🎤 받침 'ㅇ' 뒤에 오는 'ㄹ'은 [ㄴ]으로 발음돼요.

3. 교재에 제시된 발음을 따라해 보도록 한다.

4. 교재에 제시된 문장의 발음을 따라해 보도록 한다.

5. 교재 문장을 읽으며 연습하게 한 후에 확인한다.

• 유음의 비음화

받침 'ㅁ, ㅇ' 뒤에 연결되는 'ㄹ'은 [ㄴ]으로 발음한다. 이 현상은 자음으로 끝나는 말 뒤에 'ㄹ'로 시작하는 말이 결합할 때 일어나며 주로 한자어에서 찾아볼 수 있다.

예 담력[담녁], 침략[침냑], 항로[항노]

읽기

50분

1. 여러분은 한국 사람과의 관계에서 어떤 어려움이 있습니까? 체크해 보세요.

- ☐ 문화가 다르다.
- ☐ (서로에게) 편견을 갖고 있다.
- ☐ 생활 방식이 다르다.
- ☐ 높임말 사용이 어렵다.
- ☐ 무슨 말을 어떻게 해야 하는지 잘 모르겠다.
- ☐ 내 의도를 정확하게 표현하기 어렵다.
- ☐ 대화를 이어 나가기 힘들다.
- ☐ 한국 사람은 사전과 다른 의미의 말을 많이 한다.

2. 인터넷 상담 게시판에 올라온 이민자들의 대인 관계에 대한 고민과 댓글입니다. 여러분은 어떤지 친구들과 이야기해 보세요.

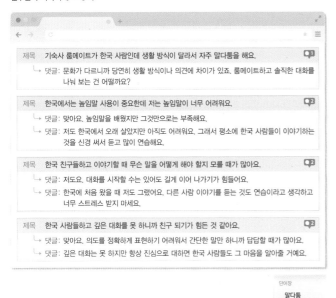

제목 기숙사 룸메이트가 한국 사람인데 생활 방식이 달라서 자주 말다툼을 해요. 1

↳ 댓글: 문화가 다르니까 당연히 생활 방식이나 의견에 차이가 있죠. 룸메이트하고 솔직한 대화를 나눠 보는 건 어떨까요?

제목 한국에서는 높임말 사용이 중요한데 저는 높임말이 너무 어려워요. 2

↳ 댓글: 맞아요. 높임말을 배웠지만 그것만으로는 부족해요.

↳ 댓글: 저도 한국에서 오래 살았지만 아직도 어려워요. 그래서 평소에 한국 사람들이 이야기하는 것을 신경 써서 듣고 많이 연습해요.

제목 한국 친구들하고 이야기할 때 무슨 말을 어떻게 해야 할지 모를 때가 많아요. 2

↳ 댓글: 저도요. 대화를 시작할 수는 있어도 길게 이어 나가기가 힘들어요.

↳ 댓글: 한국에 처음 왔을 때 저도 그랬어요. 다른 사람 이야기를 듣는 것도 연습이라고 생각하고 너무 스트레스 받지 마세요.

제목 한국 사람들하고 깊은 대화를 못 하니까 친구 되기가 힘든 것 같아요. 2

↳ 댓글: 맞아요. 의도를 정확하게 표현하기 어려워서 간단한 말만 하니까 답답할 때가 많아요.

↳ 댓글: 깊은 대화는 못 하지만 항상 진심으로 대하면 한국 사람들도 그 마음을 알아줄 거예요.

단어장

말다툼

답답하다

1과 대인 관계 19

- **문화가 다르다:** 나라마다 말, 음식, 음악, 생각 등이 달라요. 문화가 달라요.
- **편견을 갖고 있다:** 한국에 오기 전에 '한국 사람들은 모두 성격이 급해요.' 이렇게 생각했어요. 편견을 갖고 있었어요.
- **생활 방식이 다르다:** 동생은 아침을 안 먹지만 저는 꼭 아침을 먹어요. 형제 관계이지만 생활 방식이 달라요.
- **높임말 사용이 어렵다:** 윗사람에게 말할 때 높여서 하는 말을 높임말이라고 해요. 한국어의 높임말에는 종류와 방법이 많아서 한국에 온 지 얼마 안 된 이민자들은 높임말을 어려워해요.
- **무슨 말을 어떻게 해야 하는지 잘 모르겠다:** 가끔 어떤 상황에서 '무슨 말을 해요?', '어떻게 말해요?' 잘 몰라요.
- **내 의도를 정확하게 표현하기 어렵다:** 내가 하려고 하는 생각이나 계획을 그대로 말하기 어려워요.
- **대화를 이어 나가기 힘들다:** 대화를 끊지 않고 계속하기 힘들어요.
- **사전과 다른 의미의 말을 많이 한다:** 사전에서 말하는 의미와 실제 사용하는 의미가 다를 때가 있어요.
- **말다툼:** 생각이나 의견이 달라서 말로 싸우는 일이에요.
- **답답하다:** 앞으로 나아가지 못해 마음이 꽉 막힌 것 같아요.

대인 관계 고민과 조언 파악하기

1. 한국 사람과의 관계에서 어떤 어려움이 있는지 생각하게 한다.
   - 🎙 여러분은 한국에서 생활하면서 한국 사람과의 관계가 어때요? 한국 사람과의 관계에서 어려움이 있어요?
2. 한국 사람과의 관계에서 어떤 어려움이 있는지 1번을 읽으면서 체크해 보도록 한다.
3. 질문을 하여 어떤 어려움이 있는지 말해 보게 한다.

확장 연습

1. 인터넷 상담 게시판의 고민 글의 제목과 댓글을 읽고 의미를 파악할 수 있게 한다.
2. 한국 사람과의 관계에서 각자의 고민을 이야기하게 하고 다른 학생들에게 그에 대한 공감이나 조언을 이야기하게 한다.
   - 🎙 한국 사람과의 관계에서 또 어떤 고민이 있는지 이야기해 보세요. 친구의 고민을 듣고 공감을 표현하거나 조언을 해 보세요.

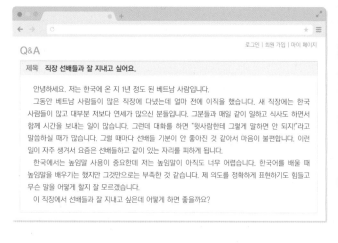

3. 다음은 인터넷 게시판에 올라온 고민 글입니다. 잘 읽고 질문에 답해 보세요.

로그인 | 회원 가입 | 마이 페이지

Q&A

제목　직장 선배들과 잘 지내고 싶어요.

안녕하세요. 저는 한국에 온 지 1년 정도 된 베트남 사람입니다.
그동안 베트남 사람들이 많은 직장에 다녔는데 얼마 전에 이직을 했습니다. 새 직장에는 한국 사람들이 많고 대부분 저보다 연세가 많으신 분들입니다. 그분들과 매일 같이 일하고 식사도 하면서 함께 시간을 보내는 일이 많습니다. 그런데 대화를 하면 "윗사람한테 그렇게 말하면 안 되지!"라고 말씀하실 때가 많습니다. 그럴 때마다 선배들 기분이 안 좋아진 것 같아서 마음이 불편합니다. 이런 일이 자주 생겨서 요즘은 선배들하고 같이 있는 자리를 피하게 됩니다.
한국에서는 높임말 사용이 중요한데 저는 높임말이 아직도 너무 어렵습니다. 한국어를 배울 때 높임말을 배우기는 했지만 그것만으로는 부족한 것 같습니다. 제 의도를 정확하게 표현하기도 힘들고 무슨 말을 어떻게 할지 잘 모르겠습니다.
이 직장에서 선배들과 잘 지내고 싶은데 어떻게 하면 좋을까요?

1) 이 사람이 어려워하는 것이 무엇입니까?
　　높임말(사용)을 어려워합니다.

2) 윗글의 내용과 같으면 ○, 다르면 X 하세요.

❶ 이 사람은 얼마 전에 회사를 옮겼다.　　　　　　　(○)

❷ 새 직장 선배들의 나이가 많아서 기분이 나쁘다.　(X)

❸ 한국어를 배울 때 높임말을 배우지 못했다.　　　　(X)

3) 윗글의 내용과 다른 것을 고르세요.

❶ 이 사람은 1년 전에 한국에 왔다.

❷ 새로 간 직장에는 한국 사람이 많다.

❸ 이 사람은 요즘 선배들과 대화를 많이 하려고 한다.

❹ 이 사람은 대화할 때 의도를 정확하게 표현하기 힘들어한다.

단어장
이직
옮기다
대부분
피하다

인터넷 게시판의 대인 관계 고민 글 읽기

1. 글 제목을 보며 글의 내용을 유추하게 한다.

🎤 이 사람은 어떤 고민이 있는 것 같아요?

2. 글을 훑어 읽게 한 후 주제, 중심 내용 등을 간단히 말해 보도록 한다.

🎤 이 사람은 한국에서 얼마나 살았어요?
　 새 직장에는 어떤 사람들이 있어요?
　 새 직장에서 어떤 문제가 자주 생겨요?
　 이 사람은 한국 사람과의 관계에서 어떤 점을 어려워해요?

3. 글을 다시 읽으면서 문제를 풀게 한다.

4. 답을 같이 확인한 후, 본문을 다시 읽으며 모르는 어휘가 없는지 확인한다. 필요한 경우 새로운 어휘, 표현을 설명한다.

1. 여러분은 한국인과의 관계에서 어려운 점이 있었습니까? 어려운 점을 어떻게 극복했는지 써 보세요.

한국인과의 관계에서 어려운 점	극복 방법
	→

2. 한국에 온 지 얼마 안 된 이민자 후배에게 한국인 친구를 잘 사귀는 방법에 대해서 조언하는 글을 써 보세요.

대인 관계에 대해 조언하는 글 쓰기

1. 어떤 글을 쓸지 알려 주고 글에 들어갈 내용을 생각해 보게 한다.

🎤 한국인과의 관계에서 어려운 점이 있었어요?
그 어려운 점 때문에 어떤 노력을 하고 어떻게 극복했어요?

2. 교재 질문에 대해 자신이 쓸 내용을 간단히 메모하도록 한다. 교사는 학생들이 쓴 메모에 오류가 없는지 확인해 준다.

3. 메모한 내용을 바탕으로 글을 완성하게 한다.

한국인의 친목 활동

한국인이 사회생활에서 친목을 도모하기 위하여 참석하는 대표적인 모임으로 '동창회'와 '동호회'가 있다.

동창회는 같은 학교를 졸업한 사람들이 모여 서로 친목을 도모하고 모교와 연락을 하기 위하여 만들어진 모임이다. 송년회, 체육 대회와 같은 모임을 정기적으로 열기도 하고 단체 여행을 다니기도 한다. 그리고 등산, 악기 연주, 스포츠 등 같은 취미를 가지고 함께 즐기는 사람들의 모임을 동호회라고 한다. 이러한 동호회는 보통 학교, 지역, 직장, 인터넷 커뮤니티를 중심으로 만들어진다. 요즘은 온라인에서 정보를 공유하는 모임이 먼저 만들어지고, 이를 실제 모임으로 연결해 직접 만나기도 한다. 사람들은 동호회에 가입해서 취미 활동을 하는 것은 물론이고 다양한 정보를 수집하기도 하며 새로운 사람들을 사귀기도 한다.

1) 동창회는 어떤 모임입니까?
2) 동호회에 가입하면 어떤 점이 좋습니까?
3) 여러분 고향에는 어떤 모임이 있습니까?

22 사회통합프로그램(KIIP) 한국어와 한국문화 중급 1

한국인의 친목 활동

1. 이 단원의 문화와 정보가 무엇에 대한 것인지 알려 준다.

🎤 한국 사람들은 사람들을 사귀고 친하게 지내려고 모임에 참석하기도 해요. 오늘은 이런 친목 활동 모임에 대해 알아봅시다.

2. 교재의 사진을 보면서 주제에 대해 알고 있는 것을 상기시키고 말해 보게 한다. 이때 관련 시각 자료를 추가로 활용할 수 있다.

🎤 이 모임은 어떤 모임 같아요?
모임에 참석한 사람들은 무엇을 할까요?

3. 교재를 같이 읽으면서 내용을 설명한다. 이때 중요한 정보가 있는 부분에 밑줄을 긋거나 표시하게 하는 것도 좋다.

4. 질문 1, 2의 답을 찾아보고 답하게 한다.

🎤 동창회는 어떤 모임이에요?
동호회에 가입하면 어떤 점이 좋아요?

5. 3번 질문을 이용하여 학습자 자신의 경험을 말해 보도록 한다.

🎤 여러분 고향에도 사람들을 사귀고 만날 수 있는 친목 모임이 있어요?

배운 어휘 확인

- ☐ 공감대가 없다
- ☐ 사이가 멀어지다
- ☐ 연락이 끊기다
- ☐ 선배
- ☐ 대하다
- ☐ 후배
- ☐ 상사
- ☐ 지시
- ☐ 거절하다
- ☐ 요청
- ☐ 방법
- ☐ 솔직하다
- ☐ 예의를 지키다
- ☐ 공감
- ☐ 사귀다
- ☐ 부족하다
- ☐ 내성적이다
- ☐ 속도

- ☐ 관심을 갖다
- ☐ 사이좋다
- ☐ 위로
- ☐ 줄이다
- ☐ 안부
- ☐ 문제를 풀다
- ☐ 외우다
- ☐ 적응하다
- ☐ 노력 중이다
- ☐ 관심을 갖다
- ☐ 이야기를 나누다
- ☐ 동호회
- ☐ 대통령
- ☐ 말다툼
- ☐ 답답하다
- ☐ 이직
- ☐ 옮기다
- ☐ 대부분

1과 대인 관계 **23**

- • 이 단원에서 배운 어휘 중 기억나는 것을 말해 보세요.
- • 이 단원에서 배운 문법은 뭐예요? 어떻게 사용해요?
- • 주변 사람들과의 관계에서 고민이 있어요?
- • 한국 사람들과의 관계에서 생기는 어려움을 어떻게 극복했어요?
- • 한국 사람들이 사람들을 사귀고 친하게 지내려고 참석하는 모임에는 어떤 모임이 있어요?

마무리

1. '배운 어휘 확인' 목록을 읽으면서 이해한 단어에 ☑해 보도록 한다.

2. 배운 어휘 목록의 어휘들을 읽으면서 의미를 상기시킨다.

3. 단원에서 학습한 문법(동형-고 해서, 동형-으면 되다)을 상기시키며 의미와 사용법을 기억하는지 확인한다.

4. 단원의 목표와 성취도를 확인한다.

5. 익힘책을 과제로 제시하며 다음 단원의 주제 '2과 성격'을 예고하면서 마무리한다.

2 성격

어휘: 성격

문법: 형 -어지다

　　동형 -는 대신(에)

활동: 성격에 대해 말하기

　　성격을 소개하는 글 쓰기

문화와 정보: 성격과 직업

수업 목표 및 내용

• **주제:** 성격

• **어휘와 문법**

– 어휘: 성격 관련 어휘를 익힌다.

– 문법: '형 -어지다', '동형 -는 대신(에)'의 의미와 형태를 익혀 사용할 수 있다.

• **활동**

– 말하기: 성격에 대해 고민과 조언을 말할 수 있다.

– 듣기: 성격 변화에 대한 대화를 듣고 이해할 수 있다.

– 읽기: 가족의 성격을 소개하는 글을 읽고 이해할 수 있다.

– 쓰기: 자신의 성격을 소개하는 글을 쓸 수 있다.

• **문화와 정보:** 성격과 직업

수업 전개

도입, 어휘　**1차시**

· 성격

익힘책 pp.18-19

문법　**2차시**

· 형 -어지다
· 동형 -는 대신(에)

익힘책 pp.20-22

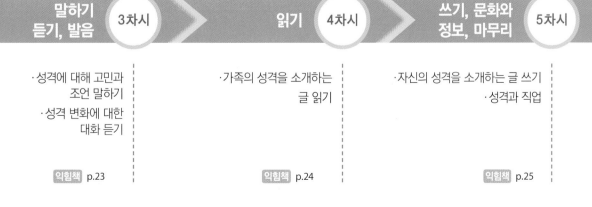

빨리빨리

- 이 사람들은 어떻게 행동해요? 성격은 어떨 것 같아요?
- 여러분의 성격은 어때요?

도입

1. 교재 그림을 이용하여 학생들과 이야기하며 이 과의 주제를 노출한다.

그림❶ 🎙 (손 든 사람을 가리키며) 이 사람은 무엇을 하려고 해요? 어떻게 행동해요?

그림❷ 🎙 (태블릿pc를 들고 있는 사람을 가리키며) 이 사람은 어떤 사람인 것 같아요?

그림❸ 🎙 이 사람들은 지금 순서를 기다리는 것 같은데 표정을 보세요. 자기 순서를 잘 기다리는 것 같아요?

2. 대화 내용을 정리하며 이 단원에서는 '성격'에 대해 공부한다는 것을 알려 준다.

이 단원을 지도할 때는…

학습자들에게 자신이 어떤 사람인지 말하게 하고 어휘로 정의해 줍니다. 특히 성격 어휘의 경우 유의어와 반의어를 통해 지도하시고, 주변에서 흔히 볼 수 있는 여러 가지 행동 유형을 예로 들어 주시면 좋을 것 같습니다.

말하기 듣기, 발음	3차시	읽기	4차시	쓰기, 문화와 정보, 마무리	5차시
· 성격에 대해 고민과 조언 말하기 · 성격 변화에 대한 대화 듣기		· 가족의 성격을 소개하는 글 읽기		· 자신의 성격을 소개하는 글 쓰기 · 성격과 직업	
익힘책 p.23		익힘책 p.24		익힘책 p.25	

- **외향적이다**: 마음속으로 생각하는 것들을 겉으로 잘 표현해요. (↔내성적이다)
- **내성적이다**: 겉으로 표현하지 않고 마음속으로만 생각해요. (↔외향적이다)
- **적극적이다**: 어떤 일에 대해 누가 시키기 전에 스스로 하려고 해요.
- **소극적이다**: 어떤 일을 스스로 먼저 하려고 하지 않아요.
- **꼼꼼하다**: 잘못이나 실수를 하지 않으려고 여러 번 확인하고 작은 일에도 모두 신경 써요.
- **덜렁거리다**: 조용하거나 차분하지 못하고 가볍게 행동해요.
- **다정하다**: 따뜻하고 사랑하는 느낌, 부드럽고 친한 느낌이 많아요.
- **무뚝뚝하다**: 말이나 행동, 표정이 부드럽거나 따뜻하지 않아요.
- **느긋하다**: 서두르지 않고 시간을 가지고 천천히 해요.
- **급하다**: 일을 서두르고 잘 기다리지 못해서 빨리빨리 해요.

어휘 (성격)

1 도입, 제시

1. 학습자들에게 어떤 사람인지 물으며 오늘 배우는 어휘는 성격과 관련된 표현임을 알려 준다.

   🎤 여러분은 어떤 사람이에요? 생각하고 있는 것을 다 말하는 편이에요? 누가 시키기 전에 먼저 일을 찾아서 해요? 일을 할 때 여러 번 확인하면서 실수 없이 해요?
   오늘은 성격에 대해 공부해요.

2. 교사를 따라 어휘를 소리 내어 한 번 읽도록 한다. 이때 발음에 주의하게 한다.

3. 어휘의 의미를 설명한다. 어휘가 사용된 문장을 예로 제시하거나 의미를 풀어서 설명해 준다. 상황에 따라 유의어나 반의어 등을 추가로 설명할 수 있다.

4. 배운 어휘를 소리 내어 읽도록 한다. 이때 '-어요' 형태로 단어를 읽는 등 변화를 줄 수 있다.

2 연습

1. 배운 어휘를 사용하여 문장을 만들어 보는 연습을 먼저 한다.

2. 연습한 문장을 이용하여 자신의 성격은 어떤지 친구, 가족의 성격은 어떤지 짝과 대화하게 한다.

3. 학생들끼리 이야기한 것을 교사가 정리해 주며 같이 이야기한다.

   🎤 여러분의 성격은 어때요? 옆에 있는 짝의 성격은 어때요? 가족의 성격은 어때요? 여러분이 생각하는 성격과 친구가 말하는 성격이 같아요, 달라요?

1 형-어지다

상태의 변화를 나타낼 때 사용한다.

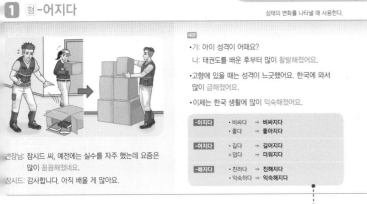

예문
• 가: 아이 성격이 어때요?
• 나: 태권도를 배운 후부터 많이 활발해졌어요.

• 고향에 있을 때는 성격이 느긋했어요. 한국에 와서 많이 급해졌어요.

• 이제는 한국 생활에 많이 익숙해졌어요.

-아지다	• 비싸다	→ 비싸지다
	• 좋다	→ 좋아지다
-어지다	• 길다	→ 길어지다
	* 덥다	→ 더워지다
-해지다	• 친하다	→ 친해지다
	• 익숙하다	→ 익숙해지다

반장님: 잠시드 씨, 예전에는 실수를 자주 했는데 요즘은 많이 꼼꼼해졌네요.
잠시드: 감사합니다. 아직 배울 게 많아요.

1. 그림을 보고 보기와 같이 친구와 이야기해 보세요.

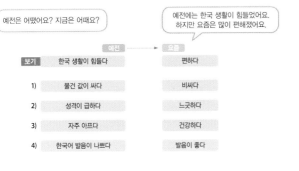

예전은 어땠어요? 지금은 어때요?

예전에는 한국 생활이 힘들었어요. 하지만 요즘은 많이 편해졌어요.

	예전 → 요즘
보기	한국 생활이 힘들다 → 편하다
1)	물건 값이 싸다 → 비싸다
2)	성격이 급하다 → 느긋하다
3)	자주 아프다 → 건강하다
4)	한국어 발음이 나쁘다 → 발음이 좋다

2. 여러분은 성격이 어떻게 달라졌어요? 친구들과 이야기해 보세요.

• 입사하기 전/후
• 결혼하기 전/후
• 한국에 오기 전/후

저는 입사하기 전에는 좀 덜렁거렸어요. 하지만 요즘은 많이 꼼꼼해졌어요.

단어장
활발하다

2과 성격 **27**

형-어지다

'형-어지다'는 시간이 지남에 따라 조금씩 변화하여 어떤 상태가 되어 가는 과정을 나타낼 때 사용한다. '점점, 점차' 등의 부사와 자주 결합한다.

'명이/가 형-어지다'의 구성으로 쓰므로 학습자들이 '명을/를 형-어지다'를 쓰지 않도록 주의한다.

변화하는 과정보다 변화한 결과를 더 강조할 경우는 '동-게 되다'를 사용한다.

• 가: 여기 갑자기 손님이 왜 이렇게 많아졌어요?
  나: 얼마 전에 방송에 나와서 그래요.

• 한국어 실력이 점점 좋아지고 있어요.

• 6월인데 벌써 날씨가 더워졌어요.

• 어제 청소를 해서 방이 좀 깨끗해졌어요.

-아지다 (ㅏ, ㅗ O)	많다 → 많아지다 높다 → 높아지다 *다르다 → 달라지다 *빨갛다 → 빨개지다
-어지다 (ㅏ, ㅗ X)	길다 → 길어지다 예쁘다 → 예뻐지다 *덥다 → 더워지다
-해지다 (하다)	편하다 → 편해지다 친절하다 → 친절해지다 따뜻하다 → 따뜻해지다

문법 1 (형-어지다)

1 도입, 제시

1. 도입 그림과 대화를 통해 문법이 사용되는 상황을 인지시킨다.

🎤 (왼쪽 그림을 가리키며) 잠시드 씨의 예전 모습인데 일하는 모습이 어때요?
(오른쪽 그림을 가리키며) 요즘은 예전과 좀 다른 모습이에요. 어떤 것 같아요?

2. 교재의 대표 예문을 보면서 문법의 의미를 설명한다.

🎤 반장님이 잠시드 씨의 일하는 모습을 보면서 말해요. 예전에는 실수를 자주 했는데 요즘은 꼼꼼해졌네요. 이렇게 어떤 상태의 변화를 나타낼 때 '-어지다'를 사용해요.

3. 학생들과 교재의 예문들을 읽으면서 문법의 의미를 설명하고 이해시킨다. 필요한 경우 단어장의 어휘 의미를 설명한다.

4. 문법의 형태 정보를 제시하고 설명한다.

5. 추가 예문을 제시하고 문법의 의미와 사용법을 정확하게 이해시킨다.

2 연습 1

1. 〈보기〉의 대화를 교사와 함께 완성해 본다.

2. 나머지 문제를 〈보기〉의 대화처럼 짝과 완성하도록 한다.

3. 연습한 것을 발표하게 하거나 교사가 전체 학생 대상으로 답하게 하여 확인한다. 그리고 오류가 있으면 수정해 준다.

3 연습 2

1. 성격이 어떻게 달라졌는지 묻고 대답하면서 '-어지다'를 활용하여 자신의 이야기를 하도록 한다.

2. 친구와 대화한 것을 발표하게 하고 오류가 있으면 수정해 준다.

익힘책 20~21쪽을 풀게 하거나 과제로 제시한다. 익힘책은 연습 활동 난이도에 따라 교재 연습 문제 전후로 활용한다.

동 형 **-는 대신(에)**

앞 절의 행위를 하고 그것을 뒤 절의 행위로 보상함을 나타내거나 어떤 행위를 하지 않고 그것을 대체하여 다른 행위를 함을 나타내는 표현이다. 구어에서는 '에'를 생략한 '-는 대신'을 더 많이 사용한다.

- 가: 다이어트 중인데 밥을 많이 먹어서 걱정이에요.
  나: 밥을 <u>먹는 대신에</u> 운동도 열심히 하면 돼요.

- 비가 많이 와서 다닐 때 좀 <u>불편한 대신에</u> 시원해서 좋아요.

- 가: 오후에 같이 운동할래요?
  나: <u>운동하는 대신에</u> 산책하러 가요.

- 신문을 <u>읽는 대신에</u> TV 뉴스를 봤어요.

-는 대신에 (동사 받침 O, X)	자다 → 자는 대신에 씻다 → 씻는 대신에 *살다 → 사는 대신에
-은 대신에 (형용사 받침 O)	많다 → 많은 대신에 짧다 → 짧은 대신에 *덥다 → 더운 대신에
-ㄴ 대신에 (형용사 받침 X, ㄹ 받침)	바쁘다 → 바쁜 대신에 비싸다 → 비싼 대신에 *멀다 → 먼 대신에

2 **동 형** **-는 대신(에)** 앞선 행동에 대한 보상이나 대체를 나타낼 때 사용

예문
- 가: 우리 아이는 간단한 숙제도 시간이 오래 걸려요.
  나: 시간이 오래 걸리는 대신에 실수가 없으니까 걱정하지 마세요.
- 부모님을 자주 찾아 뵙지 못하는 대신에 전화를 자주 드려요.
- 일이 많은 대신에 다양한 경험을 쌓을 수 있어서 좋아요.

-는 대신에	· 먹다 → 먹는 대신에 ★ 만들다 → 만드는 대신에 · 일하다 → 일하는 대신에
-은 대신에	· 많다 → 많은 대신에 · 작다 → 작은 대신에
-ㄴ 대신에	· 싸다 → 싼 대신에 ★ 힘들다 → 힘든 대신에 · 바쁘다 → 바쁜 대신에

안젤라: 일요일에도 출근해요?
이 링: 네, 일요일에 일하는 대신에 월요일에는 쉬어요.

1. 그림을 보고 보기 와 같이 친구와 이야기해 보세요.

회사는 어때요?
일이 힘들어요?   보기   네. 일이 힘든 대신에 월급이 많아요.

회사   일이 힘들다   월급이 많다

1)   일   주말에 근무하다   평일에 쉬다

2)   점심   음식을 시켜 먹다   만들어 먹다

3)   컴퓨터   품질이 좋다   가격이 비싸다

2. 건강해지고 싶을 때 여러분은 무엇을 해요? 친구들과 이야기해 보세요.

- 엘리베이터를 타다 / 계단을 자주 이용하다
- 커피 / 물

저는 엘리베이터를 타는 대신에 계단을 자주 이용해요.

28 사회통합프로그램(KIIP) 한국어와 한국문화 중급 1

문법 2 (동 형 -는 대신에)

1 도입, 제시

1. 도입 그림과 대화를 통해 문법이 사용되는 상황을 인지시킨다.

🎤 이링 씨가 일요일에도 일하고 있네요. 휴일에도 쉬지 못하고 일하는데 언제 쉬어요?

2. 교재의 대표 예문을 보면서 문법의 의미를 설명한다.

🎤 이링 씨가 일요일에도 일을 해요. 그럼 이링 씨는 쉴 수 없어요? 일요일에 일하는 대신에 월요일에는 쉬어요. 어떤 행동을 하고 그 행동에 대해서 고맙거나 미안해서 다른 것으로 돌려주는 것을 나타낼 때 '-는 대신에'를 사용해요.
문장 하나를 더 봅시다. '과일을 마트에서 사는 대신에 시장에서 샀다'는 마트에서 과일을 사지 않고 시장에서 산 거예요. 어떤 행동을 하지 않고 다른 행위를 하는 것을 나타낼 때도 사용해요.

3. 학생들과 교재의 예문들을 읽으면서 문법의 의미를 설명하고 이해시킨다.

4. 문법의 형태 정보를 제시하고 설명한다.

5. 추가 예문을 제시하고 문법의 의미와 사용법을 정확하게 이해시킨다.

2 연습 1

1. 〈보기〉의 대화를 교사와 함께 완성해 본다.

2. 나머지 문제를 〈보기〉의 대화처럼 짝과 완성하도록 한다.

3. 연습한 것을 발표하게 하거나 교사가 전체 학생 대상으로 답하게 하여 확인한다. 그리고 오류가 있으면 수정해 준다.

3 연습 2

1. 건강해지고 싶을 때 무엇을 하는지 '-는 대신에'를 활용하여 자신의 이야기를 하도록 한다.

2. 친구와 대화한 것을 발표하게 하고 오류가 있으면 수정해 준다.

익힘책 21-22쪽을 풀게 하거나 과제로 제시한다. 익힘책은 연습 활동 난이도에 따라 교재 연습 문제 전후로 활용한다.

1. 고천 씨가 아이 성격에 대한 고민을 이야기합니다. 다음 대화처럼 이야기해 보세요.

후엔: 고천 씨, 무슨 일이 있어요? 얼굴이 안 좋아 보여요.

고천: 우리 아이 성격 때문에 고민이에요.

후엔: 성민이 성격요?

고천: 네, 애가 저를 닮아 성격이 많이 내성적이거든요. 한국에 온 지 두 달이 넘었는데 학교 친구들과 아직 못 어울리는 것 같아요.

후엔: 그래요? 걱정되시겠어요. 그럼 아이한테 동아리나 봉사 활동을 시키면 어떨까요? 우리 아이는 봉사 활동을 한 후부터 성격이 외향적이고 밝아진 것 같아요.

고천: 그렇군요. 이따 집에 가서 우리 아이하고 얘기해 볼게요. 고마워요.

1) 내성적이다, 한국에 온 지 두 달이 넘었는데 학교 친구들과 아직 못 어울리다 |
아이한테 동아리나 봉사 활동을 시키다 ➡ 봉사 활동을 한 후부터 성격이 외향적이고 밝다

2) 성격이 급하다, 무슨 일을 할 때 자꾸 실수하다 |
아이에게 계획하는 습관을 만들어 주다 ➡ 계획표를 세워서 일을 하니까 성격이 꼼꼼해지다

2. 아래 상황에 맞게 성격 고민에 대해 조언해 주는 사람이 되어 대화해 보세요. 그리고 여러분의 이야기를 해 보세요.

성격 고민
• 소극적이다
• 무뚝뚝하다
•

조언
•
•
•

단어장
동아리
봉사
습관
(계획을) 세우다

3-2 EBOOK

성격에 대해 고민과 조언 말하기

1 대화문 연습

1. 아이의 성격 때문에 부모가 어떤 고민을 할지 이야기하며 교재의 그림을 이용해 어떤 상황인지 추측해 보도록 한다.

🎤 고천 씨가 아들 성민의 성격 때문에 고민이 있어요. 성민의 어떤 성격 때문에 고천 씨가 고민하고 있는 것 같아요?

2. 지시문을 이용하여 대화 상황을 학생들에게 명확하게 알려 준다.

3. 대화를 들려주고 간단한 질문을 하여 대화 내용을 이해했는지 확인한다.

🎤 고천 씨 아들 성민의 성격이 어때요?
성민은 학교에서 친구들과 어떻게 지내고 있어요?
후엔 씨 아이는 뭐 때문에 성격이 바뀌었어요?

4. 교사와 함께 대화문을 읽으면서 자연스럽게 말하는 연습을 한다. 두 번 정도 반복해서 연습하고 필요한 경우 단어장의 어휘 의미를 설명한다.

5. 교체 어휘를 활용하여 짝과 함께 연습하게 한다.

6. 연습이 끝나면 한두 팀을 발표시키거나 교사가 전체 학생을 대상으로 확인한다.

2 확장 연습

1. 자신의 성격에 대한 고민을 말하고, 고민을 들은 사람이 조언을 한다고 알려 준다.

2. 짝과 같이 성격에 대한 고민과 조언을 이야기하게 한다. 대화를 할 때는 다음과 같은 내용을 포함하여 말하도록 지시한다.

🎤 성격 때문에 고민해 본 적이 있어요?
자신의 성격 중에 바꾸고 싶은 점이 있어요? 어떻게 바꾸고 싶어요?

3. 이야기가 끝나면 한두 팀을 발표시키거나 교사가 전체 학생을 대상으로 확인하고 오류를 수정해 준다.

애　나(여): 제이슨 씨, 다음 주 '장기자랑 대회'에서 노래할 거예요?

제이슨(남): 네. 무슨 노래 부를지도 이미 정했는데요. 애나 씨도 같이 해 보는 게 어때요?

애　나(여): 저는 성격이 소극적인 편이어서 다른 사람들 앞에 나서는 걸 안 좋아해요. 저도 제이슨 씨 같은 성격을 가졌으면 좋겠네요.

제이슨(남): 저도 예전에는 조용하고 내성적이었어요. 그런데 한국에 와서 낯선 생활에 적응하려고 노력하면서 성격이 달라진 것 같아요. 적극적이고 말도 많아지고요.

애　나(여): 정말요? 저도 바뀔 수 있을까요?

제이슨(남): 물론이죠. 노력하면 바꿀 수 있어요. 혼자 있는 대신에 다른 사람들과 시간도 보내고 이야기도 해 보세요.

애　나(여): 그럼 저도 이제부터 취미 모임을 찾아봐야겠어요.

---

1. 두 사람의 모습을 보고 어떤 성격인지 추측하고 이야기해 보세요.

2. 애나 씨와 제이슨 씨가 이야기합니다. 잘 듣고 질문에 답해 보세요.

1) 애나 씨의 성격은 어떻습니까?
　　소극적인 편입니다.

2) 제이슨 씨는 성격이 왜, 어떻게 달라졌습니까?
　　낯선 생활에 적응하려고 노력하면서 적극적이고 말이 많아졌습니다.

3) 들은 내용과 같으면 ○, 다르면 X 하세요.
　① 제이슨 씨는 행사에 참여할 것이다.　　　　（ ○ ）
　② 애나 씨는 제이슨 씨의 성격을 부러워한다.　（ ○ ）
　③ 제이슨 씨는 한국에 와서 성격이 달라졌다.　（ ○ ）

단어장
장기 자랑
앞에 나서다
낯설다

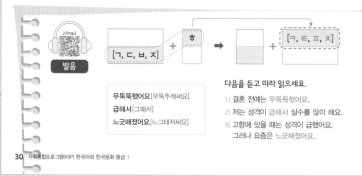

발음

무뚝뚝했어요 [무뚝뚜캐써요]
급해서 [그패서]
느긋해졌어요 [느그태저써요]

다음을 듣고 따라 읽으세요.

1) 결혼 전에는 무뚝뚝했어요.
2) 저는 성격이 급해서 실수를 많이 해요.
3) 고향에 있을 때는 성격이 급했어요. 그러나 요즘은 느긋해졌어요.

30　사회통합프로그램(KIIP) 한국어와 한국문화 중급 1

성격 변화에 대한 대화 듣기

1. 지시문을 이용하여 들을 내용과 관련있는 이야기를 나눈다.

🎤 (그림을 보며) 두 사람의 모습을 보세요. 각각 어떤 성격인 것 같아요? 여러분이 추측한 것을 이야기해 보세요.

2. 문제를 읽고 들어야 하는 정보를 파악하게 한다.

🎤 애나 씨는 어떤 성격이에요? 제이슨 씨의 성격은 어떻게 달라졌어요? 어떤 이유 때문에 달라졌어요? 애나 씨는 앞으로 어떤 노력을 할 거예요?

3. 듣기 파일을 두 번 듣고 문제를 풀게 한다.

4. 교재 질문의 답을 확인한 후 해당 대화를 같이 읽으며 내용을 확인한다. 필요한 경우 새로운 어휘, 표현을 설명한다.

발음

1. 교재의 발음을 들려주고 '무뚝뚝했어요', '급해서', '느긋해졌어요'의 발음이 어떻게 들리는지 학습자 스스로 확인해 보도록 한다.

2. 받침 'ㄱ, ㄷ, ㅂ, ㅈ' 뒤에 'ㅎ'이 연결되면 두 음을 합쳐서 [ㅋ, ㅌ, ㅍ, ㅊ]으로 발음된다는 것을 알려 준다.

🎤 받침 'ㄱ, ㄷ, ㅂ, ㅈ' 뒤에 'ㅎ'이 있으면 [ㅋ, ㅌ, ㅍ, ㅊ]으로 발음돼요.

3. 교재에 제시된 발음을 따라해 보도록 한다.

4. 교재에 제시된 문장의 발음을 따라해 보도록 한다.

5. 교재 문장을 읽으며 연습하게 한 후에 확인한다.

- 받침 'ㄱ, ㄷ, ㅂ, ㅈ' 뒤의 'ㅎ' 격음화

받침 'ㄱ(ㄺ), ㄷ, ㅂ(ㄼ), ㅈ(ㄵ)'이 뒤 음절 첫소리 'ㅎ'과 결합되는 경우 두 음을 합쳐서 [ㅋ, ㅌ, ㅍ, ㅊ]으로 발음한다.
예 축하[추카], 맏형[마텽], 입학[이팍], 부딪히다[부디치다]

1. 다음의 직업은 어떤 성격과 어울릴까요? 보기 를 보고 친구들과 이야기해 보세요.

의사는 신중하면 좋을 것 같아요.

보기
개방적이다
보수적이다
신중하다
예민하다
유머 감각이 많다
자상하다
정이 많다
책임감이 강하다
호기심이 많다
활발하다
꼼꼼하다

교사(선생님)　　출입국·외국인청 직원　　공무원

통역사　　미용사/네일 아티스트　　사회 복지사

2. 다음은 성격 고민에 대한 글입니다. 글을 읽고 조언해 보세요.

Q1 **저는 화장품 판매원입니다.**

저는 한 달 전에 입사한 신입 사원입니다. 제 성격 때문에 고민이 있습니다. 저는 친한 사람들과 대화할 때는 말도 잘 하고 다정한 편인데 업무로 만나는 사람들하고는 이야기를 나누는 것이 힘듭니다. 제 일이 화장품을 판매하는 것이라서 손님들과 적극적이고 활발하게 대화해야 하는데 그게 잘 안 됩니다. 저 어떻게 해야 할까요?

A1 happy님 답변

• **개방적이다:** 싫은 느낌이나 마음에 걸리는 것 없이 생각하거나 행동해요.

• **보수적이다:** 새로운 것이나 변화보다 안정적인 것을 좋아해요.

• **신중하다:** 말이나 행동을 할 때 아주 조심스럽게 해요.

• **예민하다:** 다른 사람보다 느끼고 생각하는 것이 빠르고 정확해요.

• **유머 감각이 많다:** 다른 사람을 웃기는 말이나 행동을 잘해요. 재미있게 표현하는 능력이 있어요.

• **자상하다:** 따뜻하고 진실한 마음으로 사람들을 대해요.

• **정이 많다:** 아주 가깝고 친한 느낌이 많아요.

• **책임감이 강하다:** 자기가 해야 할 일을 중요하게 생각하고 끝까지 최선을 다해요.

• **호기심이 많다:** 새롭고 신기한 것을 좋아하고 궁금해하는 것이 많아요.

• **활발하다:** 힘이 있고 많이 움직여요.

직업과 성격 연관 짓기

1. 교재에 제시된 직업에 어울리고 필요한 성격을 생각하게 한다.

🎤 이 직업을 가진 사람들이 일하는 데 어떤 성격이 잘 맞을까요?

2. 1번의 직업들과 잘 맞는 성격을 왼쪽 〈보기〉에서 찾아 이야기해 보게 한다.

3. 이야기가 끝나면 교사가 전체 학생을 대상으로 확인해 본다.

확장 연습

1. 고민 글의 제목을 먼저 보고 판매원에게 필요한 성격에 대해 이야기한다.

2. 고민 글을 읽어 보고 판매원으로서 손님들에게 적극적이고 활발한 모습이 부족해 고민인 사람에게 어떤 조언을 할지 이야기해 보고 간략히 써 보게 한다.

3. 다음은 라흐만 씨의 가족에게 일어난 일입니다. 잘 읽고 질문에 답해 보세요.

지난주에 휴가를 받아서 고향에 갔습니다. 오랜만에 가족을 만나는 것이어서 설레는 마음으로 집에 도착했습니다. 저희 가족은 모두 다정하고 유머 감각이 많아서 늘 대화도 많이 하고 집안이 시끄러운 편인데 이날은 조용했습니다. 동생에게 집에 무슨 일이 있었는지 물어보니 "부모님이 결혼기념일에 크게 다투셨는데 그때부터 대화를 안 하셔."라고 알려 주었습니다.

저희 아버지는 여행사를 운영하고 계십니다. 적극적이고 활발한 편이시라서 주변에 아는 사람도 많고 모임에 나가는 걸 좋아하십니다. 그날에도 동호회 모임에 가셨는데 '특별한 날'인 것을 잊어버리고 밤늦게 들어오신 겁니다. 어머니는 아버지를 저녁 내내 기다리셨고 결국 화가 나서 그 후부터 아버지와 말을 안 하고 계셨습니다.

다음 날 오전에 어머니께서 외출하시는 것을 보고 저는 아버지께 "늦었지만 결혼기념일 파티를 하면 어떨까요?"라고 말씀드렸습니다. 아버지께서는 "그거 좋은 생각이다. 같이 준비하자."라고 하셨고 저와 동생은 아버지를 도와 작은 파티를 준비했습니다. 아버지와 동생은 어머니 선물을 사러 나갔고 저는 요리를 만들었습니다.

얼마 후 어머니께서 오셨습니다. 드디어 식사 시간이 되어 가족이 모두 식탁 앞에 앉았습니다. 그때 아버지께서 "미안해. 이제부터 달라질게."라고 말씀하시면서 선물을 주니까 어머니께서는 눈을 흘기면서 좋아하셨습니다. 우리는 모두 크게 웃었습니다.

1) 라흐만 씨가 고향 집에 갔을 때 가족에게 무슨 일이 있었습니까?
   부모님이 결혼기념일에 크게 다투셨습니다.

2) 아버지의 직업은 무엇입니까? 또 성격은 어떻습니까?
   여행사를 운영하시고, 성격은 적극적이고 활발한 편입니다.

3) 윗글의 내용과 같으면 ○, 다르면 X 하세요.

   ❶ 라흐만 씨 가족은 보통 조용한 편이다.   (X)
   ❷ 라흐만 씨 아버지와 동생은 어머니 선물을 샀다.   (○)
   ❸ 라흐만 씨는 밖에 나가는 대신에 저녁 식사를 준비했다.   (○)
   ❹ 라흐만 씨는 부모님 결혼기념일에 같이 저녁 식사를 했다.   (X)

단어장
설레다
시끄럽다
다투다
동호회
달라지다
눈을 흘기다

32 사회통합프로그램(KIIP) 한국어와 한국문화 중급 1

가족의 성격을 소개하는 글 읽기

1. 라흐만 씨의 가족에 대한 글임을 알려 주고 읽게 한다.

2. 글을 훑어 읽게 한 후 주제, 중심 내용 등을 간단히 말해 보도록 한다.

🎤 라흐만 씨 가족의 성격은 어때요?
   부모님의 결혼기념일에 무슨 일이 있었어요?
   부모님이 대화를 안 하는 것을 알고 라흐만 씨는 어떤 계획을 세웠어요?

3. 글을 다시 읽으면서 문제를 풀게 한다.

4. 답을 같이 확인한 후, 본문을 다시 읽으며 모르는 어휘가 없는지 확인한다. 필요한 경우 새로운 어휘, 표현을 설명한다.

1. 여러분의 성격은 어떻습니까? 자신의 성격에 대해 메모해 보세요.

성격	구체적인 상황·예시
장점	
단점	

2. 위의 메모를 바탕으로 자신의 성격에 대해 장점과 단점을 써 보세요.

자신의 성격을 소개하는 글 쓰기

1. 어떤 글을 쓸지 알려 주고 글에 들어갈 내용을 생각해 보게 한다.

   🎤 여러분의 성격은 어때요?
   성격 중에 마음에 드는 부분과 마음에 안 드는 부분이 있어요?
   마음에 안 드는 성격을 바꾸려고 노력해 본 것이 있어요? 또는 어떤
   노력을 할 거예요?

2. 교재 질문에 대해 자신이 쓸 내용을 간단히 메모하도록 한다. 교사는
   학생들이 쓴 메모에 오류가 없는지 확인해 준다.

3. 메모한 내용을 바탕으로 글을 완성하게 한다.

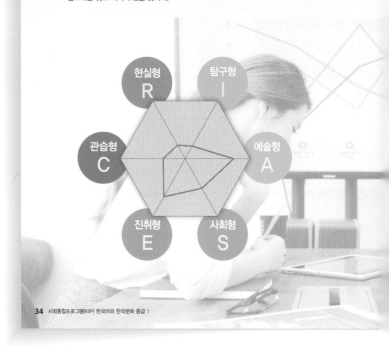

성격과 직업

자신의 성격을 잘 알면 직업을 선택할 때 도움이 된다. 워크넷(www.work.go.kr)에서는 다양한 성격 검사를 통해 자신에게 맞는 직업을 찾아볼 수 있다. 이에 따르면 사람의 성격은 현실형(R), 탐구형(I), 예술형(A), 사회형(S), 진취형(E), 관습형(C)의 여섯 가지 유형으로 나눌 수 있다.

현실형(R)은 분명하고 질서 있는 것을 좋아한다. 이 유형의 사람은 현실적이고 신중하며 솔직하지만 고집이 센 편이다. 기술자, 농부, 군인, 경찰, 운동선수 등의 직업과 어울린다. 탐구형(I)은 관찰과 지적인 활동을 좋아한다. 이 유형의 사람은 분석적이고 독립적이지만 내성적인 편이다. 학자, 분석가 등의 직업과 어울린다. 이런 방식으로 하여 예술형(A), 사회형(S), 진취형(E), 관습형(C)도 각각의 성격 특징과 그에 맞는 직업군이 워크넷에 나와 있다. 자신의 성격에 맞는 직업이 무엇인지를 알아보고자 한다면 워크넷을 참고하는 것도 의미가 있을 듯하다.

현실형 R / 탐구형 I / 관습형 C / 예술형 A / 진취형 E / 사회형 S

34 사회통합프로그램(KIIP) 한국어와 한국문화 중급 1

성격과 직업

1. 이 단원의 문화와 정보가 무엇에 대한 것인지 알려 준다.

   🎤 자신의 성격에 어떤 직업이 잘 어울릴 것 같아요? 오늘은 성격과 맞는 직업을 알아보고, 직접 검사를 해 볼 수 있는 사이트도 알아봅시다.

2. 교재의 사진을 보면서 주제에 대해 알고 있는 것을 상기시키고 말해 보게 한다. 이때 관련 시각 자료를 추가로 활용할 수 있다.

   🎤 자신에게 맞는 직업을 찾아보는 성격 검사를 해 봤어요?
   어떤 성격이 경찰(판매원, 선생님, 사업가)에게 잘 맞을 것 같아요?

3. 교재를 같이 읽으면서 내용을 설명한다. 이때 중요한 정보가 있는 부분에 밑줄을 긋거나 표시하게 하는 것도 좋다.

4. 질문 1, 2의 답을 찾아보고 답하게 한다.

   🎤 사람의 성격을 나누는 여섯 가지 유형에는 무엇이 있어요?
   현실형(R), 탐구형(I)의 성격적 특징은 뭐예요?

5. 3번 질문을 이용하여 학습자 자신의 경험을 말해 보도록 한다.

   🎤 여러분 주변 사람들 중 누구에게 어떤 직업을 추천해 주고 싶어요?

1) 사람의 성격을 나누는 6가지 유형은 무엇입니까?
2) 현실형(R), 탐구형(I)의 성격적 특징은 무엇입니까?
3) 여러분 주변 사람들 중 누구에게 어떤 직업을 추천해 주고 싶습니까?

배운 어휘 확인

외향적이다
내성적이다
적극적이다
소극적이다
꼼꼼하다
덜렁거리다
다정하다
무뚝뚝하다
(성격이) 느긋하다
(성격이) 급하다
활발하다
동아리
봉사
습관
(계획을) 세우다
장기 자랑
앞에 나서다
낯설다

공무원
네일 아티스트
유머 감각이 많다
설레다
시끄럽다
다투다
동호회
달라지다
눈을 흘기다

2과 성격 **35**

- 이 단원에서 배운 어휘 중 기억나는 것을 말해 보세요.
- 이 단원에서 배운 문법은 뭐예요? 어떻게 사용해요?
- 여러분은 어떤 성격이에요?
- 여러분은 성격에 대해 고민이 있어요?
- 현실형(R)에는 어떤 유형의 사람들이 있어요? 어떤 직업과 잘 어울려요?

마무리

1. '배운 어휘 확인' 목록을 읽으면서 이해한 단어에 ☑해 보도록 한다.
2. 배운 어휘 목록의 어휘들을 읽으면서 의미를 상기시킨다.
3. 단원에서 학습한 문법(형-어지다, 동형-는 대신에)을 상기시키며 의미와 사용법을 기억하는지 확인한다.
4. 단원의 목표와 성취도를 확인한다.
5. 익힘책을 과제로 제시하며 다음 단원의 주제 '3과 지역 복지 서비스'를 예고하면서 마무리한다.

3 지역 복지 서비스

외국인 취업 상담

어휘: 지역 복지 서비스

문법: 동형-는지 알다/모르다
　　　동-다가

활동: 복지 시설 이용 방법 말하기
　　　지역 복지 서비스 소개하기

문화와 정보: 다문화이주민플러스센터

수업 목표 및 내용

- **주제:** 지역 복지 서비스

- **어휘와 문법**
  - 어휘: 지역 복지 서비스 관련 어휘를 익힌다.
  - 문법: '동형-는지 알다/모르다', '동-다가'의 의미와 형태를 익혀 사용할 수 있다.

- **활동**
  - 말하기: 복지 시설 이용 방법을 말할 수 있다.
  - 듣기: 복지 시설 이용에 대한 대화를 듣고 이해할 수 있다.
  - 읽기: 지역 복지 시설 소개 글을 읽고 이해할 수 있다.
  - 쓰기: 지역 복지 서비스를 소개하는 글을 쓸 수 있다.

- **문화와 정보:** 다문화이주민플러스센터

수업 전개

도입, 어휘 1차시	문법 2차시
·지역 복지 서비스	·동형-는지 알다/모르다 ·동-다가
익힘책 pp.26-27	익힘책 pp.28-30

- 이 사람들은 지금 어디에서 무엇을 하고 있어요?
- 여러분은 복지 서비스를 이용해 본 적이 있어요?

도입

1. 교재 그림을 이용하여 학생들과 이야기하며 이 과의 주제를 노출한다.

   그림❶ 🎙 이 사람들은 무엇을 하고 있어요? 무엇을 궁금해하고 어떤 정보를 찾고 있어요?

   그림❷ 🎙 이곳은 어디예요? 누가 갈 수 있고, 무엇을 하는 곳이에요?

   그림❸ 🎙 이곳에서는 무엇을 해요? 여러분도 이용해 봤어요?

2. 대화 내용을 정리하며 이 단원에서는 '지역 복지 서비스'에 대해 공부한다는 것을 알려 준다.

이 단원을 지도할 때는…

내국인뿐만 아니라 학습자들도 실질적으로 이용할 수 있는 서비스임을 알려 줍니다.
이 단원과 관계있는 단원은 아래와 같습니다. 관련 단원의 학습 내용을 확인하셔서 지도에 참고하시면 좋을 것 같습니다.

- 문화: 이민자 상담 센터
  - 3권 15과

말하기 듣기, 발음 **3차시**	읽기 **4차시**	쓰기, 문화와 정보, 마무리 **5차시**
·복지 시설 이용 방법 말하기 ·복지 시설 이용에 대한 대화 듣기	·지역 복지 시설 소개 글 읽기	·지역 복지 서비스 소개하는 글 쓰기 ·다문화이주민플러스센터
익힘책 p.31	익힘책 p.32	익힘책 p.33

- **임금 체불:** 일하고 받는 돈을 약속한 날에 못 받는 것을 말해요.

- **상담을 받다:** 어떤 문제가 있거나 궁금한 것이 있을 때 도움 되는 이야기를 주고받는 것이 상담이에요. 그런데 도움이 되는 이야기를 듣는 것은 '상담을 받다'라고 해요.

- **통번역 서비스:** 어떤 말과 글을 다른 나라의 말과 글로 바꿔 주는 서비스예요.

- **구직/창업 상담을 받다:** 직업을 찾는 것을 구직이라고 해요. 회사를 만들어 사업을 시작하는 것을 창업이라고 해요. 요즘은 구직, 창업 상담을 받을 수 있는 곳이 많아요.

- **장난감을 대여하다:** 아이들이 가지고 노는 물건들을 빌려요. 장난감이 비싸거나 아이들에게 다양한 장난감을 가지고 놀게 하고 싶을 때 장난감을 대여하면 좋아요.

- **아이를 맡기다:** 직장에 갈 때 아이를 누가 봐줘요? 할머니, 할아버지께 아이를 맡기거나 어린이집에 아이를 맡겨요.

- **육아 정보를 얻다:** 아이를 기르는 일을 육아라고 해요. 육아를 할 때 필요한 정보를 어디에서 구해요? 가족, 친구, 인터넷 등에서 육아 정보를 얻어요.

- **노인을 돌보다:** 연세가 많은 어르신들에게 관심을 갖고 살피면서 도와드려요.

- **교육:** 지식이나 기술을 가르치는 일이에요.

- **건강 검진을 받다:** 몸이 건강한지, 병이 없는지 병원에서 검사를 받아요.

- **예방 접종을 받다:** 감기 같은 병에 걸리지 않으려고 미리 주사를 맞아요.

---

1. 한국 생활을 도와주는 서비스에는 무엇이 있어요?

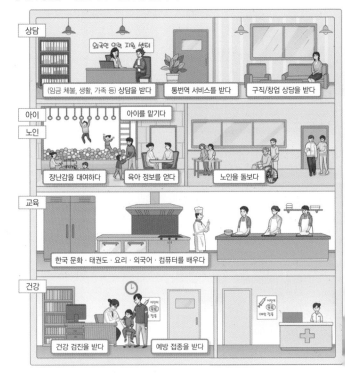

2. 여러분은 무슨 복지 서비스를 이용해 봤어요? 무엇을 이용해 보고 싶어요?

> 저는 나중에 커피숍을 하고 싶어요.
> 그래서 상담 센터에 가서 창업 상담을 받고 싶어요.

어휘 (지역 복지 서비스)

1 도입, 제시

1. 한국 생활을 도와주는 서비스를 받은 경험이 있는지 물으며 오늘 배우는 어휘는 지역 복지 서비스와 관련된 표현임을 알려 준다.

   🎤 여러분은 한국 생활을 도와주는 서비스를 받은 적이 있어요? 어디에서 어떤 서비스를 받았어요? 서비스를 받고 어떤 점이 좋았어요?
   행복하게 사는 것을 복지라고 해요. 오늘은 지역 복지 서비스에 대해 공부해요.

2. 교사를 따라 어휘를 소리 내어 한 번 읽도록 한다. 이때 발음에 주의하게 한다.

3. 어휘의 의미를 설명한다. 어휘가 사용된 문장을 예로 제시하거나 의미를 풀어서 설명해 준다. 상황에 따라 유의어나 반의어 등을 추가로 설명할 수 있다.

4. 배운 어휘를 소리 내어 읽도록 한다. 이때 '-어요' 형태로 단어를 읽는 등 변화를 줄 수 있다.

2 연습

1. 배운 어휘를 사용하여 문장을 만들어 보는 연습을 먼저 한다.

2. 연습한 문장을 이용하여 자신이 이용해 본 복지 서비스나 이용해 보고 싶은 복지 서비스에 대해 짝과 대화하게 한다.

3. 학생들끼리 이야기한 것을 교사가 정리해 주며 같이 이야기한다.

   🎤 여러분이 이용한 복지 서비스는 어떤 서비스였어요? 왜 그 서비스를 이용했어요?
   앞으로 이용해 보고 싶은 복지 서비스가 있어요?
   지금 여러분에게 필요한 복지 서비스는 뭐예요?

① 통형 -는지 알다/모르다

어떠한 정보에 대해 알거나 모르고 있음을 말할 때 사용한다.

- 가: 문화 체육 센터에서 무엇을 배우는지 알아요?
  나: 네, 제과 제빵하고 한식 조리를 배울 수 있어요.
- 외국인도 복지 서비스를 이용할 수 있는지 아는 사람이 많지 않다.
- 상담 센터가 몇 시에 문을 여는지 몰라서 홈페이지를 찾아보았다.

-는지 알다/모르다	・가다 → 가는지 알다/모르다 ・읽다 → 읽는지 알다/모르다
-은지 알다/모르다	・좋다 → 좋은지 알다/모르다
-ㄴ지 알다/모르다	・싸다 → 싼지 알다/모르다

Tip 명사일 경우 '명인지 알다'의 형태를 사용한다. 모르는 사실을 말할 때는 '통-는지 모르다, 형-은지 모르다'를 사용한다.

안젤라: 어디에서 예방 접종을 하는지 알아요?
고 천: 네, 알아요. 보건소에서 해요.

1. 그림을 보고 보기 와 같이 친구와 이야기해 보세요.

어디에서 상담을 받을 수 있는지 아세요?

보기

네, 알아요. 4층 상담 센터예요.

어디에서 상담을 받을 수 있어요? / 4층 상담 센터

1)
아이의 예방 접종 비용이 얼마예요?
무료

2)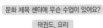
문화 체육 센터에 무슨 수업이 있어요?
태권도, 요리

3)
어디에서 장난감을 빌릴 수 있어요?
육아 종합 지원 센터

2. 우리 동네 복지 서비스에 대해서 알고 싶은 것을 친구들과 이야기해 보세요.

- 요리를 배울 수 있는 곳
- 상담을 받을 수 있는 곳

 한국 요리를 어디에서 배울 수 있는지 알아요?

네, 학교 근처에 있는 문화 체육 센터에서 배울 수 있어요.

3과 지역 복지 서비스 39

통형 -는지 알다/모르다

의문을 나타낼 때, 어떠한 정보에 대해 알거나 모르고 있음을 말할 때 사용한다.

- 가: 생활용품을 어디에서 사는 게 좋은지 아세요?
  나: 남대문 시장에 한번 가 보세요.
- 동생이 왜 우는지 모르겠어요.
- 버스나 지하철 중에 뭐가 더 빠른지 아세요?
- 두 사람이 고등학교 동창인지 몰랐어요.

-는지 알다/모르다 (동사 받침 O, X)	사다 → 사는지 알다 찾다 → 찾는지 알다 *만들다 → 만드는지 알다
-은지 알다/모르다 (형용사 받침 O)	넓다 → 넓은지 알다 많다 → 많은지 알다 *덥다 → 더운지 알다
-ㄴ지 알다/모르다 (형용사 받침 X, ㄹ 받침)	싸다 → 싼지 알다 빠르다 → 빠른지 알다 *길다 → 긴지 알다

문법 1 (통형 -는지 알다/모르다)

① 도입, 제시

1. 도입 그림과 대화를 통해 문법이 사용되는 상황을 인지시킨다.

   🎤 안젤라 씨가 궁금한 것이 있어서 고천 씨에게 질문해요. 무엇을 궁금해하는 것 같아요? 뭐라고 질문하면 될까요?

2. 교재의 대표 예문을 보면서 문법의 의미를 설명한다.

   🎤 안젤라 씨가 고천 씨에게 '어디에서 예방 접종을 해요? 알아요?' 물어보고 있어요. 궁금함이 있을 때, 또 어떤 정보에 대해 알거나 모르는 것을 말할 때 '-는지 알다/모르다'를 사용해요.

3. 학생들과 교재의 예문들을 읽으면서 문법의 의미를 설명하고 이해시킨다.

4. 문법의 형태 정보를 제시하고 설명한다.

5. 추가 예문을 제시하고 문법의 의미와 사용법을 정확하게 이해시킨다.

② 연습 1

1. 〈보기〉의 대화를 교사와 함께 완성해 본다.

2. 나머지 문제를 〈보기〉의 대화처럼 짝과 완성하도록 한다.

3. 연습한 것을 발표하게 하거나 교사가 전체 학생 대상으로 답하게 하여 확인한다. 그리고 오류가 있으면 수정해 준다.

③ 연습 2

1. 우리 동네 복지 서비스에 대해서 알고 싶은 것이 있는지 묻고 대답하면서 '-는지 알다/모르다'를 활용하여 짝과 대화하도록 한다.

2. 친구와 대화한 것을 발표하게 하고 오류가 있으면 수정해 준다.

익힘책 28-29쪽을 풀게 하거나 과제로 제시한다. 익힘책은 연습 활동 난이도에 따라 교재 연습 문제 전후로 활용한다.

-다가

어떠한 행위나 상태가 중단되고 다른 행위나 상태로 바뀜을 나타낸다. 행위나 상태가 완료되지 않고 진행되는 중에 다른 행위로 바뀌거나 추가로 행위가 끼어듦을 나타낼 때 사용한다. 일반적으로 앞뒤 주어가 같아야 한다.

- 가: 시험공부 많이 했어요?
  나: 아니요. 책을 <u>보다가</u> 잠이 들었어요.

- 휴대 전화를 보면서 <u>걷다가</u> 다른 사람과 부딪혔어요.

- 기숙사에서 <u>살다가</u> 원룸으로 이사했어요.

- 이건 어제 <u>먹다가</u> 남은 피자예요.

-다가 (동사, 받침 O, X)	보다 → 보다가
	읽다 → 읽다가
	돕다 → 돕다가
	만들다 → 만들다가

---

2 동-다가

어떠한 행위나 상태가 중단되고 다른 것으로 전환됨을 나타낸다

예문
- 가: 요즘도 외국인 인력 지원 센터에서 구직 상담을 받으세요?
  나: 아니요. 지난달까지 구직 상담을 받다가 얼마 전에 취직해서 지금은 받지 않아요.
- 영화를 보다가 재미없어서 나왔어요.
- 책을 읽다가 친구가 와서 밖에 나갔어요.

제이슨: 요즘도 컴퓨터를 배워요?
고 천: 아니요, 컴퓨터 학원에 다니다가 어려워서 요리 수업으로 바꿨어요.

-다가	가다 → 가다가
	먹다 → 먹다가
	청소하다 → 청소하다가

1. 보기와 같이 이야기해 보세요.

공부하다가 모르는 단어가 있어서 사전을 찾았어요.

	전에 하던 행동	이유	새로운 행동, 상태
보기	공부하다	모르는 단어가 있다	사전을 찾다
1)	텔레비전을 보다	재미가 없다	잠이 들다
2)	휴대폰으로 통화하다	엘리베이터를 타다	전화가 끊어지다
3)	책을 읽다	커피를 쏟다	책이 젖다
4)	요리책을 보고 요리를 하다	따라하기 어렵다	문화 체육 센터에서 요리 수업을 듣다

2. 여러분은 하다가 그만둔 일이 있어요? 친구들과 이야기해 보세요.

- 매일 아침 운동을 하다
-
-

매일 아침 운동을 하다가 너무 힘들어서 포기했어요.

문법 2 (동-다가)

1 도입, 제시

1. 도입 그림과 대화를 통해 문법이 사용되는 상황을 인지시킨다.

🎙 고천 씨가 교육을 받아요. 무엇을 배워요?
컴퓨터 학원에 다니는 고천 씨를 보세요. 잘 배우고 있어요? 좀 어려워하는 것 같아요. 그래서 지금은 컴퓨터를 안 배우고 요리를 배우는 것 같아요.

2. 교재의 대표 예문을 보면서 문법의 의미를 설명한다.

🎙 고천 씨가 처음에는 컴퓨터 학원에 다녔어요. 그런데 좀 어려워서 끝까지 못 배우고 다른 수업으로 바꿨어요.
어떠한 행위나 상태가 멈추고 다른 행위나 상태로 바뀌는 것을 나타낼 때 '-다가'를 사용해요.

3. 학생들과 교재의 예문들을 읽으면서 문법의 의미를 설명하고 이해시킨다.

4. 문법의 형태 정보를 제시하고 설명한다.

5. 추가 예문을 제시하고 문법의 의미와 사용법을 정확하게 이해시킨다.

2 연습 1

1. 〈보기〉의 대화를 교사와 함께 완성해 본다.

2. 나머지 문제를 〈보기〉의 대화처럼 짝과 완성하도록 한다.

3. 연습한 것을 발표하게 하거나 교사가 전체 학생 대상으로 답하게 하여 확인한다. 그리고 오류가 있으면 수정해 준다.

3 연습 2

1. 어떤 일을 하다가 그만둔 경험이 있는지, 왜 그 일을 그만두었는지 '-다가'를 활용하여 자신의 이야기를 하도록 한다.

2. 친구와 대화한 것을 발표하게 하고 오류가 있으면 수정해 준다.

익힘책 29-30쪽을 풀게 하거나 과제로 제시한다. 익힘책은 연습 활동 난이도에 따라 교재 연습 문제 전후로 활용한다.

1. 후엔 씨와 미호 씨가 복지 시설 이용에 대해 이야기합니다. 다음 대화처럼 이야기해 보세요.

후엔: 어머, 미호 씨. 컴퓨터를 배우세요?

미호: 네, 혼자 책 보고 공부하다가 요즘은 동네에 있는 문화 체육 센터에서 배우고 있어요.

후엔: 와, 저는 우리 동네에 그런 시설이 있는지 몰랐어요. 수업은 언제 해요?

미호: 매주 화요일과 목요일 오후 7시부터 8시까지 해요. 요리, 수영, 컴퓨터 등 다양한 프로그램이 있으니까 한번 알아보세요.

후엔: 그렇군요. 저도 알아봐야겠어요.

미호: 매달 마지막 주에 일주일 동안 신청을 받아요. 자세한 것은 문화 체육 센터 홈페이지에 나와 있으니까 들어가 보세요.

1) 컴퓨터를 배우다 | 혼자 책 보고 공부하다, 문화 체육 센터에서 배우다
2) 요가를 배우다 | 집에서 동영상을 보고 운동하다, 무료 체육 시설에서 배우다

2. 아래는 프로그램 안내문입니다. 무엇을 수강하고 싶은지 이야기해 보세요.

○ 행복 문화 체육 센터 프로그램

	요일	시간	내용	금액
수영	월~금	오전 6~7시	초급	5만 원
컴퓨터 1	화, 목	오후 7~8시	초급	3만 원
컴퓨터 2	화, 목	오후 8~9시	중급	3만 원
한국 요리	수	오전 10~11시	일반 가정식	재료비
태권도	월~금	오전 8~9시	초급	5만 원
K-POP 댄스	월, 수, 금	오후 5~6시	취미반	3만 원

*1회 무료 체험 가능. 65세 이상은 50% 할인

3과 지역 복지 서비스 **41**

• 지역 복지 시설이란?

지역 사회 내에서 일정한 시설과 전문 인력을 갖추고 종합적인 사회 복지 사업을 수행하는 시설. 사회 복지 서비스 욕구를 가지고 있는 모든 지역 사회 주민을 대상으로 보호 서비스 제공, 교육·훈련의 기회 제공 등 그들이 필요로 하는 복지 서비스를 제공하고, 가정 기능 강화 및 주민 상호간 연대감 조성을 통한 각종 지역 사회 문제를 예방, 치료하는 매체로서 주민의 복지 증진을 위한 역할을 수행함.

예 종합 사회 복지관, 다문화가족지원센터, 문화 체육 센터

복지 시설 이용 방법 말하기

1 대화문 연습

1. 복지 시설에 어떤 프로그램이 있는지, 프로그램을 신청할 때 확인해야 하는 사항이 무엇인지 이야기하며 교재의 그림을 이용해 어떤 상황인지 추측해 보도록 한다.

   🎤 여러분이 이용해 본 복지 시설에는 어떤 프로그램들이 있어요? 복지 시설의 프로그램을 신청할 때 먼저 확인해야 하는 것은 뭐예요?

2. 지시문을 이용하여 대화 상황을 학생들에게 명확하게 알려 준다.

3. 대화를 들려주고 간단한 질문을 하여 대화 내용을 이해했는지 확인한다.

   🎤 미호 씨는 컴퓨터를 어디에서 배워요?
   미호 씨가 이용하는 문화 체육 센터에는 어떤 프로그램들이 있어요?
   프로그램에 참여하고 싶으면 언제 신청하면 돼요?

4. 교사와 함께 대화문을 읽으면서 자연스럽게 말하는 연습을 한다. 두 번 정도 반복해서 연습한다.

5. 교체 어휘를 활용하여 짝과 함께 연습하게 한다.

6. 연습이 끝나면 한두 팀을 발표시키거나 교사가 전체 학생을 대상으로 확인한다.

2 확장 연습

1. 복지 시설의 프로그램 수강에 필요한 정보를 보면서 어떤 프로그램을 수강하고 싶은지 이야기한다고 알려 준다.

2. 짝과 같이 수강하고 싶은 프로그램에 대해 이야기하게 한다. 대화를 할 때는 다음과 같은 내용을 포함하여 말하도록 지시한다.

   🎤 이 문화 체육 센터에는 어떤 프로그램이 있어요?
   수업은 각각 무슨 요일, 몇 시에 해요?
   무엇을 배우고 수강료는 얼마예요?
   신청하기 전에 체험해 볼 수 있어요?

3. 이야기가 끝나면 한두 팀을 발표시키거나 교사가 전체 학생을 대상으로 확인하고 오류를 수정해 준다.

3-L.mp3

직원(남): 네, 외국인 종합 복지 센터입니다.
후엔(여): 안녕하세요. 초급 컴퓨터 등록에 대해서 문의하려고 전화했는데요.
직원(남): 죄송합니다. 초급 컴퓨터는 이미 마감이 됐습니다. 대기하실 수는 있어요. 컴퓨터 수업이 혹시 처음이신가요?
후엔(여): 아니요. 전에 배운 적은 있는데 잘 못해서 다시 배우고 싶어서요.
직원(남): 그러면 중급 수업은 어떠십니까? 중급 수업을 들어 보시다가 어려우면 환불도 가능합니다.
후엔(여): 중급 수업 등록비는 얼마인가요?
직원(남): 중급 수업은 3만 원이고 수업은 화요일과 목요일 오후 8시부터 9시까지입니다.
후엔(여): 네, 조금 더 생각해 보고 등록할게요. 감사합니다.

---

1. 여러분은 강좌를 신청해 본 적이 있습니까? 강좌를 신청하기 전에 무엇을 확인하고 싶습니까?

　지금 등록 가능해요?
　등록비는 얼마인지 좀 알려 주세요.
　교육 내용이 뭔지 좀 알 수 있을까요?

2. 후엔 씨와 외국인 종합 복지 센터 직원이 이야기합니다. 잘 듣고 질문에 답해 보세요. 3-L.mp3

　1) 후엔 씨는 어느 프로그램에 등록하고 싶었습니까?
　　초급 컴퓨터 수업에 등록하고 싶었습니다.

　2) 등록비는 얼마입니까?
　　3만 원입니다.

　3) 들은 내용과 같으면 ○, 다르면 X 하세요.
　　❶ 초급 컴퓨터 프로그램은 지금 자리가 있다. 　(X)
　　❷ 중급 컴퓨터 프로그램은 신청할 수 있다. 　(○)
　　❸ 수업은 화요일과 목요일에 한다. 　(○)

3-P.mp3
발음

문의 ➡ [무늬, 무니]

문의[무늬, 무니]
편의[펴늬, 펴니]
논의[노늬, 노니]

다음을 듣고 따라 읽으세요.
1) 다른 문의 사항은 없으세요?
2) 공항에 무슨 편의 시설이 있어요?
3) 그 문제에 대해서는 현재 논의가 활발하다.

복지 시설 이용에 대한 대화 듣기

1. 지시문을 이용하여 들을 내용과 관련있는 이야기를 나눈다.

　🎤 후엔 씨가 복지 센터에 전화해서 강좌를 신청하고 있어요. 전화해서 무엇을 물어볼까요?

2. 문제를 읽고 들어야 하는 정보를 파악하게 한다.

　🎤 후엔 씨가 어떤 강좌를 신청하려고 해요? 왜 신청하려고 해요? 이 강좌의 등록비는 얼마예요? 무슨 요일에 강좌를 들을 수 있어요?

3. 듣기 파일을 두 번 듣고 문제를 풀게 한다.

4. 교재 질문의 답을 확인한 후 해당 대화를 같이 읽으며 내용을 확인한다. 필요한 경우 새로운 어휘, 표현을 설명한다.

3-P.mp3
발음

1. 교재의 발음을 들려주고 '문의, 편의, 논의'의 발음이 어떻게 들리는지 학습자 스스로 확인해 보도록 한다.

2. 단어의 첫음절 이외의 '의'는 [이]로 발음해도 된다는 것을 알려 준다.

　🎤 단어에서 뒤에 있는 '의'는 [이]로 발음해도 괜찮아요. [의], [이] 모두 괜찮아요.

3. 교재에 제시된 발음을 따라해 보도록 한다.

4. 교재에 제시된 문장의 발음을 따라해 보도록 한다.

5. 교재 문장을 읽으며 연습하게 한 후에 확인한다.

• 이중 모음 'ㅢ'의 발음

'ㅢ'는 이중 모음으로 발음하는 것이 원칙이나 자음을 첫소리로 가지고 있는 음절의 'ㅢ'는 [ㅣ]로 발음한다.

🗊 띄어쓰기[띠어쓰기], 희망[히망]

단어의 첫음절 이외의 '의'는 [ㅣ]로 발음함도 허용한다.

🗊 주의[주의/주이], 협의[혀비/혀비]

1. 다음의 포스터를 보고 무슨 복지 서비스에 대한 포스터인지 이야기해 보세요.

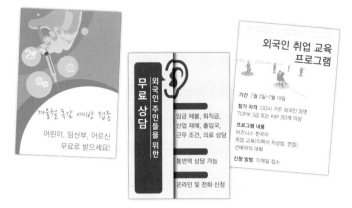

2. 다음 제목을 보고 무엇에 대한 기사인지 이야기해 보세요.

3과 지역 복지 서비스 **43**

- **퇴직금**: 직장을 그만두는 사람에게 직장에서 주는 돈이에요. 보통 1년 이상 근무해야 받을 수 있어요.
- **산업 재해**: 직장의 일을 하다가 생기는 사고 때문에 근로자에게 생기는 육체적, 정신적 피해를 말해요.
- **근무 조건**: 여러분은 어떤 직장이 좋은 직장이라고 생각해요? '집에서 가까운 회사, 월급을 많이 주는 회사, 야근이 없는 회사'와 같은 것들이 바로 근무 조건이에요.
- **의료 상담**: 아프거나 병에 걸렸을 때 치료하기 위해 이야기를 나누는 일이에요.

- **정착**: 일정한 곳에 자리를 잡아 사는 것을 말해요.
- **복지 재단**: 복지 서비스를 제공하는 기관이에요.
- **친정**: 결혼한 여자가 부모나 형제자매가 살고 있는 집을 말할 때 '친정'이라고 해요. 그래서 결혼 전의 가족을 말할 때 '친정 식구'라고 해요.

활자 매체의 정보 파악하기

1. 복지 서비스 포스터에 어떤 정보가 있을지 생각하게 한다.

   🎤 무엇을 알려 주는 포스터예요?
   이 포스터에는 어떤 정보들이 있을까요?

2. 포스터를 읽고 정보를 파악하게 한다.

3. 질문을 하여 내용을 잘 이해했는지 확인한다.

4. 기사 제목을 읽고 어떤 내용의 기사일지 추측하게 한다.

5. 교사와 함께 제목을 읽으며 어떤 복지 서비스인지, 유사한 서비스를 경험한 적이 있는지, 고향에도 비슷한 복지 서비스가 있는지 이야기하게 한다.

- **문화 교류**: 서로의 문화를 이해하려는 목적으로 국가 간의 문화를 소개하거나 경험하는 일이에요.
- **공동체**: 생활을 같이 하거나 같은 목적으로 행동을 같이하는 모임을 공동체라고 해요.
- **강당**: 학교나 회사, 기관에서 큰 강의나 행사를 할 때 사용하는 실내 공간이에요.
- **영화 상영**: 영화를 보여 주는 일이에요.
- **장**: 어떤 일이 일어나는 곳을 말해요.
  예 만남의 장, 학습의 장
- **활용되다**: 충분히 잘 이용된다는 뜻이에요.
- **고충**: 걱정이나 고민이 있어서 마음이 괴로운 일을 고충이라고 해요.
- **보건**: 건강을 잘 지키고 보호하는 일을 보건이라고 해요.

---

3. 다음은 복지 센터에 대한 기사입니다. 잘 읽고 질문에 답해 보세요.

○○신문 | 20XX년 9월 15일

이민자와 다문화 가족을 위한 복지 센터 문 열어

○○시 외국인 복지 센터가 오는 9일 문을 연다. 이민자와 다문화 가족을 위한 복지 센터는 국제 문화 교류실, 공동체 모임방, 상담실, 교육실, 강당 등 다양한 시설을 갖추고 있다.

1층은 국가별 영화 상영과 전시 등을 통해 지역 주민들에게 세계 문화를 소개하고 서로의 문화를 이해하는 사회 통합의 장으로 활용된다. 현재 2층과 3층에는 종합 복지 센터와 글로벌 아동 센터가 각각 운영되고 있다.

종합 복지 센터는 이민자들을 대상으로 개인·가족 상담, 방문 서비스 교육, 한국어 교육, 취업 교육 등을 운영하고 있다. 상담은 통번역 서비스가 제공되어 이민자들이 일상생활에서 겪는 생활 고충의 해결을 돕는다.

글로벌 아동 센터는 12세 이하 다문화 아동과 18세 이하 중도 입국 청소년을 대상으로 복지·교육·보건 등의 서비스를 제공 중이다. 같은 건물에 위치한 보건소에서는 이민자들과 지역 주민들에게 건강 검진, 예방 접종 등의 의료 서비스를 제공한다.

○○신문 | 김가영 기자

1) 무엇에 대한 기사입니까?
   복지 센터를 소개하는 기사입니다.

2) 종합 복지 센터에서 제공하는 서비스가 <u>아닌</u> 것을 고르세요.
   ❶ 가족 상담   ❷ 통번역 교육
   ❸ 한국어 교육   ❹ 방문 서비스

3) 윗글의 내용과 같으면 ○, 다르면 X 하세요.
   ❶ 새로 문을 연 복지 서비스 시설에서는 영화를 볼 수 있다. (○)
   ❷ 종합 복지 센터는 2층에 있다. (○)
   ❸ 글로벌 아동 센터는 12세 이하 어린이만 이용할 수 있다. (X)

단어장
교류실
장
활용되다
고충

지역 복지 시설 소개 글 읽기

1. 지역 복지 시설에 대한 글임을 알려 주고 읽게 한다.

2. 글을 훑어 읽게 한 후 주제, 중심 내용 등을 간단히 말해 보도록 한다.

🎤 이 복지 센터는 어떤 시설을 갖추고 있어요?
    1층은 무엇을 하는 데 활용돼요?
    이 복지 센터는 무슨 프로그램을 운영하고 있어요?
    글로벌 아동 센터는 무엇을 하는 곳이에요?

3. 글을 다시 읽으면서 문제를 풀게 한다.

4. 답을 같이 확인한 후, 본문을 다시 읽으며 모르는 어휘가 없는지 확인한다. 필요한 경우 새로운 어휘, 표현을 설명한다.

1. 여러분이 이용해 본 지역 복지 서비스는 무엇이 있습니까?

• 무슨 복지 서비스를 이용해 봤습니까?	
• 어떻게 그 서비스를 알았습니까?	
• 그 서비스는 무엇이 좋습니까?	
• 그 서비스를 이용하는 방법은 무엇입니까?	

2. 위의 내용을 바탕으로 여러분이 다른 사람에게 소개하고 싶은 복지 서비스에 대해 소개하는 글을 써 보세요.

지역 복지 서비스 소개하는 글 쓰기

1. 어떤 글을 쓸지 알려 주고 글에 들어갈 내용을 생각해 보게 한다.

   🎤 이용해 본 복지 서비스가 있어요?
      그 서비스를 어떻게 알았어요?
      그 서비스의 좋은 점이 뭐예요?
      그 서비스를 이용하려면 어떻게 해야 돼요?

2. 교재 질문에 대해 자신이 쓸 내용을 간단히 메모하도록 한다. 교사는 학생들이 쓴 메모에 오류가 없는지 확인해 준다.

3. 메모한 내용을 바탕으로 글을 완성하게 한다.

다문화이주민⁺센터 (다문화이주민플러스센터)

한국에 거주하는 외국인이나 다문화 가족을 대상으로 한 다양한 서비스가 다문화이주민⁺센터(다문화이주민플러스센터)로 통합된다. 다문화이주민플러스센터는 각 지자체와 법무부, 행정안전부, 고용노동부 등 각 부처에서 따로 제공하던 서비스를 통합하여 제공하는 복합 서비스 기관이다.

다문화이주민플러스센터에서는 법무부의 외국인 등록과 체류 기간 연장, 고용노동부의 고용 허가는 물론이고 결혼 이민자를 대상으로 하는 여성가족부의 가족 상담, 방문 교육, 통역 서비스 등 국내 체류 외국인에게 필요한 행정 서비스를 모두 제공받을 수 있다.

처음 설립 당시에는 경기 양주·이천·파주·안산·수원·남양주·시흥, 인천 중구, 충남 아산, 경남 양산 등 10개 지역에서 시범적으로 운영되었으나 현재는 충남 천안, 전북 익산 등 더 많은 지역으로 점차 확대되고 있다.

1) 다문화이주민플러스센터는 어떤 기관입니까?
2) 이곳에서는 어떤 서비스를 받을 수 있습니까?
3) 여러분이 필요로 하는 서비스는 무엇입니까?

다문화이주민⁺센터 (다문화이주민플러스센터)

1. 이 단원의 문화와 정보가 무엇에 대한 것인지 알려 준다.

🎤 한국에서 살고 있는 외국인이나 다문화 가족들이 생활 관련 서비스를 받을 수 있을까요? 오늘은 한국에서 사는 이민자들에게 다양한 서비스를 제공하는 다문화이주민플러스센터에 대해 알아봅시다.

2. 교재의 사진을 보면서 주제에 대해 알고 있는 것을 상기시키고 말해 보게 한다. 이때 관련 시각 자료를 추가로 활용할 수 있다.

🎤 여러분이 사는 지역에서 다문화이주민플러스센터를 본 적이 있어요? 이곳에서는 누가 어떤 서비스를 받을 수 있을까요?

3. 교재를 같이 읽으면서 내용을 설명한다. 이때 중요한 정보가 있는 부분에 밑줄을 긋거나 표시하게 하는 것도 좋다.

4. 질문 1, 2의 답을 찾아보고 답하게 한다.

🎤 다문화이주민플러스센터는 어떤 기관이에요? 이곳에서는 어떤 서비스를 받을 수 있어요?

5. 3번 질문을 이용하여 학습자 자신의 경험을 말해 보도록 한다.

🎤 여러분에게 가장 필요한 서비스는 뭐예요?

배운 어휘 확인

상담을 받다

통번역 서비스를 받다

구직/창업 상담을 받다

아이를 맡기다

장난감을 대여하다

육아 정보를 얻다

☐ 노인을 돌보다

☐ 한국 문화를 배우다

☐ 건강 검진을 받다

☐ 예방 접종을 받다

☐ 임금 체불

☐ 산업 재해

☐ 근무 조건

☐ 의료 상담

☐ 참가 자격

☐ 정착

☐ 교류실

☐ 장

☐ 활용되다

☐ 고충

3과 지역 복지 서비스 **47**

- 이 단원에서 배운 어휘 중 기억나는 것을 말해 보세요.
- 이 단원에서 배운 문법은 뭐예요? 어떻게 사용해요?
- 여러분의 한국 생활을 도와주는 지역 복지 서비스에는 어떤 것들이 있어요?
- 한국에 온 지 얼마 안 된 이민자들에게 소개하고 싶은 복지 시설이나 서비스가 있어요?
- 한국에 거주하는 외국인이나 다문화 가족에게 다양한 서비스를 제공하는 곳이 어디예요?

마무리

1. '배운 어휘 확인' 목록을 읽으면서 이해한 단어에 ☑해 보도록 한다.

2. 배운 어휘 목록의 어휘들을 읽으면서 의미를 상기시킨다.

3. 단원에서 학습한 문법(통형-는지 알다/모르다, 통-다가)을 상기시키며 의미와 사용법을 기억하는지 확인한다.

4. 단원의 목표와 성취도를 확인한다.

5. 익힘책을 과제로 제시하며 다음 단원의 주제 '4과 교환과 환불'을 예고하면서 마무리한다.

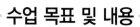

4 | 교환과 환불

어휘: 교환, 환불

문법: 동 -을 만하다
       동형 -어 가지고

활동: 교환, 환불하기
       교환, 환불에 대한 주의 사항 읽기

문화와 정보: 소비자 상담 센터

수업 목표 및 내용

• **주제:** 교환과 환불

• **어휘와 문법**
  – 어휘: 교환 및 환불 관련 어휘를 익힌다.
  – 문법: '동-을 만하다', '동형-어 가지고'의 의미와
    형태를 익혀 사용할 수 있다.

• **활동**
  – 말하기: 교환의 이유를 말하고 상품을 교환할
    수 있다.
  – 듣기: 인터넷 쇼핑에 관한 대화를 듣고 이해할
    수 있다.
  – 읽기: 교환, 환불 방법에 관한 주의 사항을
    읽고 이해할 수 있다.
  – 쓰기: 교환, 환불 경험에 대한 글을 쓸 수 있다.

• **문화와 정보:** 소비자 상담 센터

수업 전개	도입, 어휘	1차시	문법	2차시

·교환과 환불

·동-을 만하다
·동형-어 가지고

익힘책 pp.34-35

익힘책 pp.36-38

교환/환불 안내

교환 및 환불은
영수증을 지참하여
구매일 포함 7일 이내
가능합니다.

교환/환불 가능 · 영수증 지참 · 7일 이내

제품 사용, 훼손 시
교환/환불 불가

태그, 라벨 제거 시
교환/환불 불가

- 이 사람들은 지금 뭘 하려고 해요?
- 여러분도 이런 경험이 있어요?

도입

1. 교재 그림을 이용하여 학생들과 이야기하며 이 과의 주제를 노출한다.

그림❶ 🎤 여기는 무엇을 하는 곳이에요?

그림❷ 🎤 이 사람은 어디에 있어요? 무엇을 하려고 하는 것 같아요? 여러분은 고객만족센터를 이용해 본 적이 있어요?

그림❸ 🎤 교환, 환불을 할 때 무엇에 유의해야 해요? 여러분은 물건을 사고 나서 교환이나 환불을 한 적이 있어요?

2. 대화 내용을 정리하며 이 단원에서는 '교환과 환불 문의하기, 교환과 환불에 대한 주의 사항' 등에 대해 공부한다는 것을 알려 준다.

이 단원을 지도할 때는…

학습자들이 한국에서 겪은 교환, 환불 경험이 없다면 자신의 나라에서 겪은 경험을 공유 하도록 하셔도 됩니다.

이 단원과 관계있는 단원은 아래와 같습니다.
- 문법: 동 형 -어서(이유)
  - 1권 16과
- 주제: 쇼핑
  - 1권 8과
  물건 사기
  - 2권 3과

말하기 듣기, 발음	3차시	읽기	4차시	쓰기, 문화와 정보, 마무리	5차시
·교환의 이유 이야기하기 ·인터넷 쇼핑 대화 듣기		·교환, 환불에 대한 주의 사항 읽기		·교환, 환불 경험에 대한 글 쓰기 ·소비자 상담 센터	
익힘책 p.39		익힘책 p.40		익힘책 p.41	

- **사이즈:** 신발이나 옷의 크기를 말해요.

- **색상:** 빨간색, 파란색과 같은 색깔을 의미해요. 지금 입고 있는 옷은 어떤 색상이에요? 여러분은 어떤 색상을 좋아해요?

- **헐렁하다:** 큰 옷을 입었을 때의 느낌이에요. (↔ 꽉 끼다)

- **얼룩:** 음료수를 마시다가 실수로 옷에 쏟아서 더러워졌어요. 옷에 묻어 있는 다른 색상이나 더러운 점을 말해요.

- **단추가 떨어지다:** 옷에 있는 단추가 없어진 것을 말해요.

- **디자인:** 옷, 가방, 신발 등의 모양을 말해요.

- **마음에 안 들다:** 어떤 사람이나 물건이 별로여서 좋아하지 않아요.

- **교환하다:** 이미 산 물건을 다른 물건으로 바꿔요.

- **고객 센터에 문의하다:** 고객을 위해서 회사에서 제품이나 서비스에 대한 대답을 해주는 곳을 고객 센터라고 해요. 이 고객 센터에 물어 봐요.

- **환불하다:** 이미 산 물건을 돌려주고 돈을 다시 받아요.

- **소비자 상담 센터에 상담하다:** 소비자 상담 센터는 고객이 받은 피해를 해결해 주는 정부 기관이에요. 고객이 피해를 받았을 때 문제를 해결하기 위해서 같이 이야기해요.

1. 물건에 어떤 문제가 있어요?

사이즈가 작다 | 색상이 다르다 | 바지가 헐렁하다 | 바지가 끼다

얼룩이 있다 | 단추가 떨어지다 | 바느질이 잘못되다 | 디자인이 마음에 안 들다

2. 물건에 문제가 있을 때는 어떻게 해요? 이야기해 보세요.

교환하다 | 고객 센터에 문의하다

환불하다 | 소비자 상담 센터에 상담하다

어휘 (교환과 환불)

1 도입, 제시

1. 쇼핑할 때 제품에 어떤 문제가 있었는지 물으며 오늘 배우는 어휘는 교환과 환불에 관련된 표현임을 알려 준다.

   🎙 여러분은 쇼핑할 때 제품에 문제가 있었던 경험이 있어요? 어떤 문제가 있었어요? 오늘은 이러한 문제들 때문에 교환이나 환불하는 것에 대해 공부해요.

2. 교사를 따라 어휘를 소리 내어 한 번 읽도록 한다. 이때 발음에 주의 하게 한다.

3. 어휘의 의미를 설명한다. 어휘가 사용된 문장을 예로 제시하거나 의미를 풀어서 설명해 준다. 상황에 따라 유의어나 반의어 등을 추가로 설명할 수 있다.

4. 배운 어휘를 소리 내어 읽도록 한다. 이때 '-어요' 형태로 단어를 읽는 등 변화를 줄 수 있다.

2 연습

1. 배운 어휘를 사용하여 문장을 만들어 보는 연습을 먼저 한다.

2. 연습한 문장을 이용하여 제품에 어떤 문제가 있어서 교환이나 환불을 했는지 짝과 대화하게 한다. 교환이나 환불을 한 경험이 없다면 상황을 가정해서 말해 보도록 한다.

3. 학생들끼리 이야기한 것을 교사가 정리해 주며 같이 이야기한다.

   🎙 무슨 문제가 있어서 제품을 교환하거나 환불했어요?

1 동-을 만하다

어떤 행동을 하는 것이 가능함을 의미하거나 그 행동이 가치가 있음을 나타낸다.

예문
• 가: 사회통합프로그램 3단계 공부가 어때요?
  나: 2단계보다 어렵지만 공부할 만해요.
• 물냉면은 맵지 않아서 먹을 만해요.
• 요즘 볼 만한 영화가 있으면 소개해 주세요.

후 엔: 이 책상은 좀 오래돼서 이제 바꿔야겠어요.
박민수: 이 책상요? 오래됐지만 아직 튼튼해서 쓸 만해요.

-을 만하다	먹다 → 먹을 만하다
	읽다 → 읽을 만하다
-ㄹ 만하다	보다 → 볼 만하다
	가다 → 갈 만하다

1. 그림을 보고 보기와 같이 친구와 이야기해 보세요.

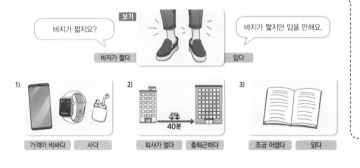

보기
바지가 짧지요?

바지가 짧다

입다

바지가 짧지만 입을 만해요.

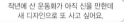

1)
가격이 비싸다   사다

2)
40분
회사가 멀다   출퇴근하다

3)
조금 어렵다   읽다

2. 쓸 만하지만 새로 사고 싶은 물건이 있으면 이야기해 보세요.

작년에 산 운동화가 아직 신을 만한데
새 디자인으로 또 사고 싶어요.

4과 교환과 환불 **51**

동-을 만하다

'동-을 만하다'는 어떤 사람이나 사물이 그러한 행동을 할 가치가 있거나 어떤 행동을 하는 것이 가능하고 그런 행동을 하기에 충분한 정도가 되었음을 나타낼 때 사용한다.
1) 가치: 앞 절의 행동을 할 정도로 가치가 있다.
2) 가능: 앞 절의 행동을 하는 것이 가능하거나, 앞 절의 일이 발생할 만한 가능성이 충분히 있다.

• 가: 김치 맛이 어때요?
  나: 김치가 맵지만 먹을 만해요.
• 저 산은 높지만 등산할 만해요.
• 이 자전거는 오래됐지만 아직 탈 만해요.
• 운전할 때 들을 만한 음악 좀 추천해 주세요.

-을 만하다 (받침 O)	읽다 → 읽을 만하다
	믿다 → 믿을 만하다
	입다 → 입을 만하다
	*걷다 → 걸을 만하다
-ㄹ 만하다 (받침 X, ㄹ 받침)	마시다 → 마실 만하다
	환불하다 → 환불할 만하다
	*만들다 → 만들 만하다
	*살다 → 살 만하다

문법 1 (동-을 만하다)

1 도입, 제시

1. 도입 그림과 대화를 통해 문법이 사용되는 상황을 인지시킨다.

🎤 후엔 씨와 민수 씨가 책상을 보면서 이야기를 해요.
  후엔 씨와 민수 씨는 책상이 어떻다고 생각해요?

2. 교재의 대표 예문을 보면서 문법의 의미를 설명한다.

🎤 민수 씨는 책상이 오래됐지만 아직 쓸 수 있다고 생각해요. 이렇게 어떤 행동을 하는 것이 가능하거나 가치가 있을 때 '-을 만하다'를 사용해요.

3. 학생들과 교재의 예문들을 읽으면서 문법의 의미를 설명하고 이해시킨다.

4. 문법의 형태 정보를 제시하고 설명한다.

5. 추가 예문을 제시하고 문법의 의미와 사용법을 정확하게 이해시킨다.

2 연습 1

1. 〈보기〉의 대화를 교사와 함께 완성해 본다.

2. 나머지 문제를 〈보기〉의 대화처럼 짝과 완성하도록 한다.

3. 연습한 것을 발표하게 하거나 교사가 전체 학생 대상으로 답하게 하여 확인한다. 그리고 오류가 있으면 수정해 준다.

3 연습 2

1. 쓸 만하지만 새로 사고 싶은 물건에 대해 묻고 대답하면서 '-을 만하다'를 사용하여 자신의 이야기를 하도록 한다.

2. 친구와 대화한 것을 발표하게 하고 오류가 있으면 수정해 준다.

익힘책 36-37쪽을 풀게 하거나 과제로 제시한다. 익힘책은 연습 활동 난이도에 따라 교재 연습 문제 전후로 활용한다.

◢

동형 -어 가지고

앞 절의 내용이 뒤 절의 내용의 방법, 원인, 이유를 나타내는 '-아/어서'의 의미를 강조해서 나타낼 때 사용한다. 주로 구어에서 많이 쓰인다.

이유	• 뒤 절에 청유형과 명령형을 사용할 수 없음 • 앞에 동사, 형용사 사용 가능	배가 **아파 가지고** 갑시다.(×) 배가 **아파 가지고** 병원에 가세요.(×) 배가 **아파 가지고** 병원에 갔어요.(○)
순서	• 뒤 절에 청유형과 명령형 사용 가능 • 앞에 동사만 사용	케이크를 **사 가지고** 파티에 갑시다.(○) 케이크를 **사 가지고** 파티에 가세요.(○) 케이크가 **비싸 가지고** 파티에 가세요.(×)

◢

- 가: 쇼핑을 하지 않고 왜 그냥 왔어요?
  나: 옷이 너무 비싸 가지고 살 수 없었어요.
- 신발이 너무 작아 가지고 교환하려고 해요.
- 밥을 너무 많이 먹어 가지고 소화가 잘 안 돼요.
- 시간이 없어 가지고 숙제를 다 못 했어요.

-아 가지고 (ㅏ, ㅗ O)	사다 오다	→ 사 가지고 → 와 가지고
-어 가지고 (ㅏ, ㅗ X)	있다 *크다 *어렵다	→ 있어 가지고 → 커 가지고 → 어려워 가지고
-해 가지고 (하다)	헐렁하다 친절하다	→ 헐렁해 가지고 → 친절해 가지고

문법 2 (동형 -어 가지고)

① 도입, 제시

1. 도입 그림과 대화를 통해 문법이 사용되는 상황을 인지시킨다.

   🎤 이링 씨가 옷 가게에서 직원과 이야기해요.
   이링 씨는 옷을 교환하려 왔어요. 왜 교환하고 싶어 할까요?

2. 교재의 대표 예문을 보면서 문법의 의미를 설명한다.

   🎤 이링 씨가 산 옷의 사이즈가 작아요. 그래서 큰 사이즈로 교환하려고 해요. 이링 씨는 "옷 사이즈가 작아 가지고 큰 사이즈로 교환하려고 해요."라고 대답했어요. 이렇게 이유를 말할 때 '-어 가지고'를 사용해요.

3. 학생들과 교재의 예문을 읽으면서 문법의 의미를 설명하고 이해시킨다.

4. 문법의 형태 정보를 제시하고 설명한다.

5. 추가 예문을 제시하고 문법의 의미와 사용법을 정확하게 이해시킨다.

② 연습 1

1. 〈보기〉의 대화를 교사와 함께 완성해 본다.

2. 나머지 문제를 〈보기〉의 대화처럼 짝과 완성하도록 한다.

3. 연습한 것을 발표하게 하거나 교사가 전체 학생 대상으로 답하게 하여 확인한다. 그리고 오류가 있으면 수정해 준다.

③ 연습 2

1. 교환이나 환불의 경험에 대해서 묻고 대답하면서 '-어 가지고'를 활용하여 자신의 이야기를 하도록 한다.

2. 친구와 대화한 것을 발표하게 하고 오류가 있으면 수정해 준다.

   익힘책 37-38쪽을 풀게 하거나 과제로 제시한다. 익힘책은 연습 활동 난이도에 따라 교재 연습 문제 전후로 활용한다.

2 동형 -어 가지고   주로 구어에서 앞 내용이 뒤 내용의 방법, 원인, 이유를 나타낼 때 사용한다.

직원: 무슨 일로 오셨어요?
이링: 사이즈가 좀 작아 가지고 큰 사이즈로 교환하려고요.

예문
- 가: 왜 지난주 회식에 안 왔어요?
  나: 고향 친구가 와 가지고 집에 일찍 갔어요.
- 어제 잠을 못 자 가지고 아주 피곤해요.
- 새 자동차는 비싸 가지고 지금 못 사겠어요.

-아 가지고	• 사다 → 사 가지고 • 맑다 → 맑아 가지고
-어 가지고	• 먹다 → 먹어 가지고 • 예쁘다 → 예뻐 가지고
-해 가지고	• 환불하다 → 환불해 가지고 • 친절하다 → 친절해 가지고

1. 그림을 보고 보기 와 같이 친구와 이야기해 보세요.

왜 환불했어요?

보기

얼룩이 있어 가지고 환불했어요.

얼룩이 있다   환불하다

1)

비빔냉면이 맵다   안 먹다

2)

음식을 많이 먹다   소화제를 먹다

3)

바지가 헐렁하다   교환하다

2. 교환이나 환불의 경험이 있으면 이야기해 보세요.

무슨 문제가 있었어요?

신발 사이즈가 작아 가지고 교환을 했어요.

52 사회통합프로그램(KIIP) 한국어와 한국문화 중급 1

1. 옷 가게에서 라흐만 씨가 직원과 이야기합니다. 다음 대화처럼 이야기해 보세요.

> 직　원: 어서 오세요. 무엇을 도와드릴까요?
>
> 라흐만: 어제 산 건데 **단추가 떨어져** 가지고 교환하고 싶은데요.
>
> 직　원: 아, 그러세요? 잠시 제품 먼저 확인해 보겠습니다. (잠시 후) 이거 새 제품인데 **색상이나 디자인이 맞는지 확인해** 보시겠어요?
>
> 라흐만: 이거 좋습니다.
>
> 직　원: 그럼 이걸로 교환해 드리겠습니다. 결제하신 카드하고 영수증은 가지고 오셨지요?
>
> 라흐만: 네, 여기요.
>
> 직　원: 이 제품도 교환이나 환불 원하시면 일주일 이내에 가격표 제거하지 마시고 가져오세요.

1) 단추가 떨어지다 | 색상이나 디자인이 맞는지 확인하다

2) 얼룩이 있다 | 다른 문제가 없는지 확인하다

2. 아래 상황에 맞게 교환하려는 손님과 가게 직원이 되어 대화해 보세요. 그리고 여러분의 경험도 이야기해 보세요.

교환하고 싶은 물건
• 티셔츠
• 바지
• 가방

교환하고 싶은 이유
• 디자인이 마음에 안 들다
• 바지가 끼다
• 사이즈가 작다

단어장
치수

4과 교환과 환불　53

교환의 이유 이야기하기

1 대화문 연습

1. 교환, 환불 경험에 대해 이야기하며 교재의 그림을 이용해 어떤 상황인지 추측해 보도록 한다.

> 🎙 라흐만 씨가 지금 어디에서 이야기하고 있는 것 같아요?
> 두 사람은 무슨 이야기를 하고 있는 것 같아요?

2. 지시문을 이용하여 대화 상황을 학생들에게 명확하게 알려 준다.

3. 단어장의 새 어휘를 설명한다.

4. 대화를 들려주고 간단한 질문을 하여 대화 내용을 이해했는지 확인한다.

> 🎙 라흐만 씨가 물건을 교환하려는 이유가 뭐예요?
> 물건을 교환할 때 무엇이 있어야 돼요?
> 교환이나 환불을 받으려면 어떻게 해야 돼요?

5. 교사와 함께 대화문을 읽으면서 자연스럽게 말하는 연습을 한다. 두 번 정도 반복해서 연습한다.

6. 교체 어휘를 활용하여 짝과 함께 연습하게 한다.

7. 연습이 끝나면 한두 팀을 발표시키거나 교사가 전체 학생을 대상으로 확인한다.

2 확장 연습

1. 손님과 가게 직원이 되어서 상황에 맞게 교환하는 대화를 연습한다고 알려 준다.

2. 짝과 같이 교환하고 싶은 물건과 교환하고 싶은 이유를 이야기하게 한다. 대화를 할 때는 다음과 같은 내용을 포함하여 말하도록 지시한다.

> 🎙 교환하고 싶은 물건이 뭐예요?
> 왜 물건을 교환하고 싶어요?
> 교환을 하려면 무엇을 가지고 와야 돼요?
> 교환이나 환불을 하려면 어떤 조건을 지켜야 해요?

3. 이야기가 끝나면 한두 팀을 발표시키거나 교사가 전체 학생을 대상으로 확인하고 오류를 수정해 준다.

4-L.mp3

이링(여): 라민 씨, 라민 씨는 쇼핑을 어디에서 자주 해요?
라민(남): 저는 인터넷 쇼핑을 자주 하는 편이에요.
이링(여): 그래요? 인터넷으로 쇼핑을 하면 교환이나 환불이 어렵지 않아요?
라민(남): 아니요. 전혀 어렵지 않아요. 물건을 받고 교환이나 환불을 하고 싶으면 고객 센터에 연락해서 신청하면 돼요.
이링(여): 비용은 무료예요?
라민(남): 음……. 모두 무료는 아니에요. 회사의 실수일 경우는 무료이지만 마음에 들지 않아서 교환이나 환불을 할 경우에는 택배비를 내야 해요.
이링(여): 그렇군요. 인터넷 쇼핑으로 물건을 사면 교환이나 환불을 못 받을 것 같아서 걱정이 됐거든요.
라민(남): 이번에 제가 추천하는 사이트에서 한번 쇼핑해 보세요. 아주 만족할 거예요.

---

1. 여러분은 인터넷 쇼핑을 한 적이 있습니까? 인터넷 쇼핑을 할 때 어떤 문제가 있었는지 이야기해 보세요.

2. 라민 씨와 이링 씨가 이야기합니다. 잘 듣고 질문에 답해 보세요.

4-L.mp3

1) 라민 씨는 어디에서 쇼핑을 자주 합니까?
   인터넷 쇼핑을 자주 합니다.

2) 이링 씨는 무엇을 가장 걱정하고 있습니까?
   교환이나 환불을 못 받을 것 같아서 걱정합니다.

3) 들은 내용과 같으면 ○, 다르면 X 하세요.
   ❶ 라민 씨는 시간이 있을 때 백화점에 가서 쇼핑을 한다. (X)
   ❷ 인터넷 쇼핑은 교환은 쉽지만 환불하기는 어려웠다. (X)
   ❸ 인터넷 쇼핑에서는 교환과 환불이 모두 공짜이다. (X)

단어장
실수
택배비
추천하다

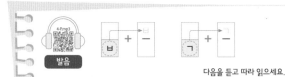

발음

4-P.mp3

| ㅂ + ㅡ → ㅂ | | ㄱ + ㅡ → ㄱ |

다음을 듣고 따라 읽으세요.

1) 이 옷은 따뜻해서 환절기에 입을 만해요.
2) 가: 사람들에게 인기가 많은 식당인데 맛이 어때요?
   나: 많은 사람들이 줄을 서서 먹을 만해요.
3) 가: 한국 소설 중에서 읽을 만한 책 좀 소개해 주세요.
   나: 이 책을 읽어 보세요. 요즘 베스트셀러예요.

입을 만해요[이블 만해요]
먹을 만해요[머글 만해요]
읽을 만한[일글 만한]

인터넷 쇼핑 대화 듣기

1. 지시문을 이용하여 들을 내용과 관련있는 이야기를 나눈다.

   🎤 여러분은 인터넷 쇼핑을 이용해 본 경험이 있어요?
   인터넷 쇼핑을 이용할 때 장점과 단점이 뭐가 있어요?

2. 문제를 읽고 들어야 하는 정보를 파악하게 한다.

   🎤 라민 씨는 쇼핑을 어디에서 자주 하는 편이에요?
   인터넷으로 쇼핑했을 때 교환이나 환불을 하려면 어떻게 하면 돼요?
   교환이나 환불 비용은 모두 무료예요?
   이링 씨는 무엇이 걱정됐어요?

3. 듣기 파일을 두 번 듣고 문제를 풀게 한다.

4. 교재 질문의 답을 확인한 후 해당 대화를 같이 읽으며 내용을 확인한다. 필요한 경우 단어장의 어휘 의미를 설명한다.

발음

4-P.mp3

1. 교재 1번 발음을 들려주고 '입을 만해요', '먹을 만해요', '읽을 만한'의 발음이 어떻게 들리는지 학습자 스스로 확인해 보도록 한다.

2. 받침이 있는 글자 뒤에 'ㅇ'이 연결될 때 받침 발음이 뒤로 옮겨져 발음된다는 것을 알려 준다.

   🎤 'ㅇ' 앞에 받침이 있으면 받침 소리가 'ㅇ' 자리로 옮겨져서 발음돼요.

3. 교재에 제시된 발음을 따라해 보도록 한다.

4. 교재에 제시된 문장의 발음을 따라해 보도록 한다.

5. 교재 문장을 읽으며 연습하게 한 후에 확인한다.

• 연음 법칙

홑받침이나 쌍받침이 모음으로 시작되는 조사나 어미, 접미사와 결합되는 경우에는 제 음가대로 뒤 음절 첫소리로 옮겨 발음한다.

예 옷이[오시], 꽃을[꼬츨], 깎아[까까], 있어[이써]

1. 다음 표현을 보고 서로 관계가 있는 것을 연결해 보세요.

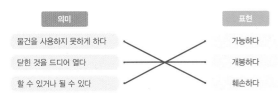

의미		표현
물건을 사용하지 못하게 하다		가능하다
닫힌 것을 드디어 열다		개봉하다
할 수 있거나 될 수 있다		훼손하다

2. 교환이나 환불이 언제 가능하고 불가능한지 그림을 보고 이야기해 보세요.

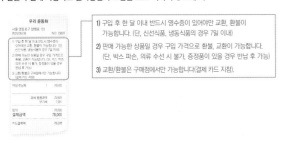

우리 운동화

1) 구입 후 한 달 이내 반드시 영수증이 있어야만 교환, 환불이 가능합니다. (단, 신선식품, 냉동식품의 경우 7일 이내)

2) 판매 가능한 상품일 경우 구입 가격으로 환불, 교환이 가능합니다. (단, 박스 파손, 의류 수선 시 불가, 증정품이 있을 경우 반납 후 가능)

3) 교환/환불은 구매점에서만 가능합니다(결제 카드 지참).

정상 제품
- 박스 미개봉의 경우 1개월 이내 교환, 환불이 가능합니다. (박스 개봉 시 교환, 환불 불가능)

불량 제품
- 10일 이내 매장을 방문할 경우 환불이 가능합니다.
- 1달 이내 매장을 방문할 경우 교환 또는 A/S가 가능합니다. (단, 영수증 지참)

정상 제품
- 상품의 포장을 개봉, 훼손한 경우 교환, 환불이 불가능합니다.

불량 제품
- 10일 이내 영수증을 가지고 오시면 교환, 환불이 가능합니다.

- **가능하다:** 어떤 일을 할 수 있거나, 어떤 일이 될 수 있어요.
- **개봉하다:** 닫혀 있는 것을 열어요.
- **훼손하다:** 물건을 못 쓰게 만들어요.
- **신선식품:** 채소, 과일, 생선처럼 냉장고 안에서 시원하게 보관을 해야 하는 식품이에요.
- **냉동식품:** 오랫동안 보관하기 위해서 차갑게 얼린 식품이에요.
- **파손:** 깨져서 못 쓰게 된 상태예요. (≒훼손)
- **수선하다:** 낡거나 오래된 물건을 고쳐요.
- **증정품:** 어떤 물건을 구매했을 때 감사의 표시로 주는 물건이에요.
- **지참하다:** 어떤 일을 하거나 다른 장소에 갈 때 함께 가지고 가는 것을 말해요. 시험을 보러 갈 때는 신분증을 지참해야 해요.
- **A/S:** 어떤 제품을 구입한 고객에게 주는 관리 서비스를 말해요. 상품을 구입한 고객에게 상품의 사용법을 알려 주거나 제품에 문제가 생겼을 때 교환, 환불해 주는 거예요.
- **불량 제품:** 만들어진 제품 중에서 문제가 있거나 제대로 사용할 수 없는 제품이에요.

교환, 환불 조건 파악하기

1. 1번 문제에 제시된 설명들을 보며 의미를 파악하게 한다.

2. 1번에서 제시된 의미에 알맞은 표현을 연결하게 한다.

3. 정답을 같이 확인한 후, 다시 읽으며 새 어휘를 확인한다.

확장 연습

1. 2번에서 제시된 그림 자료들을 보며 정보를 파악하게 한다.

🎤 운동화는 언제 환불이 가능해요?
　　정상 제품과 불량 제품은 교환, 환불 조건이 어떻게 달라요?

2. 제시된 그림을 보고 질문에 해당하는 정보를 찾게 한다.

3. 정답을 같이 확인한 후 다시 읽으며 새 어휘를 확인한다. 필요한 경우 보충 설명을 덧붙인다.

- **세일 기간:** 백화점이나 마트에서 물건을 싸게 살 수 있는 때를 말해요.
- **요청하다:** 다른 사람에게 어려운 일이나 필요한 일을 부탁해요.
- **답변하다:** 물어본 내용에 대답해요. (←문의하다)
- **안내를 받다:** 어떤 사실이나 정보를 모르는 사람이 잘 아는 사람에게 설명을 들어요.
- **판매자:** 물건을 파는 사람이에요. (←소비자)

---

3. 다음은 교환 및 환불 문의에 대한 글입니다. 잘 읽고 질문에 답해 보세요.

Q&A 로그인 | 회원 가입 | 마이 페이지

질문 교환 또는 환불을 받고 싶은데 어떻게 해야 할까요?

3일 전 백화점 세일 기간에 청바지를 구입했습니다.
매장에서 입었을 때는 괜찮았는데 집에 와서 다시 입어 보니 사이즈가 좀 작은 것 같았습니다.
그래서 다음 날 영수증을 가지고 매장에 가서 환불 요청을 했습니다.
하지만 환불을 받을 수 없다는 이야기를 들었습니다.
영수증에 세일 상품은 환불 불가, 교환은 3일 이내라는 안내가 있었기 때문입니다.
환불을 할 수 없으면 교환이라도 하고 싶었지만 교환도 할 수 없었습니다.
제가 교환 또는 환불을 받을 수 있는 방법이 있을까요?

답변 RE: 교환 또는 환불을 받고 싶은데 어떻게 해야 할까요?

안녕하세요, 문의하신 내용에 답변 드립니다.
물건을 사신 후 보통 영수증을 가지고 한 달 이내로 오시면 교환, 환불이 가능합니다.
하지만 매장에서 판매자로부터 교환 혹은 환불에 대해 특별한 내용을 안내받았다면 그 내용에 따라야 합니다.
영수증에 '교환은 3일 이내, 세일 상품은 환불 불가'라고 안내되었다면 문의 주신 내용에 따라 소비자 분께서는 환불 및 교환을 받으실 수 없습니다.

1) 이 사람은 무엇을 하고 싶습니까? <u>교환 또는 환불을 받고 싶어 합니다.</u>

2) 이 사람은 교환, 환불을 받을 수 있습니까? 그 이유는 무엇입니까?
<u>영수증에 안내가 있었기 때문에 교환, 환불을 받을 수 없습니다.</u>

3) 다음 사람 중 교환, 환불을 할 수 있는 사람은 누구입니까?

라흐만
물건을 구입한 다음 7일이 지나기 전에 환불을 신청했다.

제이슨
현금으로 물건을 사고 영수증이 필요 없어서 찢어 버렸다.

이링
책을 사고 포장을 뜯어 보니 마음에 들지 않아 교환을 하러 갔다.

안젤라
커피 기계를 사고 한 번 사용했지만 불편해서 다른 회사 기계로 교환을 하고 싶다.

단어장
문의하다
보통
판매자
특별하다
세일 상품
소비자

교환, 환불에 대한 주의 사항 읽기

1. 글 제목을 보며 글의 내용을 유추하게 한다.

🎤 이 사람은 왜 글을 쓴 것 같아요?

2. 글을 훑어 읽게 한 후 주제, 중심 내용 등을 간단히 말해 보도록 한다.

🎤 질문자가 산 청바지에 무슨 문제가 있었어요?
질문자는 왜 환불을 받을 수 없었어요?
보통 교환, 환불을 받으려면 어떻게 해야 해요?
영수증에 어떻게 안내되어 있었어요?

3. 글을 다시 읽으면서 문제를 풀게 한다.

4. 답을 같이 확인한 후, 본문을 다시 읽으며 모르는 어휘가 없는지 확인한다. 필요한 경우 새로운 어휘, 표현을 설명한다.

1. 물건을 사고 교환 또는 환불을 한 경험에 대해 써 보세요.

   ❶ 구입 물품

   ❷ 구입 시기

   ❸ 교환 또는 환불 이유

2. 여러분이 교환 또는 환불을 한 경험에 대해 써 보세요.

4과 교환과 환불 57

교환, 환불 경험에 대한 글 쓰기

1. 어떤 글을 쓸지 알려 주고 글에 들어갈 내용을 생각해 보게 한다.

   🎤 오늘은 교환, 환불 경험에 대해 글을 쓸 거예요. 무슨 물건을 샀어요?
   언제 샀어요? 물건에 무슨 문제가 있었어요?

2. 교재 질문에 대해 자신이 쓸 내용을 간단히 메모하도록 한다. 교사는
   학생들이 쓴 메모에 오류가 없는지 확인해 준다.

3. 메모한 내용을 바탕으로 글을 완성하게 한다.

소비자 상담 센터

우리 사회에는 피해를 입는 소비자가 많이 생겨나고 소비자와 사업자 사이의 분쟁도 많이 발생한다. 소비자 상담 센터는 소비자의 고충을 들어주고 피해를 구제받을 수 있도록 도와주는 일을 한다.

소비자가 피해를 구제받기 위해서는 정부 산하 기관인 한국소비자원에 피해 구제 신청을 해야 하는데 소비자 상담 센터가 바로 그러한 신청을 대신해 준다. 소비자 상담 센터는 소비자의 편에서 일을 하는 여러 단체와 한국소비자원, 지방 자치 단체가 협력하여 운영하는 기관으로서 소비자의 여러 문제에 대하여 빠르고 편리하게 상담해 주고 해결 방법을 제시해 준다.

소비자가 상담을 받고 싶으면 국번 없이 1372번으로 전화를 하거나 인터넷 홈페이지(www.ccn.go.kr)를 이용하면 된다.

1) 소비자 상담 센터는 무슨 일을 하는 곳입니까?
2) 소비자 상담 센터를 이용하려면 어떻게 해야 합니까?
3) 여러분 고향에서는 소비자 피해가 발생하면 어떻게 해결합니까?

소비자 상담 센터

1. 이 단원의 문화와 정보가 무엇에 대한 것인지 알려 준다.

🎤 물건을 산 뒤에 피해가 발생하거나 불만이 생겼을 때 어떻게 해결해야 할까요? 오늘은 이러한 문제를 도와주는 소비자 상담 센터에 대해 알아봅시다.

2. 교재의 사진을 보면서 주제에 대해 알고 있는 것을 상기시키고 말해 보게 한다. 이때 관련 시각 자료를 추가로 활용할 수 있다.

🎤 소비자 상담 센터를 이용해 본 경험이 있어요? 어떤 사람들이 소비자 상담 센터를 찾을까요?

3. 교재를 같이 읽으면서 내용을 설명한다. 이때 중요한 정보가 있는 부분에 밑줄을 긋거나 표시하게 하는 것도 좋다.

4. 질문 1, 2의 답을 찾아보고 답하게 한다.

🎤 소비자 상담 센터는 무슨 일을 하는 곳이에요? 소비자 상담 센터를 이용하려면 어떻게 해야 할까요?

5. 3번 질문을 이용하여 학습자 자신의 경험을 말해 보도록 한다.

🎤 여러분 고향에서는 소비자가 피해를 받았을 때 어떻게 해요? 문제를 어떻게 해결할 수 있어요?

안녕하세요, 소비자 상담 센터입니다.

배운 어휘 확인

- 사이즈가 작다
- 색상이 다르다
- 바지가 헐렁하다
- 바지가 끼다
- 얼룩이 있다
- 단추가 떨어지다
- 바느질이 잘못되다
- 디자인이 마음에 안 들다
- 교환하다
- 환불하다
- 고객 센터에 문의하다
- 소비자 상담 센터
- 상담하다
- 치수
- 실수
- 택배비
- 추천하다
- 가능하다
- 개봉하다

- 훼손하다
- 구입하다
- 신선식품
- 냉동식품
- 파손
- 수선하다
- 불가능
- 증정품
- 반납하다
- 구매점
- 미개봉
- 포장하다
- 문의하다
- 판매자
- 특별하다
- 세일 상품
- 소비자

4과 교환과 환불 **59**

- 이 단원에서 배운 어휘 중 기억나는 것을 말해 보세요.
- 이 단원에서 배운 문법은 뭐예요? 어떻게 사용해요?
- 물건을 산 후 어떤 문제가 있어서 교환이나 환불을 했어요?
- 교환, 환불을 하려면 어떤 조건을 잘 지켜야 해요?
- 물건을 구매한 뒤에 문제가 생겼을 때 어디에 도움을 요청할 수 있어요?

마무리

1. '배운 어휘 확인' 목록을 읽으면서 이해한 단어에 ☑해 보도록 한다.

2. 배운 어휘 목록의 어휘들을 읽으면서 의미를 상기시킨다.

3. 단원에서 학습한 문법(동-을 만하다, 동형-어 가지고)을 상기시키며 의미와 사용법을 기억하는지 확인한다.

4. 단원의 목표와 성취도를 확인한다.

5. 익힘책을 과제로 제시하며 다음 단원의 주제 '5과 소비와 절약'을 예고하면서 마무리한다.

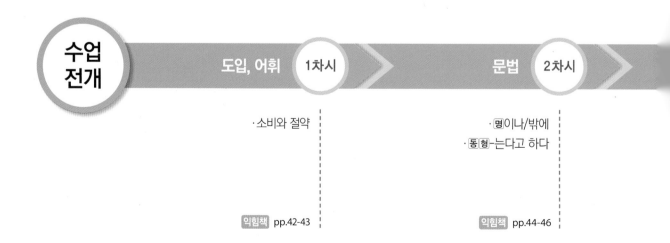

5 소비와 절약

수업 목표 및 내용

- **주제:** 소비와 절약

- **어휘와 문법**
  - 어휘: 소비와 절약 관련 어휘를 익힌다.
  - 문법: '명이나/밖에', '동형-는다고 하다'의
    의미와 형태를 익혀 사용할 수 있다.

- **활동**
  - 말하기: 생활비 절약에 대한 조언을 할 수 있다.
  - 듣기: 합리적 소비에 관한 인터뷰를 듣고
    이해할 수 있다.
  - 읽기: 중고 육아용품 설문 조사 글을 읽고
    이해할 수 있다.
  - 쓰기: 생활비 절약 방법을 소개하는 글을 쓸 수
    있다.

- **문화와 정보:** 적금 가입하기

수업 전개

도입, 어휘　　**1차시**　　　　　　　　문법　　**2차시**

·소비와 절약

·명이나/밖에
·동형-는다고 하다

익힘책 pp.42-43

익힘책 pp.44-46

• 이 사람들은 어디에서 돈을 지출하고 있어요?
• 여러분은 어디에 생활비가 가장 많이 들어요?

도입

1. 교재 그림을 이용하여 학생들과 이야기하며 이 과의 주제를 노출한다.

   그림① 🎤 이 사람은 지금 무엇을 하려고 해요?

   그림② 🎤 이 공책에는 뭘 쓰는 것 같아요? 여러분은 어디에 생활비가 많이 들어요?

   그림③ 🎤 여기는 어디예요? 여기에서 물건을 사면 어떤 점이 좋아요?

2. 대화 내용을 정리하며 이 단원에서는 '소비와 절약, 합리적 소비' 등에 대해 공부한다는 것을 알려 준다.

이 단원을 지도할 때는…

학습자들의 소비 습관에 대해 말하게 하면서 흥미를 유발합니다.

이 단원과 관계있는 단원은 아래와 같습니다.
• 문법: 명이나
  – 2권 3과
  명이라고 하다
  – 2권 1과
• 주제: 쇼핑
  – 1권 8과
  물건 사기
  – 2권 3과

말하기 듣기, 발음	3차시	읽기	4차시	쓰기, 문화와 정보, 마무리	5차시
·절약에 대한 조언 말하기 합리적 소비에 관한 인터뷰 듣기		·중고 육아용품 설문 조사 글 읽기		·생활비 절약 방법 소개 글 쓰기 ·적금 가입하기	
익힘책 p.47		익힘책 p.48		익힘책 p.49	

- **지출 내용:** '지출'은 어떤 목적을 위해 돈을 쓰는 것을 말해요. 지출 내용을 알면 돈을 어디에 썼는지 알 수 있어요.

- **교통 카드 충전:** 버스나 지하철을 탈 때 사용하는 교통 카드에 돈이 없으면 카드에 돈을 넣어야 해요. 지하철역이나 편의점에서 할 수 있어요.

- **두통약:** 머리가 아플 때 먹는 약이에요.

- **학원:** 학교가 아닌 곳에서 교육을 받는 곳이에요. 한국의 학생들은 영어 학원, 수학 학원, 태권도 학원, 피아노 학원, 컴퓨터 학원 등을 다니기도 해요.

- **휴대 전화 요금:** 한 달 동안 사용한 휴대 전화의 사용료예요.

- **축의금:** 결혼식과 같은 행사에 축하하는 마음을 나타내기 위해서 내는 돈이에요. 돌아가신 분이 계실 때는 장례식에 가서 '조의금'을 내요.

- **전기 요금:** 집에서 사용한 전기의 양만큼 내는 돈이에요.

- **지출 항목:** 어디에 돈을 사용했는지 주제별로 분류해서 정리해요.

- **경조사비:** '경조사'는 기쁜 일과 슬픈 일을 말하는데 '경조사비'는 결혼식이나 생일, 장례식과 같은 일에 내는 돈이에요.

- **공과금:** 전기 요금, 전화 요금, 자동차세 등 나라에서 국민에게 내도록 하는 돈(세금)을 말해요.

- **살 것을 미리 메모하다:** 필요한 물건을 쇼핑하기 전에 미리 공책에 써요.

- **가계부를 쓰다:** 받은 월급과 한 달 동안의 지출 내용을 기록해요.

- **할인 카드로 결제하다:** 물건을 살 때 조금 할인을 받을 수 있는 카드를 사용해서 구매해요.

- **포인트를/쿠폰을 적립하다:** 물건을 살 때마다 사용한 금액에 따라 일정 부분이 남아요. 돈이 많이 모이면 돈처럼 사용할 수 있어요.

- **충동구매를 하지 않다:** 계획하지 않은 물건을 갑자기 사지 않아요. 계획을 세워서 구매하는 것을 말해요.

어휘 (소비와 절약)

1 도입, 제시

1. 학생들이 어떤 지출 항목에 돈을 많이 쓰는지, 오늘은 무엇을 샀는지 물으며 배우는 어휘는 소비와 절약에 관련된 표현임을 알려 준다.

  🎤 여러분은 평소에 어떤 것에 지출을 많이 해요?
  오늘은 무엇에 돈을 썼어요? 오늘은 소비와 절약에 대해 공부해요.

2. 교사를 따라 어휘를 소리 내어 한 번 읽도록 한다. 이때 발음에 주의하게 한다.

3. 어휘의 의미를 설명한다. 어휘가 사용된 문장을 예로 제시하거나 의미를 풀어서 설명해 준다. 상황에 따라 유의어나 반의어 등을 추가로 설명할 수 있다.

---

1. 생활비의 종류에는 어떤 것들이 있어요? 이야기해 보세요.

날짜	지출 내용		지출 항목
	택시비	•	• 식비
11/5	교통 카드 충전	•	• 통신비
	영화 관람	•	• 교육비
	점심값	•	• 의료비
11/18	커피	•	• 경조사비
	두통약	•	• 공과금
	영어 학원	•	• 교통비
	휴대 전화 요금	•	• 문화생활비
11/20	축의금	•	
	전기 요금	•	

2. 생활비를 절약하려면 어떻게 해야 할까요?

쇼핑을 하기 전에 살 것을 미리 메모하는 게 좋아요.

살 것을 미리 메모하다 / 가계부를 쓰다 / 할인 카드로 결제하다 / 포인트를/쿠폰을 적립하다 / 충동구매를 하지 않다

---

4. 배운 어휘를 소리 내어 읽도록 한다. 이때 '-어요' 형태로 단어를 읽는 등 변화를 줄 수 있다.

2 연습

1. 배운 어휘를 사용하여 문장을 만들어 보는 연습을 먼저 한다.

2. 연습한 문장을 이용하여 주변 사람과의 관계에서 어떤 고민이 있는지, 대인 관계를 잘 유지하려면 어떤 노력이 필요한지 짝과 대화하게 한다.

3. 학생들끼리 이야기한 것을 교사가 정리해 주며 같이 이야기한다.

  🎤 생활비를 절약하려면 어떻게 하는 것이 좋아요?

문법

 ① 명이나/밖에 · 수량이 예상보다 크거나 많음, 예상보다 작거나 적음을 나타낸다.

예문
- 가: 노트북을 사용할 때 자꾸 화면이 꺼져요.
  나: 산 지 1년밖에 안 됐는데 벌써 고장 난 거예요?
- 저는 하루에 커피를 다섯 잔이나 마셔요.
- 이번 달에는 통신비가 27,000원밖에 안 나왔어요.

이나	· 16만 원 → 16만 원이나 · 다섯 명 → 다섯 명이나
나	· 10개 → 10개나 · 두 대 → 두 대나
밖에	· 27,000원 → 27,000원밖에 · 1개 → 1개밖에

잠시드: 이번 달에 교통비로 12만 원을 썼어요.

반장님: 12만 원이나 썼어요? 왜 그렇게 많이 썼어요?.

1. 보기 와 같이 친구와 이야기해 보세요.

저는 한 달에 교육비로 45만 원 정도 써요.

45만 원이나 써요? 저는 20만 원밖에 안 써요.

	지출 내용	고천 씨	후엔 씨
보기	교육비	45만 원	20만 원
1)	식비	58만 원	35만 원
2)	난방비	32만 원	16만 원
3)	한국어를 공부하는 시간	하루에 4시간	하루에 1시간
4)	잠을 자는 시간	9시간	5시간

2. 여러분의 생활에 대해 친구들과 이야기해 보세요.

- 공과금
- 운동하는 시간
- 취미 생활을 하는 시간

단어장
난방비

5과 소비와 절약 63

명이나/밖에

'명이나'는 수량을 나타내는 명사 뒤에 붙어서 예상되는 정도를 넘었거나 꽤 많음을 나타낸다.

'명밖에'는 수량이 예상보다 적음을 나타낼 때 사용한다. 다른 가능성이나 선택의 여지가 없거나 그것을 유일하게 선택할 수 있는 경우임을 나타낸다. 반드시 뒤에 '안-, 못-, -지 않다'와 같은 부정을 나타내는 말이 온다.

- 가: 이번 달 식비가 얼마 나왔어요?
  나: 외식을 자주 해서 60만 원이나 나왔어요.
- 그 아이는 한 시간 동안 책을 열 권이나 읽었어요.
- 시험 시간이 5분밖에 안 남았어요.
- 바빠서 오늘 한 끼밖에 못 먹었어요.

이나 (받침 O)	십만 원 → 십만 원이나
나 (받침 X)	스무 개 → 스무 개나
밖에 (받침 O, X)	한 잔 → 한 잔밖에 오 분 → 오 분밖에

문법 1 (명이나/밖에)

① 도입, 제시

1. 도입 그림과 대화를 통해 문법이 사용되는 상황을 인지시킨다.

   🎤 잠시드 씨가 반장님과 이야기하고 있어요. 잠시드 씨는 이번 달 교통비를 많이 썼어요. 반장님은 잠시드 씨의 교통비 금액을 듣고 놀랐어요.

2. 교재의 대표 예문을 보면서 문법의 의미를 설명한다.

   🎤 잠시드 씨의 이번 달 교통비는 12만 원이 나왔어요. 반장님이 생각했을 때 12만 원은 많은 양의 돈이에요. 그래서 반장님은 "12만 원이나 썼어요?"라고 말했어요. 자신의 생각보다 많다고 느낄 때 명사 뒤에 '이나'를 쓰고 반대로 자신의 생각보다 적다고 느낄 때 '밖에'를 써요.

3. 학생들과 교재의 예문들을 읽으면서 문법의 의미를 설명하고 이해시킨다.

4. 문법의 형태 정보를 제시하고 설명한다.

5. 추가 예문을 제시하고 문법의 의미와 사용법을 정확하게 이해시킨다.

② 연습 1

1. 단어장의 새 어휘를 설명한다.

2. 〈보기〉의 대화를 교사와 함께 완성해 보도록 한다.

3. 나머지 문제를 〈보기〉의 대화처럼 짝과 완성하도록 한다.

4. 연습한 것을 발표하게 하거나 교사가 전체 학생 대상으로 답하게 하여 확인한다. 그리고 오류가 있으면 수정해 준다.

③ 연습 2

1. 공과금, 운동하는 시간, 취미 생활을 하는 시간 등 학생들의 생활에 대해 묻고 대답하면서 '이나/밖에'를 활용하여 자신의 이야기를 하도록 한다.

2. 친구와 대화한 것을 발표하게 하고 오류가 있으면 수정해 준다.

   익힘책 44~45쪽을 풀게 하거나 과제로 제시한다. 익힘책은 연습 활동 난이도에 따라 교재 연습 문제 전후로 활용한다.

◢ **동형-는다고 하다**

동사와 형용사 뒤에 붙어 다른 사람에게 들은 내용을 다시 전달해서 말할 때 사용한다. '-는다고' 뒤에 오는 '하다'는 '말하다'의 의미로 사용된다.

◢

- 가: 돈을 절약하려면 어떻게 해야 돼요?
  나: 가계부를 쓰는 것이 좋다고 해요.

- 가: 라민 씨가 뭐라고 했어요?
  나: 어제 치킨을 먹었다고 했어요.

- 뉴스에서 내일 비가 온다고 했어요.

- 친구가 한국은 과일이 비싸다고 해요.

-다고 하다 (형용사, 있다/없다)	같다 → 같다고 하다 있다 → 있다고 하다 예쁘다 → 예쁘다고 하다
-ㄴ다고 하다 (동사 받침 X / ㄹ 받침)	쓰다 → 쓴다고 하다 결제하다 → 결제한다고 하다 *만들다 → 만든다고 하다
-는다고 하다 (동사 받침 O)	찾다 → 찾는다고 하다 듣다 → 듣는다고 하다
-았다고 하다 (형용사, 동사 ㅏ, ㅗ O)	비싸다 → 비쌌다고 하다 살다 → 살았다고 하다
-었다고 하다 (형용사, 동사 ㅏ, ㅗ X)	먹다 → 먹었다고 하다 *춥다 → 추웠다고 하다

[오른쪽 교재 페이지]

2 동형-는다고 하다 주로 다른 사람에게서 들은 내용을 전달할 때 사용한다.

라민: 오늘부터 항공권 할인 행사가 시작된다고 해요.
친구: 그래요? 빨리 예약해야겠네요.

예문
- 가: 물건을 사기 전에 인터넷으로 가격 비교를 하는 게 좋다고 해요.
  나: 그래요? 그럼 아이 장난감 가격을 검색해 봐야겠어요.
- 중고 매장에 가면 필요한 물건을 싸게 살 수 있다고 해요.
- 은행에서 매년 고객에게 선물을 주는데 이번에는 가계부라고 해요.

-는다고 하다	물려받다 → 물려받는다고 하다
-ㄴ다고 하다	아끼다 → 아낀다고 하다
-다고 하다	싸다 → 싸다고 하다 저렴하다 → 저렴하다고 하다

Tip '물이다'는 '물이라고 하다'를 사용한다.

1. 다음 보기와 같이 친구에게 들은 이야기에 대해 이야기해 보세요.

돈을 절약하려면 어떻게 하는 게 좋을까요? 친구들에게 들은 이야기를 말해 보세요.

보기 잠시드 | 직접 수리하면 비용을 아낄 수 있어요. → 잠시드 씨가 직접 수리하면 비용을 아낄 수 있다고 해요.

 1) 라민 | 미리 항공권을 예약하면 저렴해요.

 2) 이링 | 중고차를 구입하면 싸요.

 3) 안젤라 | 이웃에게 아이의 교복을 물려받으면 좋아요.

2. 여러분이 최근에 들은 뉴스나 기사에 대해 '-는다고 하다'를 사용해서 이야기해 보세요.

- 날씨
- 생활 정보

단어장
수리하다
중고차
물려받다

64 사회통합프로그램(KIIP) 한국어와 한국문화 중급 1

문법 2 (동형-는다고 하다)

1 도입, 제시

1. 도입 그림과 대화를 통해 문법이 사용되는 상황을 인지시킨다.

   🎤 라민 씨가 친구와 인터넷을 보고 있어요.
   라민 씨는 인터넷에서 본 내용을 친구에게 이야기해요.

2. 교재의 대표 예문을 보면서 문법의 의미를 설명한다.

   🎤 인터넷 사이트에는 '항공권 특가 할인!'이라고 쓰여 있어요. 라민 씨는 인터넷에서 본 내용을 친구에게 다시 말해요. 이렇게 보거나 들은 내용을 다른 사람에게 다시 말할 때 '-는다고 해요'를 사용해요.

3. 학생들과 교재의 예문들을 읽으면서 문법의 의미를 설명하고 이해시킨다.

4. 문법의 형태 정보를 제시하고 설명한다.

5. 추가 예문을 제시하고 문법의 의미와 사용법을 정확하게 이해시킨다.

2 연습 1

1. 단어장의 새 어휘를 설명한다.

2. 〈보기〉의 대화를 교사와 함께 완성해 보도록 한다.

3. 나머지 문제를 〈보기〉의 대화처럼 짝과 완성하도록 한다.

4. 연습한 것을 발표하게 하거나 교사가 전체 학생 대상으로 답하게 하여 확인한다. 오류가 있으면 수정해 준다.

3 연습 2

1. 최근에 들은 뉴스나 기사에 대해 '-는다고 하다'를 활용하여 자신의 이야기를 하도록 한다.

2. 친구와 대화한 것을 발표하게 하고 오류가 있으면 수정해 준다.

익힘책 45-46쪽을 풀게 하거나 과제로 제시한다. 익힘책은 연습 활동 난이도에 따라 교재 연습 문제 전후로 활용한다.

1. 후엔 씨가 이웃과 생활비에 대해 이야기합니다. 다음 대화처럼 이야기해 보세요.

아주머니: 후엔 씨, 뭘 그렇게 보고 있어요?

후　엔: 이번 달 난방비가 29만 원이나 나왔어요. 생각보다 너무 많이 나와서 어떻게 해야 할지 모르겠어요.

아주머니: 어떻게 그렇게 많이 나왔어요?

후　엔: 한국 겨울 날씨가 너무 추워서 계속 보일러를 틀었거든요.

아주머니: 그렇게 하면 안 돼요. 그럴 때는 온도를 조금 내리고 옷을 따뜻하게 입는 게 난방비를 절약할 수 있는 방법이라고 해요.

1) 난방비가 29만 원이나 나오다, 한국 겨울 날씨가 너무 추워서 계속 보일러를 틀다 | 온도를 조금 내리고 옷을 따뜻하게 입다 ➡ 난방비를 절약할 수 있다

2) 통신비가 10만 원이나 나오다, 일이 생길 때마다 가족들과 통화를 하는 일이 많다 | 가족들의 통신사를 같은 것으로 하다 ➡ 통신비를 아낄 수 있다

2. 다음과 같은 상황에서 생활비 지출이 많은 사람과 생활비 절약 방법을 조언하는 사람이 되어 대화해 보세요.

생활비 지출이 많은 사람
• 가족들이 고기를 좋아해서 식비가 너무 많이 나오다
• 택시를 자주 타서 교통비가 많이 나오다

생활비 절약 방법을 조언하는 사람
• 필요한 것만 메모해서 장을 보다
• 공유 자전거를 이용하다

단어장
보일러
틀다
온도
통신사
장을 보다
공유

5과 소비와 절약 65

• '동 형 -거든요'는 말하기에서 이유나 사실을 간단하게 말할 때 사용한다.

3-5 EBOOK

　예　• 그 배우는 요즘 인기가 많아요. 잘생겼거든요.

　　• 가: 왜 퇴근을 안 해요?
　　　나: 오늘 일이 많아서 야근을 해야 하거든요.

　　• 가: 그 일을 좋아하는 이유가 뭐예요?
　　　나: 재미있거든요.

발음

• **따뜻하게**[따뜨타게]

• **틀었거든요**[트런꺼든요]

• **절약할 수 있는**[저라칼 수 인는]

절약에 대한 조언 말하기

1 대화문 연습

1. 한 달 생활비에 대해 이야기하며 교재의 그림을 이용해 어떤 상황인지 추측해 보도록 한다.

🎤 후엔 씨가 이웃집 아주머니와 함께 이야기하고 있어요. 후엔 씨에게 어떤 문제가 있을까요? 아주머니는 후엔 씨의 이야기를 듣고 어떤 방법을 말해 주셨을까요?

2. 지시문을 이용하여 대화 상황을 학생들에게 명확하게 알려 준다.

3. 단어장의 새 어휘를 설명한다.

4. 대화를 들려주고 간단한 질문을 하여 대화 내용을 이해했는지 확인한다.

🎤 후엔 씨는 이번 달에 난방비가 얼마 나왔어요?
왜 난방비가 많이 나왔어요?
아주머니는 난방비를 절약할 수 있는 방법이 뭐라고 하셨어요?

5. 교사와 함께 대화문을 읽으면서 자연스럽게 말하는 연습을 한다. 두 번 정도 반복해서 연습한다.

6. 교체 어휘를 활용하여 짝과 함께 연습하게 한다.

7. 연습이 끝나면 한두 팀을 발표시키거나 교사가 전체 학생을 대상으로 확인한다.

2 확장 연습

1. 생활비 지출이 많은 사람에게 절약 방법을 조언하는 말하기를 한다고 알려 준다.

2. 짝과 같이 생활비 지출이 많은 이유를 이야기하고, 문제에 대한 조언을 하게 한다. 대화를 할 때는 다음과 같은 내용을 포함하여 말하도록 지시한다.

🎤 한 달 생활비가 얼마나 나왔어요?
이번 달에 생활비가 많이 나온 이유가 뭐예요?
생활비를 절약할 수 있는 방법에는 어떤 것이 있어요?

3. 이야기가 끝나면 한두 팀을 발표시키거나 교사가 전체 학생을 대상으로 확인하고 오류를 수정해 준다.

듣기

20분

5-L.mp3

앵 커(남): 요즘 저렴한 가격으로 상품을 구입하는 사람들이 늘고 있습니다. 최현수 기자가 취재했습니다.

기 자(여): 50대 주부 김미진 씨는 200만 원이나 하는 소파를 120만 원에 샀습니다. 가구 매장에서 잠깐 전시한 가구이기 때문에 저렴하게 살 수 있었다고 합니다. 40대 직장인 박진호 씨는 여름에는 겨울용품을 사고, 겨울에는 여름용품을 구입한다고 합니다. 이처럼 현재의 계절과 반대되는 상품이나 이월 상품을 사면 최대 반값 정도로 할인된 가격에 구입할 수 있습니다. 이번에는 20대 한 분을 만나 이야기를 들어 보겠습니다.

일반인(남): 저는 물건을 사기 전에 반드시 인터넷에서 가격을 비교해 봅니다. 그렇게 하면 실제 매장에서 사는 것보다 저렴한 것을 많이 찾을 수 있습니다. 어떤 물건은 인터넷에서 판매하는 것이 더 싸기 때문에 인터넷으로 구입하는 사람도 많습니다.

기 자(여): 이처럼 절약하고 합리적으로 소비를 하는 문화가 우리 생활 속에서 점점 늘어나고 있습니다. KPS 뉴스 최현수입니다.

---

1. 여러분은 어떤 방법으로 생활비를 절약해 봤습니까?

2. 뉴스에서 소비 생활에 대해 이야기합니다. 잘 듣고 질문에 답해 보세요.

5-L.mp3

1) 주부 김미진 씨는 어떻게 가구를 저렴하게 샀다고 합니까?
   전시한 가구여서 저렴하게 샀다고 합니다.

2) 20대 남자는 왜 인터넷에서 가격을 비교해 봅니까?
   매장보다 저렴한 것을 찾을 수 있기 때문입니다.

3) 들은 내용과 같으면 ○, 다르면 X 하세요.
   ❶ 전시 상품은 새 상품보다 가격이 싸다.   (○)
   ❷ 계절과 반대되는 이월 상품은 저렴하게 살 수 있다.   (○)
   ❸ 많은 사람들이 물건을 살 때 실제 매장에 가서 산다.   (X)

단어장
전시 상품
이월 상품
합리적이다

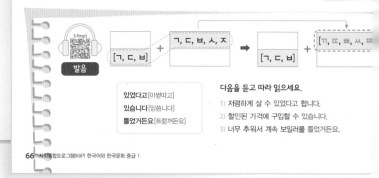

발음

있었다고[이썯따고]
있습니다[읻씀니다]
틀었거든요[트럳꺼든요]

다음을 듣고 따라 읽으세요.
1) 저렴하게 살 수 있었다고 합니다.
2) 할인된 가격에 구입할 수 있습니다.
3) 너무 추워서 계속 보일러를 틀었거든요.

합리적 소비에 관한 인터뷰 듣기

1. 지시문을 이용하여 들을 내용과 관련있는 이야기를 나눈다.

   🎤 여러분은 어떤 방법으로 생활비를 절약해 봤어요?
   물건을 살 때 필요한 소비 습관은 무엇이 있을까요?

2. 문제를 읽고 들어야 하는 정보를 파악하게 한다.

   🎤 어떻게 하면 가구를 저렴하게 살 수 있어요?
   이월 상품이 뭐예요?
   남자가 인터넷으로 물건을 사는 이유가 뭐예요?
   합리적 소비는 무엇을 의미해요?

3. 듣기 파일을 두 번 듣고 문제를 풀게 한다.

4. 교재 질문의 답을 확인한 후 해당 대화를 같이 읽으며 내용을 확인한다. 필요한 경우 새로운 어휘, 표현을 설명한다.

5-P.mp3

발음

1. 교재 1번 발음을 들려주고 '있었다고', '있습니다', '틀었거든요'의 발음이 어떻게 들리는지 학습자 스스로 확인해 보도록 한다.

2. 받침소리 'ㄱ, ㄷ, ㅂ' 뒤에 오는 'ㄱ, ㄷ, ㅂ, ㅅ, ㅈ'은 [ㄲ, ㄸ, ㅃ, ㅆ, ㅉ]로 발음된다는 것을 알려 준다.

   🎤 받침 [ㄱ, ㄷ, ㅂ] 뒤에 오는 'ㄱ, ㄷ, ㅂ, ㅅ, ㅈ'은 [ㄲ, ㄸ, ㅃ, ㅆ, ㅉ]로 발음돼요.

3. 교재에 제시된 발음을 따라해 보도록 한다.

4. 교재에 제시된 문장의 발음을 따라해 보도록 한다.

5. 교재 문장을 읽으며 연습하게 한 후에 확인한다.

• **받침소리 [ㄱ, ㄷ, ㅂ] 뒤에 나타나는 경음화**

받침소리 [ㄱ, ㄷ, ㅂ] 뒤에 오는 'ㄱ, ㄷ, ㅂ, ㅅ, ㅈ'은 [ㄲ, ㄸ, ㅃ, ㅆ, ㅉ]로 발음된다.
경음화란 'ㄱ, ㄷ, ㅂ, ㅅ, ㅈ'을 [ㄲ, ㄸ, ㅃ, ㅆ, ㅉ]로 발음하는 것을 말한다.

예 학교[학꾜], 학생[학쌩], 식당[식땅]

1. 어떤 일을 하는 데에는 돈이 필요합니다. 다음 사람들의 고민을 읽고 이야기해 보세요.

Q&A

Q1 가족 여행을 가고 싶은데 비용이 많이 들 것 같아서 고민이에요.

Q2 집을 수리해야 하는 데 전셋집이라서 비용이 부담돼요.

Q3 외국어를 배우고 싶은데 비용이 조금 부담스러워요. 어떻게 하면 비용을 줄일 수 있을까요?

비용이 들다
비용이 부담되다
비용이 부담스럽다
비용을 줄이다

2. 물건을 살 때 비용을 아끼려면 어떻게 해야 할까요? 자신이 사용하는 방법을 이야기해 보세요.

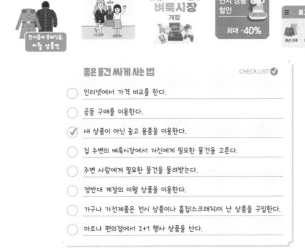

좋은 물건 싸게 사는 법   CHECK LIST ✔

○ 인터넷에서 가격 비교를 한다.

○ 공동 구매를 이용한다.

✔ 새 상품이 아닌 중고 용품을 이용한다.

○ 집 주변의 벼룩시장에서 자신에게 필요한 물건을 고른다.

○ 주변 사람에게 필요한 물건을 물려받는다.

○ 정반대 계절의 이월 상품을 이용한다.

○ 가구나 가전제품은 전시 상품이나 흠집(스크래치)이 난 상품을 구입한다.

○ 마트나 편의점에서 2+1 행사 상품을 산다.

5과 소비와 절약 **67**

- **비용이 들다:** 어떤 일을 할 때 돈이 필요해요. 이사를 할 때 비용이 들어요. 휴대폰을 고칠 때 비용이 들어요.

- **비용이 부담되다:** 어떤 일을 하는 데에 돈이 너무 많이 들거나 비싸서 힘들다고 느껴져요.

- **비용이 부담스럽다:** 어떤 일을 하는 데에 돈이 너무 많이 들거나 비싸서 힘들다고 느껴져요.

- **비용을 줄이다:** 어떤 일을 할 때 사용하는 돈이 많을 때 적게 사용하도록 해요.

- **이월 상품:** 물건이 만들어졌을 때 바로 팔리지 않아서 남은 물건들을 다른 계절이나 그다음 해에 판매하는 거예요. 이번 겨울에 판 코트를 다음 해 여름에 사면 이월 상품이어서 싸게 살 수 있어요.

- **물려주다:** 사용하던 물건이나 입던 옷을 아랫사람에게 주는 거예요. 언니가 입던 교복을 동생에게 물려줘요.

- **벼룩시장:** 중고 물건을 싸게 파는 시장이에요.

- **전시 상품:** 매장에 진열되어서 고객들이 직접 만져 보거나 사용해 볼 수 있도록 한 물건이에요. 그래서 보통 나중에 아주 싼 가격에 판매되기도 해요.

- **공동 구매:** 여러 사람들이 모여서 단체로 물건을 사는 것을 말해요. 물건을 많이 구매하기 때문에 할인된 가격으로 싸게 물건을 살 수 있어요.

- **중고 용품:** 이미 다른 사람이 사용한 물건이나 오래된 물건을 말해요.

- **흠집(스크래치):** 물건을 떨어트려서 물건에 생긴 상처를 말해요. 휴대폰을 자주 떨어트리면 화면에 흠집이 생겨요. 새로 물건을 샀는데 흠집이 있으면 다른 물건으로 바꿔요.

물건 살 때 비용 아끼는 방법 파악하기

1. 학생들에게 어떤 일을 하는 데 많은 돈이 필요한지 생각하게 한다.

🎤 여러분은 보통 어디에 지출을 많이 해요? 무슨 일을 할 때 많은 돈이 필요해요?

2. 1번의 고민을 읽으면서 의미를 파악해 보도록 한다.

3. 질문을 하여 사람들이 어떤 고민이 있는지 말해 보게 한다.

4. 2번 자료를 보며 물건을 살 때 비용을 아끼는 방법에 대해 읽어 보도록 한다.

5. 좋은 물건을 싸게 사는 방법에 대해서 학생들이 사용하는 방법이 무엇인지 다른 학생들에게 이야기하게 한다.

🎤 자신이 알고 있는 좋은 물건을 싸게 살 수 있는 방법에 대해서 이야기해 보세요. 만약 좋은 물건을 싸게 산 경험이 있으면 친구들에게 그 경험을 이야기해 보세요.

- **육아용품:** 장난감이나 젖병, 유모차 등 어린 아이를 기를 때 필요한 물건들이에요.

- **설문 조사:** 자료를 얻기 위해서 어떤 주제에 대해 사람들에게 물어보는 것을 말해요.

- **실시하다:** 조사, 투표, 훈련 등의 일을 실제로 진행하는 것을 말해요.

- **차지하다:** 공간이나 비율 등을 가지는 것을 말해요. 방에 책상이 있는데 너무 커요. 책상이 자리를 많이 차지해요. 우리 반에 학생이 10명인데 그 중에서 여학생이 7명이 있어요. 우리 반은 여학생이 70%를 차지해요.

- **한편:** 두 가지의 상황을 말할 때 한 상황을 말한 다음 나머지 다른 상황을 말할 때 이 표현을 사용해요.

---

3. 다음은 신문 기사의 내용입니다. 잘 읽고 질문에 답해 보세요.

○○신문 | 20XX년 10월 20일

육아용품, 중고도 괜찮아

최근 어떤 기관에서 만 9세 이하의 자녀가 있는 부모 1,000명을 대상으로 중고 육아용품 구입 경험에 대한 설문 조사를 실시했다. 그 결과, 80%가 중고 육아용품을 구입한 경험이 있다고 했다. 그중에서 구입한 제품이 마음에 들고 괜찮았다는 대답은 64.2%로 높게 나타났고, 보통이었다는 대답이 23.8%, 생각한 것보다는 별로였다는 대답은 12%였다. 그리고 중고 육아용품을 구입한 사람 중에서 다시 중고 육아용품을 구입할 생각이 있다는 대답이 40%를 차지했다.

많은 부모들이 중고 육아용품을 구입하는 이유는 '비용을 줄일 수 있어서'라는 대답이 52.1%로 가장 높았고, '새 제품의 구입 비용이 부담돼서'라는 대답이 33.4%, '물건의 사용 기간이 짧아서'라는 대답이 14.5%였다.

한편, 중고 육아용품을 구입한 경험이 없다고 대답한 사람들 중에서 70%는 앞으로 중고 육아용품을 사거나 주변 사람들에게 물려받을 생각이 있다고 답했다. 이를 통해 많은 사람들이 육아용품을 중고로 사는 것에 대해 긍정적으로 생각하고 있는 것을 알 수 있었다.

1) 이 글은 무엇에 대해 설문 조사한 내용입니까?

    중고 육아용품 구입 경험

2) 설문 조사에서 한 질문으로 맞지 않은 것을 고르세요.

    ❶ "중고 육아용품을 왜 구입했습니까?"
    ❷ "중고 육아용품을 구입한 적이 있습니까?"
    ❸ "중고 육아용품을 구입해 보니까 어땠습니까?"
    ❹ "중고 육아용품을 다른 사람에게 준 적이 있습니까?"

3) 윗글의 내용과 같으면 ○, 다르면 X 하세요.

    ❶ 중고 육아용품이 괜찮다고 생각하는 사람이 많지 않다.   (X)
    ❷ 비용이 저렴해서 중고 육아용품을 산다는 사람이 가장 많다.   (○)
    ❸ 대부분의 사람들은 중고 육아용품을 구입해 본 적이 없다.   (X)

> **단어장**
> 육아용품
> 설문 조사
> 실시하다
> 차지하다
> 한편

중고 육아용품 설문 조사 글 읽기

1. 글 제목을 보며 글의 내용을 유추하게 한다.

🎤 이 신문 기사는 어떤 내용을 다루고 있는 것 같아요?

2. 글을 훑어 읽게 한 후 주제, 중심 내용 등을 간단히 말해 보도록 한다.

🎤 무엇에 대한 설문 조사를 실시했어요?
육아용품을 구입한 사람들의 반응은 어때요?
많은 부모들은 왜 중고 육아용품을 구입해요?
사람들은 중고 육아용품 구입에 대해 어떻게 생각해요?

3. 글을 다시 읽으면서 문제를 풀게 한다.

4. 답을 같이 확인한 후, 본문을 다시 읽으며 모르는 어휘가 없는지 확인한다. 필요한 경우 새로운 어휘, 표현을 설명한다.

1. 여러분은 매달 어디에 생활비를 가장 많이 사용합니까? 자신의 생활비 사용과 절약할 수 있는 방법에 대해 정리해 보세요.

	순위	절약 방법
식비		
교통비		
통신비		
교육비		
의료비		
공과금		
문화생활비		

2. 위의 생활비 가운데 한두 가지를 골라 절약할 수 있는 자신만의 방법을 소개하는 글을 써 보세요.

5과 소비와 절약 **69**

생활비 절약 방법 소개 글 쓰기

1. 어떤 글을 쓸지 알려 주고 글에 들어갈 내용을 생각해 보게 한다.

🎤 여러분은 매달 어디에 생활비를 가장 많이 사용해요?
생활비를 절약할 수 있는 자신만의 방법이 있어요?

2. 교재 질문에 대해 자신이 쓸 내용을 간단히 메모하도록 한다. 교사는 학생들이 쓴 메모에 오류가 없는지 확인해 준다.

3. 메모한 내용을 바탕으로 글을 완성하게 한다.

적금 가입하기

　　일정 기간 동안 정해진 금액을 은행에 맡기는 것을 적금이라고 한다. 이때 은행에 맡긴 돈은 이자가 붙어서 더 큰돈이 된다. 최근 한국 내 은행의 적금 이율은 2% 정도이다. 적금 이율은 은행마다 다른데 가입 기간이나 금액에 따라 이자가 달라진다. 보통 가입 기간이 길면 이자가 더 많아진다.

　　적금은 고객의 선택에 따라 정기 적금과 자유 적금으로 나눌 수 있다. 정기 적금은 정해진 날짜에 정해진 금액을 넣는 것이고 자유 적금은 넣고 싶을 때에 넣고 싶은 금액을 넣는 것이다. 월급을 모아 큰돈을 모으고 싶다면 정기 적금에, 직장에서 받는 돈이 매달 다르고 생활비로 얼마를 쓸지 예상하기가 어려운 사람은 자유 적금에 가입하는 것이 좋다. 적금에 가입하기 위해서는 우선 여러 은행의 이율을 비교해 보는 것이 필요하다. 은행을 결정한 후에는 여권이나 외국인 등록증을 가지고 은행을 방문하여 자세한 상담을 받는 것이 좋다.

1) 적금은 무엇입니까?
2) 정기 적금과 자유 적금의 차이는 무엇입니까?
3) 여러분은 경제적인 여유가 있으면 어떤 적금에 가입하고 싶습니까?

70　사회통합프로그램(KIIP) 한국어와 한국문화 중급 1

적금 가입하기

1. 이 단원의 문화와 정보가 무엇에 대한 것인지 알려 준다.

　🎤 돈을 모을 수 있는 좋은 방법에는 어떤 것이 있을까요?
　　오늘은 '적금 가입하기'에 대해 알아봅시다.

2. 교재의 사진을 보면서 주제에 대해 알고 있는 것을 상기시키고 말해 보게 한다. 이때 관련 시각 자료를 추가로 활용할 수 있다.

　🎤 이곳은 어디인 것 같아요?
　　사람들이 무엇을 하고 있는 것 같아요?

3. 교재를 같이 읽으면서 내용을 설명한다. 이때 중요한 정보가 있는 부분에 밑줄을 긋거나 표시하게 하는 것도 좋다.

4. 질문 1, 2의 답을 찾아보고 답하게 한다.

　🎤 적금이 뭐예요?
　　정기 적금과 자유 적금의 차이는 뭐예요?

5. 3번 질문을 이용하여 학습자 자신의 경험을 말해 보도록 한다.

　🎤 여러분은 경제적으로 여유가 있으면 어떤 적금에 가입하고 싶어요?
　　왜 그렇게 생각해요?

배운 어휘 확인

- 지출
- 축의금
- 식비
- 통신비
- 교육비
- 의료비
- 경조사비
- 공과금
- 문화생활비
- 가계부
- 결제하다
- 포인트
- 쿠폰
- 적립하다
- 충동구매
- 난방비
- 수리하다
- 중고차
- 물려받다
- 보일러
- 들다

- 온도
- 통신사
- 장을 보다
- 공유
- 전시 상품
- 이월 상품
- 합리적이다
- 비용이 들다
- 비용이 부담되다
- 비용이 부담스럽다
- 비용을 줄이다
- 공동 구매
- 벼룩시장
- 정반대
- 흠집
- 육아용품
- 설문 조사
- 실시하다
- 차지하다
- 한편

5과 소비와 절약 71

- 이 단원에서 배운 어휘 중 기억나는 것을 말해 보세요.
- 이 단원에서 배운 문법은 뭐예요? 어떻게 사용해요?
- 한 달 생활비에서 가장 많이 차지하는 지출 항목이 뭐예요?
- 생활비를 절약할 수 있는 방법이 뭐예요?
- 일정 기간 동안 정해진 금액을 은행에 맡기는 것을 뭐라고 해요?

마무리

1. '배운 어휘 확인' 목록을 읽으면서 이해한 단어에 ☑해 보도록 한다.

2. 배운 어휘 목록의 어휘들을 읽으면서 의미를 상기시킨다.

3. 단원에서 학습한 문법(명-이나/밖에, 동형-는다고 하다)을 상기시키며 의미와 사용법을 기억하는지 확인한다.

4. 단원의 목표와 성취도를 확인한다.

5. 익힘책을 과제로 제시하며 다음 단원의 주제 '6과 주거 환경'을 예고하면서 마무리한다.

6 주거 환경

어휘: 주거 지역의 지리적 환경

문법: 피동
- 통-자고 하다

활동: 동네 주변 시설 소개하기
지금 살고 있는 동네와 고향 동네 비교하기

문화와 정보: 과거와 현대의 명당

①

수업 목표 및 내용

- **주제:** 주거 환경

- **어휘와 문법**
  - 어휘: 주거 환경 관련 어휘를 익힌다.
  - 문법: '피동', '통-자고 하다'의 의미와 형태를 익혀 사용할 수 있다.

- **활동**
  - 말하기: 동네 주변 시설을 소개할 수 있다.
  - 듣기: 시골 주거 환경에 대한 대화를 듣고 이해할 수 있다.
  - 읽기: 고향의 주거 환경에 대한 글을 읽고 이해할 수 있다.
  - 쓰기: 지금 살고 있는 동네와 고향 동네 환경을 비교하는 글을 쓸 수 있다.

- **문화와 정보:** 과거와 현대의 명당

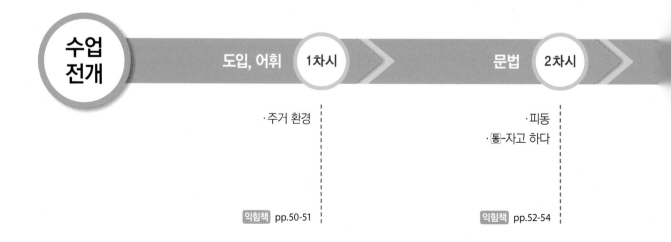

수업 전개	도입, 어휘 1차시	문법 2차시
	·주거 환경	·피동 ·통-자고 하다
	익힘책 pp.50-51	익힘책 pp.52-54

- 이 동네는 생활하기가 어떨 것 같아요?
- 여러분은 어떤 곳에서 살고 있어요?

도입

1. 교재 그림을 이용하여 학생들과 이야기하며 이 과의 주제를 노출한다.

   그림❶ 🎤 이 사람은 어디에서 자전거를 타고 있어요?
   이 동네는 생활하기 어떨 것 같아요?

   그림❷ 🎤 이곳은 생활하기 어떨 것 같아요?
   이런 곳에서 살아본 적이 있어요?

   그림❸ 🎤 이 남자는 어디에 살고 있어요?
   이곳은 생활하기 어떨 것 같아요?

2. 대화 내용을 정리하며 이 단원에서는 '주거 환경, 도시와 시골 환경' 등에 대해 공부한다는 것을 알려 준다.

┌ 이 단원을 지도할 때는… ┐

학습자들의 고향 환경에 대해 질문하고 한국에서 지내고 있는 환경과 무엇이 비슷하고 무엇이 다른지 자신의 이야기를 공유해 볼 수 있도록 합니다.

이 단원과 관계있는 단원은 아래와 같습니다.
- 문법: 명이라고 하다
  – 2권 1과
  동형-는다고 하다
  – 3권 5과
- 주제: 고향
  – 2권 1과

말하기 듣기, 발음　3차시	읽기　4차시	쓰기, 문화와 정보, 마무리　5차시
·동네 주변 시설 소개하기 ·시골 주거 환경에 대한 대화 듣기	·고향의 주거 환경에 대한 글 읽기	·지금 살고 있는 동네와 고향 동네 환경 비교 글 쓰기 ·과거와 현대의 명당
익힘책 p.55	익힘책 p.56	익힘책 p.57

• **안전하다**: 사고가 나거나 다칠 가능성이 낮아서 불안하지 않아요.
(↔위험하다)

• **소음이 심하다**: 자동차 소리처럼 크고 시끄러운 소리가 많이 나요.

• **공기가 탁하다**: 자동차 매연이나 공장에서 나오는 나쁜 연기 때문에 파란 하늘을 볼 수 없어요. 탁한 공기를 마시면 목이 따갑고 아파요. (↔공기가 맑다)

• **빌딩 숲**: 도시에 있는 건물(빌딩)들의 모습이 숲에 있는 나무들이 높게, 많이 서 있는 모양과 비슷해요.

• **산업 단지**: 나라에서 산업의 발전을 목적으로 해서 만든 구역이에요. 산업 단지 안에는 공장들이 많이 있어요.

• **한적하다**: 조용하고 여유 있어요. 시골은 도시보다 한적해요.

• **공기가 맑다**: 자동차나 공장이 없어서 공기가 깨끗해요. 산이나 나무가 많은 곳에 가면 맑은 공기를 마실 수 있어요. (↔ 공기가 탁하다)

• **직접 농사를 짓다**: 다른 사람이 하는 것이 아니라 내가 농사일을 해요. '농사'는 야채나 쌀 같은 곡식을 땅에 심어서 물을 주고 기르는 일을 말해요.

• **하천이 흐르다**: '하천'은 강이나 작은 시냇물을 말해요. '흐르다'는 물 같은 액체가 높은 곳에서 낮은 곳으로 내려가는 것을 말해요.

• **논**: 벼를 심는 땅을 말해요. 반드시 물이 있어요. 시골에 가면 많이 있어요.

• **과수원**: 과일나무를 심는 밭이에요. 과수원에는 사과나무, 배나무, 복숭아나무 등을 볼 수 있어요.

• **비닐하우스**: 비닐을 사용해서 따뜻한 환경에서 식물을 기를 수 있는 곳이에요. 비닐하우스가 있어서 다른 계절의 과일이나 채소를 먹을 수 있어요.

• **밭**: 물이 적은 곳에 야채나 곡식을 심어서 농사를 짓는 땅을 말해요.

---

1. 도시는 어떤 특징이 있어요? 살기에 어떨 것 같아요?

2. 농촌은 어떤 특징이 있어요? 살기에 어떨 것 같아요?

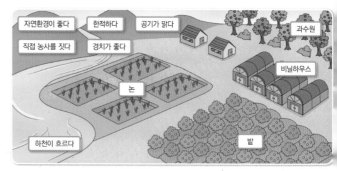

3. 여러분은 어떤 환경에서 살고 싶어요? 이야기해 보세요.

> 저는 공기가 맑고 한적한 곳에서 살고 싶어요.

어휘 (주거 환경)

▌ 도입, 제시

1. 도시와 시골의 환경이 어떤지 물으며 오늘 배우는 어휘는 주거 환경과 관련된 표현임을 알려 준다.

🎤 여러분은 어떤 환경에서 살고 있어요?
오늘은 주거 환경에 대해서 공부해요.

2. 교사를 따라 어휘를 소리 내어 한 번 읽도록 한다. 이때 발음에 주의하게 한다.

3. 어휘의 의미를 설명한다. 어휘가 사용된 문장을 예로 제시하거나 의미를 풀어서 설명해 준다. 상황에 따라 유의어나 반의어 등을 추가로 설명할 수 있다.

4. 배운 어휘를 소리 내어 읽도록 한다. 이때 '-어요' 형태로 단어를 읽는 등 변화를 줄 수 있다.

▌ 연습

1. 배운 어휘를 사용하여 문장을 만들어 보는 연습을 먼저 한다.

2. 연습한 문장을 이용하여 어떤 환경에서 살고 싶은지 짝과 대화하게 한다.

3. 학생들끼리 이야기한 것을 교사가 정리해 주며 같이 이야기한다.

🎤 여러분은 도시와 시골 중 어떤 환경에서 살고 싶어요? 이유가 뭐예요?

문법

1 피동

다른 힘에 의해 이루어지는 일을 나타낸다.

예문
• 가: 왜 이렇게 늦었어요? 무슨 일이 있었어요?
  나: 퇴근 시간이라서 길이 많이 막혔어요.
• 자는 동안 모기한테 팔을 물려서 너무 가렵다.
• 친구와 전화를 하는 중에 갑자기 전화가 끊겼다.

안젤라: 와, 방 안에서 산이 보이네요?
이 링: 네, 경치가 좋지요?

-이-	• 보다 → 보이다	• 놓다 → 놓이다
-히-	• 잡다 → 잡히다	• 막다 → 막히다
-리-	• 열다 → 열리다	• 듣다 → 들리다
-기-	• 끊다 → 끊기다	• 쫓다 → 쫓기다

1. 그림을 보고 보기 와 같이 친구와 이야기해 보세요.

왜 그래요? 무슨 일이에요?

보기

갑자기 엘리베이터가 흔들렸어요.

갑자기 엘리베이터가 흔들리다

1)
기숙사 문이 잠기다

2)
저쪽에서 비명 소리가 들리다

3)
아무도 없는데 문이 닫히다

2. 다음의 뉴스에 대해 친구들과 이야기해 보세요.

강원 지역, 밤사이에 눈 많이 쌓여

3개월 만에 범인 잡혔다

지난달 유럽 시장에서 한국 자동차 많이 팔렸다

강원 지역은 밤사이에 눈이 많이 쌓였어요.

단어장
비명 소리
지역
범인

6과 주거 환경 **75**

피동

피동은 주어의 행동이 다른 사람의 행동 때문에 이루어지거나 주어가 직접 행동을 한 것이 아니라 다른 일이나 다른 힘 때문에 상황이 발생했을 때 사용한다.

능동	피동
N_1이/가 N_2을/를 V	N_2이/가 N_1에게 V+이/히/리/기
N을/를 V	N이/가 V+이/히//리/기
N_1에 N_2을/를 V	N_2이/가 N_1에 V+이/히//리/기

• 가: 이링 씨가 전화를 안 받네요.
  나: 이링 씨의 전화번호가 바뀌었어요.

• 도둑이 경찰에게 잡혔어요.

• 밖에서 시끄러운 음악 소리가 들려요.

• 바람이 불어서 창문이 닫혔어요.

-이-	보이다, 놓이다, 쓰이다, 쌓이다, 바뀌다 등
-히-	잡히다, 막히다, 먹히다, 닫히다, 읽히다 등
-리-	열리다, 팔리다, 걸리다, 물리다, 들리다 등
-기-	끊기다, 쫓기다, 안기다, 감기다, 찢기다 등

문법 1 (피동)

1 도입, 제시

1. 도입 그림과 대화를 통해 문법이 사용되는 상황을 인지시킨다.

🎤 안젤라 씨와 이링 씨가 집 안에서 창밖을 보면서 이야기하고 있어요.

2. 교재의 대표 예문을 보면서 문법의 의미를 설명한다.

🎤 안젤라 씨와 이링 씨는 창문 밖에 있는 산을 봐요. 사람이 산을 봐요. 산이 (사람에게) 보여요. 이렇게 주어에게 행동을 당함을 표현할 때 동사에 '-이/히/리/기-'를 써서 말해요.

3. 학생들과 교재의 예문들을 읽으면서 문법의 의미를 설명하고 이해시킨다.

4. 문법의 형태 정보를 제시하고 설명한다.

5. 추가 예문을 제시하고 문법의 의미와 사용법을 정확하게 이해시킨다.

2 연습 1

1. 단어장의 새 어휘를 설명한다.

2. 〈보기〉의 대화를 교사와 함께 완성해 보도록 한다.

3. 나머지 문제를 〈보기〉의 대화처럼 짝과 완성하도록 한다.

4. 연습한 것을 발표하게 하거나 교사가 전체 학생 대상으로 답하게 하여 확인한다. 그리고 오류가 있으면 수정해 준다.

3 연습 2

1. 뉴스 기사의 제목을 보면서 기사 내용에 대해 '피동사'를 활용하여 이야기를 하도록 한다.

2. 친구와 이야기한 것을 발표하게 하고 오류가 있으면 수정해 준다.

익힘책 52~53쪽을 풀게 하거나 과제로 제시한다. 익힘책은 연습 활동 난이도에 따라 교재 연습 문제 전후로 활용한다.

◢ 동-자고 하다

동사 뒤에 붙어 '-(으)ㅂ시다', '-지 맙시다' 등의 청유형 종결 어미가 사용된 문장을 듣고 다른 사람에게 다시 전달해서 말할 때 사용한다. 뒤에 오는 '하다'는 '말하다'의 의미로 사용된다. '동-자고 하다'의 부정형은 '동-지 말자고 하다'이다.

◢

- 가: 후엔 씨가 뭐라고 했어요?
  나: 점심을 같이 먹자고 했어요.

- 가: 사장님께서 뭐라고 하셨어요?
  나: 오늘 사원 전체 회의를 하자고 하셨어요.

- 친구가 학교 앞에서 만나자고 해서 가는 중이에요.

- 남편이 태풍이 오니까 여행을 가지 말자고 해요.

-자고 하다 (받침 O, X)	사다 → 사자고 하다 만들다 → 만들자고 하다
-지 말자고 하다 (받침 O, X)	보다 → 보지 말자고 하다 듣다 → 듣지 말자고 하다

---

2 동-자고 하다

다른 사람에게서 들은 권유나 제안 내용을 전달할 때 사용한다

예문
- 가: 아까 과장님이 뭐라고 하셨어요?
  나: 내일 다시 회의하자고 하셨어요.
- 친구가 만나자고 해서 약속 장소에 나갔다.
- 아내가 같이 저녁을 먹자고 해서 기다리는 중이다.

후엔: 고천 씨, 이사할 거예요?
고천: 네, 남편 직장이 너무 멀어요. 그래서 남편이 직장 근처로 이사 가자고 해요.

-자고 하다	
· 먹다 →	먹자고 하다
· 가다 →	가자고 하다
· 하다 →	하자고 하다
· 살다 →	살자고 하다

Tip 부정형은 '-지 말자고 하다'를 사용한다.

1. 그림을 보고 보기 와 같이 친구와 이야기해 보세요.

이번 달 우리 반 모임 때 친구들은 뭘 하자고 했어요?

보기 라흐만: 다 같이 노래방에 가요.

라흐만 씨는 다 같이 노래방에 가자고 했어요.

1) 안젤라: 재미있는 영화를 봐요.
2) 아나이스: 공원에서 산책하고 놀아요.
3) 라민: 맛집에 가서 맛있는 음식을 먹어요.

2. 우리 반 모임에서 하고 싶은 것에 대해 이야기해 보세요. 그리고 들은 이야기를 다른 친구에게 전달하세…

잠시드: 같이 한국 음식을 만들어요.
이 링: 가족이나 고향 친구들도 초대해요.

잠시드 씨는 같이 한국 음식을 만들자고 해요.

문법 2 (동-자고 하다)

1 도입, 제시

1. 도입 그림과 대화를 통해 문법이 사용되는 상황을 인지시킨다.

🎤 후엔 씨와 고천 씨가 이야기를 하고 있어요.
고천 씨는 남편 직장이 멀어서 이사를 하려고 해요.

2. 교재의 대표 예문을 보면서 문법의 의미를 설명한다.

🎤 고천 씨의 남편이 고천 씨에게 "이사를 갑시다."라고 말했어요. 고천 씨는 남편이 한 이야기를 후엔 씨에게 다시 전달할 때 '이사를 가자고 해요.'라고 말했어요. 들을 제안을 다른 사람에게 다시 말할 때 '-자고 하다'를 사용해서 말해요.

3. 학생들과 교재의 예문들을 읽으면서 문법의 의미를 설명하고 이해 시킨다.

4. 문법의 형태 정보를 제시하고 설명한다.

5. 추가 예문을 제시하고 문법의 의미와 사용법을 정확하게 이해시킨다.

2 연습 1

1. 〈보기〉의 대화를 교사와 함께 완성해 보도록 한다.

2. 나머지 문제를 〈보기〉의 대화처럼 짝과 완성하도록 한다.

3. 연습한 것을 발표하게 하거나 교사가 전체 학생 대상으로 답하게 하여 확인한다. 그리고 오류가 있으면 수정해 준다.

3 연습 2

1. 우리 반 모임에서 하고 싶은 것에 대해 먼저 친구들과 이야기하게 한다. 서로 나눈 이야기를 다른 친구에게 '-자고 하다'를 사용해서 전달하도록 한다.

2. 친구와 대화한 것을 발표하게 하고 오류가 있으면 수정해 준다.

익힘책 54쪽을 풀게 하거나 과제로 제시한다. 익힘책은 연습 활동 난이도에 따라 교재 연습 문제 전후로 활용한다.

1. 후엔 씨가 이사 온 사람에게 주변 시설과 환경에 대해 알려 줍니다. 다음 대화처럼 이야기해 보세요.

이웃: 안녕하세요? 저, 어제 이 동네로 이사 왔는데요.
후엔: 아, 그러세요? 반가워요.
이웃: 아이가 놀러 가자고 해서 그러는데 혹시 동네에 아이가 놀 만한 곳이 있나요?
후엔: 105동 앞에 놀이터가 있어요. 그리고 아이가 자전거 타는 것을 좋아하면 산책로에 가는 것도 좋아요. 놀이터에서 산책로 입구가 보일 거예요.
이웃: 그렇군요. 정말 감사합니다. 여쭤보길 잘했네요.
후엔: 궁금한 게 있으면 또 물어보세요.

1) 아이가 놀러 가자고 하다, 아이가 놀다 | 105동 앞에 놀이터가 있다, 놀이터에서 산책로 입구가 보이다

2) 아이가 운동하러 가자고 하다, 아이하고 같이 운동하다 | 근처에 체육 센터가 있다, 아파트 후문으로 나가면 걸어서 공원에 갈 수 있다

2. 아래 상황에 맞게 이사 온 사람과 이웃에 사는 사람이 되어 대화해 보세요. 그리고 여러분의 이야기를 해 보세요.

이사 온 이웃
• 아이들이 놀 만한 곳이 있어요?
• 운동할 만한 곳이 있어요?

단어장
놀이터
여쭤보다
체육 센터
정문

6과 주거 환경 **77**

• '통형-는데요'는 어떤 상황을 전달하면서 듣는 사람의 반응을 기대함을 나타낸다.

예 • 밖에서 무슨 소리가 들렸는데요.
• 내일은 비가 온다고 하는데요.
• 가: 내일 등산 갈까요?
  나: 내일은 할 일이 있는데요.

동네 주변 시설 소개하기

1 대화문 연습

1. 지금 살고 있는 집 주변 환경에 대해 이야기하며 교재의 그림을 이용해 어떤 상황인지 추측해 보도록 한다.

🎤 후엔 씨가 새로 이사 온 사람과 이야기하고 있어요. 두 사람은 어떤 이야기를 하고 있는 것 같아요?

2. 지시문을 이용하여 대화 상황을 학생들에게 명확하게 알려 준다.

3. 단어장의 새 어휘를 설명한다.

4. 대화를 들려주고 간단한 질문을 하여 대화 내용을 이해했는지 확인한다.

🎤 이사 온 이웃은 후엔 씨에게 무엇을 물어봤어요? 이 동네에 어떤 주변 시설이 있어요?

5. 교사와 함께 대화문을 읽으면서 자연스럽게 말하는 연습을 한다. 두 번 정도 반복해서 연습한다.

6. 교체 어휘를 활용하여 짝과 함께 연습하게 한다.

7. 연습이 끝나면 한두 팀을 발표시키거나 교사가 전체 학생을 대상으로 확인한다.

2 확장 연습

1. 이사 온 사람과 이웃에 사는 사람이 되어 말하기를 한다고 알려 준다.

2. 짝과 같이 이사 온 동네의 주변 시설에 대해 질문하고 소개하게 한다. 대화를 할 때는 다음과 같은 내용을 포함하여 말하도록 지시한다.

🎤 어떤 시설/주변 환경이 궁금해요? 그곳은 어디에 있어요? 어떻게 가요?

3. 이야기가 끝나면 한두 팀을 발표시키거나 교사가 전체 학생을 대상으로 확인하고 오류를 수정해 준다.

안젤라(여): 과장님, 주말에 뭐 하세요?

과장님(남): 부모님 댁에 갈 거예요.

안젤라(여): 부모님 댁은 가까우세요?

과장님(남): 아니요. 부모님은 여기에서 차로 3시간 거리인 시골에서 사세요. 농사도 지으시고 과수원도 하세요.

안젤라(여): 시골이면 주변 경치가 좋겠네요.

과장님(남): 집 근처에 산이 있는데 집에서 보여요. 아침에는 새소리도 들리고요.

안젤라(여): 그렇군요. 한적하고 공기도 맑아서 건강에도 좋을 것 같아요.

과장님(남): 그래서 나도 아내한테 퇴직하면 시골에서 살자고 했어요. 아내도 빌딩 숲에서 살기 싫다고 하네요.

안젤라(여): 자연환경이 좋은 곳에서 살면 좋지요. 여긴 너무 복잡해요.

---

1. 여러분은 시골에서 삽니까, 도시에서 삽니까? 아래 그림을 보고 주변 환경이 어떤지, 이곳 사람들은 어떤 일을 할지 이야기해 보세요.

2. 안젤라 씨와 과장님이 이야기합니다. 잘 듣고 질문에 답해 보세요.

1) 과장님은 주말에 무엇을 할 겁니까?

   부모님 댁에 갈 겁니다.

2) 과장님의 부모님은 어떤 일을 하십니까?

   ① 농사를 지으신다.　　　　② 회사에 다니신다.

   ③ 공장에서 일하신다.　　　④ 비닐하우스를 만드신다.

3) 들은 내용과 같으면 ○, 다르면 X 하세요.

   ❶ 과장님의 부모님 집은 기차로 3시간 거리에 있다.　(X)

   ❷ 과장님의 부모님 집에서 산을 볼 수 있다.　(○)

   ❸ 과장님의 아내는 도시 생활을 좋아한다.　(X)

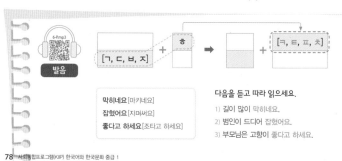

막히네요[마키네요]

잡혔어요[자펴써요]

좋다고 하세요[조타고 하세요]

다음을 듣고 따라 읽으세요.

1) 길이 많이 막히네요.

2) 범인이 드디어 잡혔어요.

3) 부모님은 고향이 좋다고 하세요.

시골 주거 환경에 대한 대화 듣기

1. 지시문을 이용하여 들을 내용과 관련있는 이야기를 나눈다.

   🎙 여러분은 시골에 살아요? 아니면 도시에 살아요?
   　시골과 도시의 주변 환경이 각각 어때요?

2. 문제를 읽고 들어야 하는 정보를 파악하게 한다.

   🎙 과장님은 주말에 무엇을 하려고 해요?
   　과장님의 부모님은 어디에 사세요? 환경이 어때요?
   　시골은 주변 환경이 어떻다고 했어요?
   　과장님은 퇴직하면 어디에서 살고 싶다고 했어요?

3. 듣기 파일을 두 번 듣고 문제를 풀게 한다.

4. 교재 질문의 답을 확인한 후 해당 대화를 같이 읽으며 내용을 확인한다. 필요한 경우 새로운 어휘, 표현을 설명한다.

발음

1. 교재 1번 발음을 들려주고 '막히네요', '잡혔어요', '좋다고'의 발음이 어떻게 들리는지 학습자 스스로 확인해 보도록 한다.

2. 받침 'ㄱ, ㄷ, ㅂ, ㅈ' 뒤에 'ㅎ'가 연결되면 [ㅋ, ㅌ, ㅍ, ㅊ]로 발음된다는 것을 알려 준다.

   🎙 받침 'ㄱ, ㄷ, ㅂ, ㅈ'뒤에 'ㅎ'가 오면 [ㅋ, ㅌ, ㅍ, ㅊ]로 발음돼요.

3. 교재에 제시된 발음을 따라해 보도록 한다.

4. 교재에 제시된 문장의 발음을 따라해 보도록 한다.

5. 교재 문장을 읽으며 연습하게 한 후에 확인한다.

> • **받침 'ㄱ, ㄷ, ㅂ, ㅈ' 뒤의 'ㅎ' 격음화**
>
> 받침 'ㄱ(ㄲ), ㄷ, ㅂ(ㄿ), ㅈ(ㄵ)'이 뒤 음절 첫소리 'ㅎ'과 결합되는 경우에, 두 음을 합쳐서 [ㅋ, ㅌ, ㅍ, ㅊ]로 발음한다.
>
> 예 먹히다[머키다], 좁히다[조피다], 넓히다[널피다], 앉히다[안치다]

1. 다음은 신문에 실린 아파트 광고입니다. 주거 환경이 어떤지 이야기해 보세요.

계절마다 바뀌는 풍경화!
자연 속에서 생활할 수 있습니다.

◎ 우리 건설   ◎ 분양 문의: 1577-57XX

우리 건설 아파트

그림 같은 풍경과 최고의 자연 경관!
넓은 강과 높은 산이 눈앞에!
편리한 교통에 문화 시설까지!

복잡한 도시를 떠나고 싶은 분들을 위한
최고의 선택!

2. 다음은 여행 상품 광고입니다. 여행지에서 무엇을 볼 수 있는지 이야기해 보세요.

4박 6일 일정 | 최고급 호텔

실크 로드 역사의 현장으로 가는 시간 여행

우즈베키스탄 일주 타슈켄트 → 사마르칸트 → 부하라 → 타슈켄트

옛날 건축물을 간직하고 있는 역사의 도시에
여러분을 초대합니다.
넓은 평지 위에 펼쳐진 도시를 보실 수 있습니다.
낮은 언덕과 건축물의 아름다움을 느껴 보세요.

※ 박물관 관람도 일정에 포함됩니다.

◎ 문의: 두리 여행사 1577-22XX

6과 주거 환경 **79**

- **풍경화**: 자연의 경치를 그린 그림이에요. 한국 사람들은 어떤 경치가 너무 아름답다고 느낄 때 '경치가 풍경화처럼 아름답다'라고 표현해요.
- **자연 경관**: 산, 들, 강, 바다와 같은 자연의 모습을 말해요.
- **떠나다**: 살고 있는 곳이나 지내는 곳에서 다른 장소로 옮겨 가는 것이에요. 여러분은 고향을 떠나서 한국으로 왔어요.
- **분양하다**: 땅이나 건물, 아파트를 사람들에게 나누어서 파는 것을 말해요.

- **실크 로드**: 옛날 중국 사람들이 아시아를 통해서 유럽으로 건너갈 때 이용했던 길이에요. 중국 사람들은 유럽 사람들과 비단(실크) 무역을 했는데 이것 때문에 '실크 로드'라는 이름이 붙었어요.
- **일주**: 여행할 때 계획한 경로를 한 바퀴 모두 돌아서 다시 처음 시작했던 곳으로 돌아오는 거예요. 보통 '전국 일주' 또는 '세계 일주'라는 말을 많이 사용해요.
- **간직하다**: 어떤 물건을 잘 보관하고 있는 거예요.
- **평지**: 높거나 낮은 곳이 없는 평평한 곳을 말해요.
- **언덕**: 땅이 평평하지 않고 높은 곳이에요. 하지만 산보다는 낮아요.
- **일정**: 정해진 기간 동안 해야 할 일을 세운 계획이에요. 여행을 가기 전에 여행 기간 동안 무엇을 할지 일정에 대한 계획을 세워요.
- **포함되다**: 사물이나 현상 등이 함께 있는 것을 말해요. '박물관 관람도 일정에 포함된다'는 말은 여행 일정에 박물관 관람하기가 있다는 것을 의미해요.

아파트 광고와 여행 상품 광고 파악하기

1. 1번 자료를 보며 주요 정보를 파악하게 한다.

🎤 이 광고는 무엇에 대한 광고일까요?

2. 광고에 나온 단어를 설명하며 주요 정보를 이해하게 한다.

3. 광고 속 아파트의 주거 환경이 어떤지 말해 보도록 한다.

🎤 이 아파트의 주변 환경은 어떤 것 같아요?
   어떤 사람들이 이 아파트에서 살고 싶을까요?

4. 2번 자료를 보며 주요 정보를 파악하게 한다.

🎤 이 광고는 무엇에 대한 광고일까요?

5. 한 문장씩 천천히 살펴보며 새 어휘를 확인한다.

6. 여행지에서 무엇을 볼 수 있는지 말해 보도록 한다.

3. 다음은 고향의 환경에 대한 글입니다. 잘 읽고 질문에 답해 보세요.

역사를 간직한 곳, 사마르칸트

저는 재작년에 우즈베키스탄에서 한국에 왔고 한 이삿짐센터에서 일하고 있습니다. 제 친한 친구가 한국에서 같이 일하자고 해서 한국에 왔습니다.

제 고향은 사마르칸트입니다. 실크 로드의 역사를 간직하고 있어서 유명합니다. 사마르칸트는 넓은 평지 위에 펼쳐진 도시입니다. 도시 곳곳에는 옛날 건축물이 많습니다. 그리고 주변에 낮은 언덕이 있습니다. 건조한 날씨 때문에 언덕에 나무는 많지 않습니다. 언덕에서는 염소들이 풀을 먹습니다.

지금 제가 한국에서 사는 곳은 복잡한 도시입니다. 그렇지만 버스로 조금만 가면 산을 볼 수 있습니다. 고향과 다르게 한국의 산에는 나무가 많습니다. 그래서 봄에는 꽃, 가을에는 단풍을 보고 겨울에는 쌓인 눈을 구경합니다. 계절마다 색깔이 바뀌는 산의 경관이 좋습니다.

지금은 고향의 모습이 그립지만 나중에 고향에 돌아가면 아름다운 한국의 산이 보고 싶어질 겁니다. 그래서 한국에 있는 동안 한국의 풍경을 많이 보려고 합니다.

1) 이 사람의 고향에는 왜 나무가 많지 않습니까? *건조한 날씨 때문에 나무가 많지 않습니*

2) 이 사람의 고향에 대한 설명으로 맞는 것은 무엇입니까?

❶ 옛날 건축물이 많다. 　　　　　　❷ 바다를 볼 수 있다.
❸ 주변에 높은 산이 있다. 　　　　　❹ 계절마다 산의 경관이 바뀐다.

3) 윗글의 내용과 같으면 ○, 다르면 X 하세요.

❶ 이 사람은 친구 때문에 한국에 왔다. 　　　(○)
❷ 이 사람 고향은 실크 로드의 역사가 있는 곳이다. (○)
❸ 이 사람이 지금 살고 있는 곳은 한적한 도시이다. (X)

단어장
건조하다
염소
풀

고향의 주거 환경에 대한 글 읽기

1. 글 제목을 보며 글의 내용을 유추하게 한다.

🎤 이 사람의 고향은 어디인 것 같아요?

2. 글을 훑어 읽게 한 후 주제, 중심 내용 등을 간단히 말해 보도록 한다.

🎤 이 사람이 한국에 온 지 얼마나 됐어요?
　　이 사람은 왜 한국에 왔어요?
　　이 사람의 고향은 어디예요?
　　이 사람의 고향 환경은 어때요?
　　이 사람이 살고 있는 한국에서의 환경은 어때요?

3. 글을 다시 읽으면서 문제를 풀게 한다.

4. 답을 같이 확인한 후, 본문을 다시 읽으며 모르는 어휘가 없는지 확인한다. 필요한 경우 새로운 어휘, 표현을 설명한다.

1. 여러분이 한국에서 지금 살고 있는 동네와 여러분 고향의 동네는 어떻게 다릅니까?

	한국에서 사는 동네	고향의 동네
지역 이름		
날씨나 계절		
주변 환경		

2. 지금 살고 있는 동네와 여러분 고향의 동네를 비교해서 써 보세요.

6과 주거 환경 81

지금 살고 있는 동네와 고향 동네 비교하는 글 쓰기

1. 어떤 글을 쓸지 알려 주고 글에 들어갈 내용을 생각해 보게 한다.

🎤 한국에서 살고 있는 동네 이름이 뭐예요? 날씨나 계절이 어때요? 주변 환경이 어때요?
   고향의 동네 이름이 뭐예요? 날씨나 계절이 어때요? 주변 환경이 어때요?

2. 교재 질문에 대해 자신이 쓸 내용을 간단히 메모하도록 한다. 교사는 학생들이 쓴 메모에 오류가 없는지 확인해 준다.

3. 메모한 내용을 바탕으로 글을 완성하게 한다.

과거와 현대의 명당

　한국 사람들은 옛날부터 집 주변의 환경을 중요하게 생각했다. 집의 위치와 방향 등이 그 집에 사는 사람의 행복을 결정한다고 믿었기 때문이다. 집 뒤에 산이 있고 집 앞에 물이 흐르면 좋은 위치, 명당이라고 했다. 그리고 남향집이라고 하여 집의 방향과 대문이 남쪽을 향하도록 하였다. 한국의 겨울은 길고 추운데 집의 활동 공간이 남쪽을 향해 있으면 생활이 편리하기 때문이다.

　이러한 전통은 현대까지도 그대로 내려와 남향집이 인기가 있다. 그러나 최근에는 '좋은 집', '명당'의 조건에 새로운 것들이 추가되었다. 학군과 교통이다. 집 주변에 좋은 학교가 있으면 그 집은 인기가 높다. 그리고 근처에 지하철역이 있거나 간선 도로가 통과하면 인기가 높다.

1) 과거에 한국에서는 집을 짓기 좋은 위치를 어디라고 했습니까?
2) 현대의 한국 사람들은 어떤 곳에 집이 있으면 좋다고 합니까?
3) 여러분 고향에서 집을 지을 때 중요하게 생각하는 것이 있습니까?

82　사회통합프로그램(KIIP) 한국어와 한국문화 중급 1

과거와 현대의 명당

1. 이 단원의 문화와 정보가 무엇에 대한 것인지 알려 준다.

　🎙 옛날 한국 사람들은 앞에 물이 흐르고 뒤에 산이 있는 곳을 선호했어요. 요즘 사람들은 남쪽을 향해 있는 아파트를 선호해요. 오늘은 과거와 현재의 명당에 대해 알아봅시다.

2. 교재의 사진을 보면서 주제에 대해 알고 있는 것을 상기시키고 말해 보게 한다. 이때 관련 시각 자료를 추가로 활용할 수 있다.

　🎙 이 아파트들 근처에는 무엇이 있어요?
　　이 집은 햇빛이 왜 잘 들어올까요?

3. 교재를 같이 읽으면서 내용을 설명한다. 이때 중요한 정보가 있는 부분은 밑줄을 긋거나 표시하게 하는 것도 좋다.

4. 질문 1, 2의 답을 찾아보고 답하게 한다.

　🎙 과거에 한국에서는 집을 짓기 좋은 위치를 어디라고 했어요?
　　현대의 한국 사람들은 어떤 곳에 집이 있으면 좋다고 해요?

5. 3번 질문을 이용하여 학습자 자신의 경험을 말해 보도록 한다.

　🎙 여러분 고향에서는 집을 지을 때 어떤 것을 중요하게 생각해요? 그 이유가 뭐예요?

배운 어휘 확인

☐ 빌딩 숲	☐ 놀이터
☐ 산업 단지	☐ 여쭤보다
☐ 안전하다	☐ 체육 센터
☐ 소음이 심하다	☐ 정문
☐ 공기가 탁하다	☐ 풍경화
☐ 산책로가 있다	☐ 풍경
☐ 거리가 깨끗하다	☐ 자연 경관
☐ 문화 시설이 많다	☐ 최고급
☑ 걸어서 공원에 갈 수 있다	☐ 실크 로드
☐ 논	☐ 현장
☐ 밭	☐ 옛날
☐ 과수원	☐ 건축물
☐ 비닐하우스	☐ 간직하다
☐ 한적하다	☐ 평지
☐ 공기가 맑다	☐ 펼쳐지다
☐ 직접 농사를 짓다	☐ 언덕
☐ 하천이 흐르다	☐ 일정
☐ 경치가 좋다	☐ 포함되다
☐ 자연환경이 좋다	☐ 건조하다
☐ 비명 소리	☐ 염소
☐ 지역	☐ 풀
☐ 범인	

- 이 단원에서 배운 어휘 중 기억나는 것을 말해 보세요.
- 이 단원에서 배운 문법은 뭐예요? 어떻게 사용해요?
- 여러분이 지금 살고 있는 곳의 생활 환경은 어때요?
- 기회가 있다면 어떤 곳에서 살아보고 싶어요?
- 살기 좋은 명당은 어떤 곳이에요?

마무리

1. '배운 어휘 확인' 목록을 읽으면서 이해한 단어에 ☑해 보도록 한다.

2. 배운 어휘 목록의 어휘들을 읽으면서 의미를 상기시킨다.

3. 단원에서 학습한 문법(피동, 통-자고 하다)을 상기시키며 의미와 사용법을 기억하는지 확인한다.

4. 단원의 목표와 성취도를 확인한다.

5. 익힘책을 과제로 제시하며 다음 단원의 주제 '7과 문화생활'을 예고하면서 마무리한다.

7 문화생활

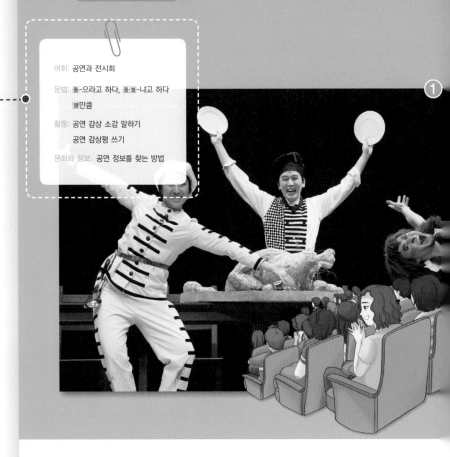

어휘: 공연과 전시회

문법: 동-으라고 하다, 동형-냐고 하다
　　　명만큼

활동: 공연 감상 소감 말하기
　　　공연 감상평 쓰기

문화와 정보: 공연 정보를 찾는 방법

수업 목표 및 내용

- **주제:** 문화생활

- **어휘와 문법**
  - 어휘: 공연과 전시회 관련 어휘를 익힌다.
  - 문법: '동-으라고 하다, 동형-냐고 하다',
    '명만큼'의 의미와 형태를 익혀 사용할 수
    있다.

- **활동**
  - 말하기: 공연을 관람하고 감상 소감을
    이야기할 수 있다.
  - 듣기: 공연 초대에 관한 대화를 듣고 이해할 수
    있다.
  - 읽기: 문화 생활에 대한 경험담을 읽고 이해할
    수 있다.
  - 쓰기: 공연 감상평을 쓸 수 있다.

- **문화와 정보:** 공연 정보를 찾는 방법

수업 전개

도입, 어휘　**1차시** ▷　　　　문법　**2차시** ▷

·공연과 전시회

·동-으라고 하다, 동형-냐고 하다
·명만큼

익힘책 pp.58-59

익힘책 pp.60-62

도입

1. 교재 그림을 이용하여 학생들과 이야기하며 이 단원의 주제를 노출한다.

   그림❶ 🎤 이 사람들은 어디에서 무엇을 보고 있어요?
   여러분은 공연을 본 적이 있어요?
   무슨 공연을 봤어요?

   그림❷ 🎤 콘서트에 가 봤어요? 누구의 콘서트였어요?

   그림❸ 🎤 미술이나 사진 전시회를 좋아해요?
   전시회에 자주 가요?

2. 대화 내용을 정리하며 이 단원에서는 '공연과 전시회의 종류, 공연 관람 과정, 감상 표현' 등에 대해 공부한다는 것을 알려 준다.

이 단원을 지도할 때는…

학습자들이 공연, 전시회 경험이 부족할 경우 영화, 드라마 등으로 범위를 확장하셔도 됩니다.

이 단원과 관계 있는 단원은 아래와 같습니다.
· 문법: 간접화법
  – 3권 5과

• 이 사람은 어디에서 무엇을 보고 있어요?
• 여러분은 시간이 있을 때 무엇을 보러 가고 싶어요?

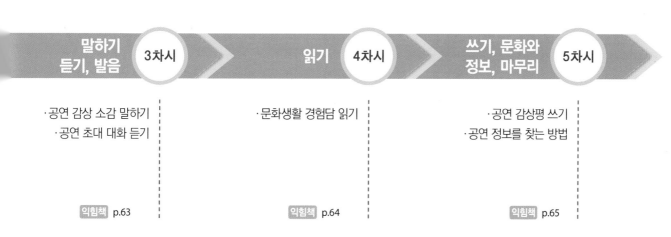

말하기 듣기, 발음	**3차시**	읽기	**4차시**	쓰기, 문화와 정보, 마무리	**5차시**
·공연 감상 소감 말하기 ·공연 초대 대화 듣기		·문화생활 경험담 읽기		·공연 감상평 쓰기 ·공연 정보를 찾는 방법	
익힘책 p.63		익힘책 p.64		익힘책 p.65	

- **길거리 공연(버스킹):** 길거리 공연은 공연장이 아닌 사람들이 많이 다니는 거리에서 공연을 해요. 버스킹(busking)이라고도 해요.
- **공예 전시회:** 공예 전시회에서는 그릇, 도자기와 같이 일상생활에서 사용하는 물건을 볼 수 있어요

- **공연 정보를 검색하다:** 공연이 몇 시에, 어디에서 하는지 찾아봐요.
- **표(티켓)를 예매하다:** 표를 미리 사요.
- **티켓을 수령하다:** 티켓을 받아요.
- **좌석을 찾다:** 표의 번호를 보고 자리를 찾아요.
  발음 찾다[찯따]
- **공연을 관람하다:** 공연을 봐요.
- **감상 소감을 말하다:** 공연을 본 후의 느낌을 말해요.

- **기대하다/기대되다:** 공연이 좋기를 바라면서 기다려요. 공연을 기대해요. 공연이 기대돼요.
- **감동적이다:** 느낌이 커서 마음에 움직임이 있어요. 아주 감동적일 때 눈물이 나기도 해요.
- **인상적이다:** 보거나 들은 것이 아주 강해서 시간이 지나도 없어지지 않고 마음이나 머릿속에 계속 남아 있는 느낌이에요.

---

1. 여러분은 시간이 있을 때 무엇을 보고 싶어요?

2. 공연 관람 과정과 공연을 본 후의 느낌을 이야기해 보세요.

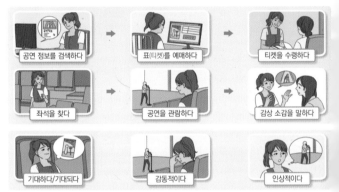

어휘 (공연과 전시회)

① 도입, 제시

1. 공연이나 전시회 중 어떤 것에 대한 경험이 있는지 물으며 오늘 배우는 어휘는 공연이나 전시회에 대해 말할 때 사용하는 표현임을 알려 준다.

🎤 여러분은 공연을 본 적이 있어요? 어떤 공연을 봤어요?
오늘은 공연과 전시회를 공부해요.

2. 교사를 따라 어휘를 소리 내어 한 번 읽도록 한다. 이때 발음에 주의하게 한다.

3. 어휘의 의미를 설명한다. 어휘가 사용된 문장을 예로 제시하거나 의미를 풀어서 설명해 준다. 상황에 따라 유의어나 반의어 등을 추가로 설명할 수 있다.

4. 배운 어휘를 소리 내어 읽도록 한다. 이때 '-어요' 형태로 단어를 읽는 등 변화를 줄 수 있다.

② 연습

1. 공연이나 전시회를 본 적이 있는지 질문을 한다.

2. 짝과 함께 공연 관람 경험에 대해 간단히 말해 보도록 한다. 공연 관람 경험이 없다면 보고 싶은 공연에 대해 말해 보도록 한다.

3. 학생들끼리 이야기한 것을 교사가 정리해 주며 같이 이야기한다.

🎤 공연(뮤지컬, 연극, 연주회 등) 정보를 어떻게 찾았어요?
공연을 보기 전에 어땠어요? 그 공연은 어땠어요?

1 동-으라고 하다, 동형-냐고 하다

다른 사람에게서 들은 명령/질문의 내용을 전달할 때 사용한다.

예문
- 가: 한국 친구들이 처음 만나면 어떤 질문을 자주 해요?
  나: 한국어를 얼마나 공부했냐고 해요.
- 친구가 저에게 케이팝을 좋아하냐고 했어요.
- 직원이 관객들에게 지금 공연장에 입장하라고 했어요.

안내 방송: 곧 공연이 시작됩니다. 가지고 계신 휴대 전화의
전원을 모두 꺼 주시기 바랍니다.

애 나: 지금 안내 방송에서 뭐라고 했어요?
제이슨: 곧 공연이 시작되니까 휴대 전화를 끄라고 했어요.

| -으라고 하다 -라고 하다 | 먹다 → 먹으라고 하다
쓰다 → 쓰라고 하다 |
| -냐고 하다 | 읽다 → 읽냐고 하다
가다 → 가냐고 하다
*살다 → 사냐고 하다 |

Tip '동-으라고 하다'의 부정문은 '동-지 말라고 하다'를 사용한다.

1. 그림을 보고 보기와 같이 친구와 이야기해 보세요.

보기
라민
라민 씨가 뭐라고 했어요?
공연이 몇 시에 시작해요?
공연이 몇 시에 시작하냐고 했어요.

1) 이링
주말에 무슨 전시회에 갔어요?

2) 후엔
택배를 문 앞에 두세요.

3) 과장님
내일 회의가 있으니까 모두 참석하세요.

2. 여러분의 가족/친구/직장 동료가 여러분에게 무슨 말을 자주 하는지 이야기해 보세요.

  부모님께서 저한테 자주 연락하라고 해요. 고향 친구가 저한테 고향에 언제 오냐고 해요.

단어장
안내 방송
전원을 끄다
입장하다
택배
참석하다

7과 문화생활 87

동-으라고 하다

다른 사람에게서 들은 명령이나 부탁의 내용을 전달할 때 사용한다.
부정문은 '동-지 말라고 하다'를 사용한다.
'주세요'는 수혜자가 말하는 사람 자신일 경우는 '달라고 하다', 다른
사람인 경우는 '주라고 하다'가 된다.

동형-냐고 하다

질문의 내용을 자신의 말로 바꾸어 전달할 때 사용한다.

- 가: 이 숙제 언제까지 내야 돼요?
  나: 선생님이 다음 주 화요일까지 내라고 하셨어요.
- 친구가 이번 토요일에 이사를 좀 도와달라고 했어요.
- 공연이 몇 시에 시작하냐고 했어요.
- 그 사람은 흐엉 씨를 잘 아냐고 했어요.

-으라고 하다 (받침 O)	먹다 → 먹으라고 하다 앉다 → 앉으라고 하다 읽다 → 읽으라고 하다 *걷다 → 걸으라고 하다
-라고 하다 (받침 X, ㄹ 받침)	하다 → 하라고 하다 쓰다 → 쓰라고 하다 치다 → 치라고 하다 *열다 → 열라고 하다
-냐고 하다 (받침 O, X)	먹다 → 먹냐고 하다 크다 → 크냐고 하다 맛있다 → 맛있냐고 하다 *살다 → 사냐고 하다

문법 1 (동-으라고 하다 / 동형-냐고 하다)

1 도입, 제시

1. 도입 그림과 대화를 통해 문법이 사용되는 상황을 인지시킨다.

   🎤 안내 방송에서 무슨 이야기를 해요?

2. 교재의 대표 예문을 보면서 문법의 의미를 설명한다.

   🎤 안내 방송에서 "휴대폰을 끄세요."라고 했어요. 이런 명령이나 부탁을
   듣고 다른 사람에게 다시 전달할 때 "휴대폰을 끄라고 했어요."라고
   말합니다.

3. 학생들과 교재의 예문들을 읽으면서 문법의 의미를 설명하고 이해
   시킨다.

4. 문법의 형태 정보를 제시하고 설명한다.

5. 추가 예문을 제시하고 문법의 의미와 사용법을 정확하게 이해시킨다.

2 연습 1

1. 〈보기〉의 대화를 교사와 함께 완성해 본다.

2. 나머지 문제를 〈보기〉의 대화처럼 짝과 완성하도록 한다.

3. 연습한 것을 발표하게 하거나 교사가 전체 학생 대상으로 답하게 하여
   확인한다. 그리고 오류가 있으면 수정해 준다.

3 연습 2

1. 가족, 친구, 직장 동료 등 사람들이 무슨 말을 자주 하는지 묻고 대답
   하면서 '-으라고 하다, -냐고 하다'를 활용하여 자신의 이야기를 하도록
   한다.

2. 친구와 대화한 것을 발표하게 하고 오류가 있으면 수정해 준다.

   익힘책 60-61쪽을 풀게 하거나 과제로 제시한다. 익힘책은 연습 활동
   난이도에 따라 교재 연습 문제 전후로 활용한다.

명만큼

앞에 있는 명사와 비슷한 정도와 한도임을 나타낼 때 사용한다.

- 가: 주말에 본 공연은 어땠어요?
  나: 정말 기대를 많이 하고 봤는데 기대<u>만큼</u> 재미있지 않았어요.

- 가: 이링 씨, 요즘 한국어 공부를 정말 열심히 하는 것 같아요.
  나: 네. 고등학교 때<u>만큼</u> 열심히 공부하고 있어요.

- 그 드라마는 영화<u>만큼</u> 영상이 아름다워요.

- 그 사람<u>만큼</u> 일을 잘하는 사람을 보지 못했어요.

만큼	기대 → 기대만큼
(받침 O, X)	이것 → 이것만큼
	오늘 → 오늘만큼

2 명만큼
앞에 있는 명사와 비교할 때 그 정도가 비슷함을 나타낸다

예문
- 가: 요즘 무료 공연도 괜찮네요.
  나: 맞아요. 잘 찾아보면 무료 공연도 유료 공연만큼 좋은 게 많아요.
- 회사 앞 식당은 고향 음식만큼 맛있어서 자주 간다.
- 평일은 주말만큼 시내에 사람이 많지 않다.

라 민: 오늘 본 영화가 어땠어요?
아나이스: 저번에 본 영화만큼 아주 재미있었어요.

만큼 · 기대 → 기대만큼
· 이것 → 이것만큼

1. 그림을 보고 보기 와 같이 친구와 이야기해 보세요.

안젤라 씨가 노래를 잘하지요?   네, 가수만큼 노래를 잘해요.

보기	안젤라	노래를 잘하다	가수
1)	하노이	교통이 복잡하다	서울
2)	기말시험	성적이 좋다	중간시험
3)	미호	한국어가 유창하다	한국 사람
4)	떡볶이	자주 먹다	라면

단어장
유창하다
작가

2. 한국에서 공연이나 전시회에 가 봤어요? 어땠어요? 친구들과 이야기해 보세요.

저는 학생들의 미술 전시회에 가 봤어요. 프로 작가의 미술 전시회만큼 아주 멋있었어요.

저는 연극을 봤어요. 어린이 배우가 나왔는데 어른 배우만큼 연기를 잘했어요.

88 사회통합프로그램(KIIP) 한국어와 한국문화 중급 1

문법 2 (명만큼)

1 도입, 제시

1. 도입 그림과 대화를 통해 문법이 사용되는 상황을 인지시킨다.

🎙 라민 씨와 아나이스 씨가 오늘 본 영화에 대해서 이야기하고 있어요. 오늘 본 영화가 재미있었을 것 같아요? 얼마나 재미있었을까요?

2. 교재의 대표 예문을 보면서 문법의 의미를 설명한다.

🎙 라민 씨와 아나이스 씨는 전에도 같이 영화를 봤어요. 그리고 그 영화가 재미있었어요. 그래서 "오늘 본 영화가 어땠어요?"라는 라민 씨의 질문에 아나이스 씨는 "저번에 본 영화만큼 재미있었어요."라고 대답했어요. 이렇게 전에 본 영화와 비교해서 그 정도로 재미있었다고 말할 때 '만큼'을 사용해요.

3. 학생들과 교재의 예문들을 읽으면서 문법의 의미를 설명하고 이해시킨다.

4. 문법의 형태 정보를 제시하고 설명한다.

5. 추가 예문을 제시하고 문법의 의미와 사용법을 정확하게 이해시킨다.

2 연습 1

1. 〈보기〉의 대화를 교사와 함께 완성해 본다.

2. 나머지 문제를 〈보기〉의 대화처럼 짝과 완성하도록 한다.

3. 연습한 것을 발표하게 하거나 교사가 전체 학생 대상으로 답하게 하여 확인한다. 그리고 오류가 있으면 수정해 준다.

3 연습 2

1. 한국에서 공연이나 전시회에 가 봤는지, 어땠는지 묻고 대답하면서 '만큼'을 활용하여 자신의 이야기를 하도록 한다.

2. 친구와 대화한 것을 발표하게 하고 오류가 있으면 수정해 준다.

익힘책 62쪽을 풀게 하거나 과제로 제시한다. 익힘책은 연습 활동 난이도에 따라 교재 연습 문제 전후로 활용한다.

1. 라민 씨와 아나이스 씨가 공연에 대해 이야기합니다. 다음 대화처럼 이야기해 보세요.

라 민: 오늘 본 연극 어땠어요?

아나이스: 저는 계속 웃다가 울다가 했어요.

라 민: 어떤 장면이 가장 <u>인상적</u>이었어요?

아나이스: 제일 마지막에 <u>배우들이 모두 같이 춤추는</u> 장면이 기억에 남아요.

라 민: 저는 배우들의 표정까지 다 볼 수 있어서 좋았어요.

아나이스: 맞아요. 저도 이번만큼 무대 가까이에서 연극을 본 적이 없어요.

라 민: 제 친구가 이 연극을 추천할 때 꼭 <u>앞좌석에서 보</u>라고 했거든요.

아나이스: 앞좌석은 정말 좋은 선택이었어요. 우리 또 공연 같이 봐요.

1) 인상적이다 | 배우들이 모두 같이 춤추다 | 앞좌석에서 보다

2) 감동적이다 | 주인공이 헤어진 가족을 찾다 | 앞좌석에 앉다

3-7 EBOOK

2. 공연 후 느낀 점을 어떻게 말해요? 그리고 여러분이 본 공연에 대해 이야기해 보세요.

- 연극, 뮤지컬, 콘서트
- 무대, 배우, 가수, 주인공

- 인상적인 장면
- 감동적인 장면

단어장
장면
표정
헤어지다
추천하다
입장권

7과 문화생활 89

공연 감상 소감 말하기

1 대화문 연습

1. 전에 본 공연이 어땠는지 이야기하며 교재의 그림을 이용해 어떤 상황인지 추측해 보도록 한다.

🎤 여기는 어디일까요?
이 두 사람은 무슨 이야기를 하고 있는 것 같아요?
두 사람은 오늘 본 공연에 대해 어떤 이야기를 하는 것 같아요?

2. 지시문을 이용하여 대화 상황을 학생들에게 명확하게 알려 준다.

3. 대화를 들려주고 간단한 질문을 하여 대화 내용을 이해했는지 확인한다.

🎤 이 두 사람은 무엇을 봤어요?
두 사람은 오늘 본 공연이 어땠어요?
아나이스 씨는 어떤 장면이 가장 기억에 남았어요?
라민 씨는 공연을 볼 때 어떤 점이 좋았어요?

4. 교사와 함께 대화문을 읽으면서 자연스럽게 말하는 연습을 한다. 두 번 정도 반복해서 연습한다.

5. 교체 어휘를 활용하여 짝과 함께 연습하게 한다.

6. 연습이 끝나면 한두 팀을 발표시키거나 교사가 전체 학생을 대상으로 확인한다.

2 확장 연습

1. 공연을 본 후 느낀 점을 말하는 공연 감상 소감 말하기를 한다고 알려 준다.

2. 짝과 같이 공연을 본 후 느낀 점에 대해 이야기하게 한다. 대화를 할 때는 다음과 같은 내용을 포함하여 말하도록 지시한다.

🎤 어떤 공연을 봤는지, 공연 무대, 출연 배우(가수), 주인공은 어땠는지, 공연에서 가장 인상적인 장면, 감동적인 장면은 무엇이었는지도 이야기해 보세요. 친구의 이야기를 들은 후 그 공연을 본 사람은 감상 소감을 추가적으로 이야기해 보세요.

3. 이야기가 끝나면 한두 팀을 발표시키거나 교사가 전체 학생을 대상으로 확인하고 오류를 수정해 준다.

1. 여러분은 공연에 친구를 초대하거나 초대받을 때 보통 무슨 이야기를 합니까?

초대해 줘서 고마워요.

공연이 기대돼요.

7-L.mp3

고천(여): 후엔 씨, 난타 공연에 초대해 줘서 고마워요.

후엔(여): 아니에요. 초대권이 한 장 더 있는데 혹시 같이 가고 싶은 친구 있어요?

고천(여): 그래요? 그럼 친한 친구한테 올 수 있냐고 물어볼까요?

후엔(여): 네, 좋은 기회니까 시간이 되면 꼭 오라고 하세요.

고천(여): 알겠어요. 저는 난타 공연을 보는 게 처음이에요. 정말 기대가 돼요.

후엔(여): 고천 씨가 기대하는 것만큼 재미있으면 좋겠어요.

2. 고천 씨와 후엔 씨가 공연에 대해 이야기합니다. 잘 듣고 질문에 답해 보세요.

1) 두 사람은 무슨 공연을 보려고 합니까?
   두 사람은 난타 공연을 보려고 합니다.

2) 들은 내용과 같으면 ○, 다르면 X 하세요.
   ❶ 후엔 씨가 고천 씨를 공연에 초대했다. (○)
   ❷ 고천 씨는 친구에게 공연에 올 수 있냐고 물어볼 것이다. (○)
   ❸ 고천 씨는 이 공연을 본 적이 있다. (X)

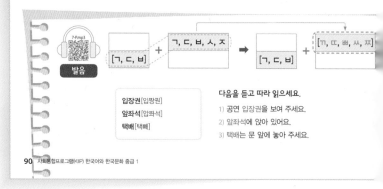

발음

7-P.mp3

[ㄱ, ㄷ, ㅂ] + [ㄱ, ㄷ, ㅂ, ㅅ, ㅈ] ➡ [ㄱ, ㄷ, ㅂ] + [ㄲ, ㄸ, ㅃ, ㅆ, ㅉ]

입장권[입짱꿘]
앞좌석[압쫘석]
택배[택빼]

다음을 듣고 따라 읽으세요.
1) 공연 입장권을 보여 주세요.
2) 앞좌석에 앉아 있어요.
3) 택배는 문 앞에 놓아 주세요.

90 사회통합프로그램(KIIP) 한국어와 한국문화 중급 1

공연 초대 대화 듣기

1. 지시문을 이용하여 들을 내용과 관련있는 이야기를 나눈다.

   🎤 이 두 사람은 무슨 이야기를 하고 있어요?
   어떤 공연인 것 같아요?

2. 문제를 읽고 들어야 하는 정보를 파악하게 한다.

   🎤 두 사람은 무슨 공연을 보려고 해요?
   누가 공연에 초대했어요?
   고천 씨는 이 공연을 본 적이 있어요?

3. 듣기 파일을 두 번 듣고 문제를 풀게 한다.

4. 교재 질문의 답을 확인한 후 해당 대화를 같이 읽으며 내용을 확인한다. 필요한 경우 새로운 어휘, 표현을 설명한다.

발음

7-P.mp3

1. 교재 1번 발음을 들려주고 '입장권', '앞좌석', '택배'의 발음이 어떻게 들리는지 학습자 스스로 확인해 보도록 한다.

2. '입', '앞', '택' 다음에 오는 '장', '좌', '배'가 [짱], [쫘], [빼]로 발음된다는 것을 알려 준다.

   🎤 받침소리 [ㄱ, ㄷ, ㅂ] 뒤에 오는 'ㄱ, ㄷ, ㅂ, ㅅ, ㅈ'은 [ㄲ, ㄸ, ㅃ, ㅆ, ㅉ]로 발음돼요.

3. 교재에 제시된 발음을 따라해 보도록 한다.

4. 교재에 제시된 문장의 발음을 따라해 보도록 한다.

5. 교재 문장을 읽으며 연습하게 한 후에 확인한다.

• **받침소리 [ㄱ, ㄷ, ㅂ] 뒤에 나타나는 경음화**

받침소리 [ㄱ, ㄷ, ㅂ] 뒤에 오는 'ㄱ, ㄷ, ㅂ, ㅅ, ㅈ'은 [ㄲ, ㄸ, ㅃ, ㅆ, ㅉ]로 발음된다.
경음화란 'ㄱ, ㄷ, ㅂ, ㅅ, ㅈ'을 [ㄲ, ㄸ, ㅃ, ㅆ, ㅉ]로 발음하는 것을 말한다.

예 학교[학꾜], 학생[학쌩], 식당[식땅]

1. 다음은 공연 티켓입니다. 빈곳에 들어갈 표현을 찾아서 써 보세요.

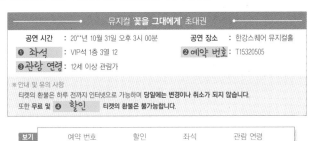

뮤지컬 '꽃을 그대에게' 초대권	
공연 시간 : 20**년 10월 31일 오후 3시 00분	공연 장소 : 한강스퀘어 뮤지컬홀
❶ 좌석 : VIP석 1층 3열 12	❷ 예약 번호 : T15320505
❸ 관람 연령 : 12세 이상 관람가	

※ 안내 및 유의 사항
티켓의 환불은 하루 전까지 인터넷으로 가능하며 당일에는 변경이나 취소가 되지 않습니다.
또한 무료 및 ❹ 할인 티켓의 환불은 불가능합니다.

보기	예약 번호	할인	좌석	관람 연령

2. 아래의 공연과 전시회 정보를 보고 이야기해 보세요.

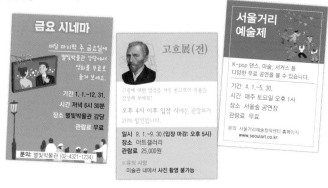

1) 무료로 볼 수 있는 공연이 뭐예요? 서울거리예술제예요.
2) 금요일 저녁에 시간이 나면 어디에 가면 좋을까요? 금요시네마에 가면 좋아요.
3) 그림 전시회 티켓을 할인 받으려면 몇 시에 가야 해요? 오후 4시 이후에 가야 해요.
4) 서울숲에서는 어떤 공연을 해요? 그 공연을 언제 볼 수 있어요?
   K-POP 댄스, 마술, 서커스 공연을 해요. 매주 토요일에 볼 수 있어요.

7과 문화생활 **91**

- **초대권**: 공연이나 전시회에 초대하는 표(티켓)예요. 보통 초대권이 있으면 무료로 볼 수 있어요.
- **예약 번호**: 예약할 때 받는 번호예요.
- **할인**: 청소년 할인, 단체 할인 등 저렴한 가격으로 공연이나 전시회를 볼 수 있어요.
- **좌석**: 공연장이나 영화관에서 앉는 자리예요.
- **관람 연령**: 영화나 공연을 볼 수 있는 나이가 제한되어 있어요.

- **관람료**: 공연이나 전시회를 보려고 내는 돈이에요.
- **유의 사항**: 공연이나 전시회를 보기 전에 조심해야 할 것이 있어요.
  발음 유의 사항[유이 사항]

공연 및 티켓 정보 파악하기

1. 1번 자료를 보며 주요 정보를 파악하게 한다.
   🎤 무슨 공연 티켓이에요?
   티켓을 보고 무엇을 알 수 있어요?

2. 1번의 빈 곳에 들어갈 정보를 찾게 한다.

3. 답을 같이 확인한 후, 다시 읽으며 새 어휘를 확인한다.

4. 2번 자료를 보며 주요 정보를 파악하게 한다.
   🎤 무슨 공연 포스터예요?
   어떤 전시회를 알리는 광고예요?

5. 2번의 질문에 해당하는 정보를 찾게 한다.

6. 답을 같이 확인한 후, 다시 읽으며 새 어휘를 확인한다. 필요한 경우 보충 설명을 덧붙인다.

- **부담이 없다:** 학생식당은 다른 식당보다 가격 부담이 없다.
  발음 부담이 없다[부다미 업따]

- **할인을 받다:** 세일 기간에 구두를 30% 할인 받아서 샀다.
  발음 할인을 받다[하리늘 받따]

- **행사:** 이번 달에는 가족 행사가 많다.
  발음 행사[행사]

- **경험이 쌓이다:** 경험이 쌓이면 점점 익숙해질 것이다.
  발음 경험이 쌓이다[경허미 싸이다]

문화가 있는 날

나는 '문화가 있는 날'에 전시회나 공연을 보러 간다. '문화가 있는 날'은 매월 마지막 주 수요일이다. 이날은 보통 때보다 싼 가격이나 무료로 문화생활을 할 수 있다. 그래서 부담 없이 문화생활을 즐길 수 있다.

지난달에 나는 그림 전시회를 보고 왔다. 나는 그림을 잘 그리지는 못하지만 보는 것을 좋아한다. 그림을 보고 있으면 기분이 좋아진다. 이번 달 '문화가 있는 날'에는 재즈(Jazz) 콘서트 티켓을 예매했다. 50% 할인을 받았다. 좋은 기회라서 나는 친구들에게도 예매하라고 했다.

다음 달 '문화가 있는 날'에는 박물관에 가 보고 싶다. 박물관에도 재미있는 행사가 많은데 아직 한 번도 간 적이 없기 때문이다. 이렇게 새로운 문화생활을 하면 좋은 경험이 된다. 그리고 내 경험이 쌓이는 것만큼 한국 생활에도 점점 익숙해지고 있는 것 같다.

1) 윗글의 내용과 같으면 ○, 다르면 X 하세요.
   ❶ 나는 이번 달에 그림 전시회에 갈 것이다. (X)
   ❷ 재즈 콘서트 티켓은 무료이다. (X)
   ❸ 나는 박물관에 다녀온 적이 있다. (X)
   ❹ 문화생활 경험은 한국 생활에 도움이 된다. (○)

2) '문화가 있는 날'에 전시회나 공연을 보면 좋은 점이 무엇입니까?
   보통 때보다 싼 가격이나 무료로 문화생활을 할 수 있습니다.

단어장
부담이 없다
할인을 받다
행사
박물관
경험이 쌓이다

문화생활 경험담 읽기

1. 글 제목을 보며 글의 내용을 유추하게 한다.

🎤 그림에 있는 사람들이 무엇을 하고 있어요?
'문화가 있는 날'이란 무엇일까요?

2. 글을 훑어 읽게 한 후 주제, 중심 내용 등을 간단히 말해 보도록 한다.

🎤 '문화가 있는 날'은 언제예요?
'문화가 있는 날'은 어떤 점이 좋아요?
지난달 '문화가 있는 날'에 무엇을 했어요?
이번 달에는 무엇을 했어요?
다음 달에는 무엇을 할 거예요?

3. 글을 다시 읽으면서 문제를 풀게 한다.

4. 답을 같이 확인한 후, 본문을 다시 읽으며 모르는 어휘가 없는지 확인한다. 필요한 경우 새로운 어휘, 표현을 설명한다.

1. 여러분은 공연이나 콘서트, 전시회를 좋아합니까? 지금까지 본 것 중에서 가장 기억에 남는 것이 무엇입니까? 간단히 메모해 보세요.

공연 이름	
공연 장소	
공연 내용	
느낀 점	

2. 여러분의 공연 감상 이야기를 써 보세요.

공연 감상평 쓰기

1. 어떤 글을 쓸지 알려 주고 글에 들어갈 내용을 생각해 보게 한다.

   🎤 오늘은 공연/전시회/콘서트를 본 경험과 느낀 점을 쓸 거예요. 공연 감상문에 들어갈 내용은 무엇인가요?

2. 교재 질문에 대해 자신이 쓸 내용을 간단히 메모하도록 한다. 교사는 학생들이 쓴 메모에 오류가 없는지 확인해 준다.

3. 메모한 내용을 바탕으로 글을 완성하게 한다.

문화와 정보

공연 정보를 찾는 방법

문화생활을 즐기기 위해 공연 정보를 찾는 방법에는 여러 가지가 있다. 가장 일반적인 방법은 관련 기관에 직접 문의를 하거나 홈페이지를 통해 공연 정보를 알아보는 것이다. 그런데 최근에 공연 정보를 한데 모아 놓은 포털 사이트가 있어서 공연 정보를 얻기가 쉬워졌다. 문화포털(www.culture.go.kr)이 바로 그것이다. '문화포털'에서는 언제, 어디서, 어떤 공연이나 전시, 콘서트가 있는지를 쉽게 검색할 수 있다. 또 이용자들이 남긴 공연 후기가 있어서 어떤 공연을 볼지 선택할 때 참고가 된다. 이 포털에서는 문화 정보뿐만 아니라 국내외 문화 관련 영상, 도서 정보도 제공한다. 포털에 회원 가입을 하면 새로운 문화 정보를 더 편리하게 이용할 수 있다.

1) '문화포털'에서는 어떤 정보를 제공합니까?
2) '문화포털'에서 공연 후기를 보면 어떤 점에서 도움이 됩니까?
3) 여러분은 어떤 방법으로 문화 정보를 찾습니까?

공연 정보를 찾는 방법

1. 이 단원의 문화와 정보가 무엇에 대한 것인지 알려 준다.

   🎙 한국에서 보고 싶은 공연이 있어요? 공연 정보를 어떻게 찾으면 좋을까요? 오늘은 '공연 정보를 찾는 방법'에 대해 알아봅시다.

2. 교재의 사진을 보면서 주제에 대해 알고 있는 것을 상기시키고 말해 보게 한다. 이때 관련 시각 자료를 추가로 활용할 수 있다.

   🎙 여러분은 인터넷에서 공연 정보를 찾아봤어요? 어떤 문화 정보가 있으면 좋겠어요?

3. 교재를 같이 읽으면서 내용을 설명한다. 이때 중요한 정보가 있는 부분에 밑줄을 긋거나 표시하게 하는 깃도 좋다

4. 질문 1, 2의 답을 찾아보고 답하게 한다.

   🎙 '문화포털'에서는 어떤 정보를 제공해요? '문화포털'에서 공연 후기를 보면 어떤 점에서 도움이 돼요?

5. 3번 질문을 이용하여 학습자 자신의 경험을 말해 보도록 한다.

   🎙 여러분은 어떤 방법으로 문화 정보를 찾아요?

5분

배운 어휘 확인

공연	인상적이다
뮤지컬	안내 방송
연극	전원을 끄다
연주회	입장하다
난타	택배
사물놀이	참석하다
길거리 공연(버스킹)	유창하다
전시회	작가
미술	장면
사진	표정
공예	헤어지다
콘서트	추천하다
케이팝(K-pop)	입장권
재즈(Jazz) 콘서트	초대권
토크 콘서트(강연)	예약 번호
정보를 검색하다	할인
예매하다	연령
수령하다	유의 사항
좌석	무료
찾다	부담이 없다
관람하다	할인을 받다
감상 소감	행사
기대하다	박물관
감동적이다	경험이 쌓이다

7과 문화생활 **95**

- 이 단원에서 배운 어휘 중 기억나는 것을 말해 보세요.
- 이 단원에서 배운 문법은 뭐예요? 어떻게 사용해요?
- 시간이 있을 때 어떤 공연이나 전시회를 보고 싶어요?
- 지금까지 본 공연 중에서 가장 기억에 남는 것은 뭐예요?
- 공연 정보를 어디에서 찾을 수 있어요?

마무리

1. '배운 어휘 확인' 목록을 읽으면서 이해한 단어에 ☑해 보도록 한다.

2. 배운 어휘 목록의 어휘들을 읽으면서 의미를 상기시킨다.

3. 단원에서 학습한 문법(동-으라고 하다, 동형-냐고 하다, 명만큼)을 상기시키며 의미와 사용법을 기억하는지 확인한다.

4. 단원의 목표와 성취도를 확인한다.

5. 익힘책을 과제로 제시하며 다음 단원의 주제 '8과 음식과 요리'를 예고하면서 마무리한다.

8과
음식과 요리

8 | 음식과 요리

어휘: 양념과 맛, 요리 방법

문법: 사동①
　　　사동②

활동: 요리 방법 이야기하기
　　　고향 음식 요리 방법 소개하기

문화와 정보: 식품의 유통 기한

수업 목표 및 내용

- **주제:** 음식과 요리

- **어휘와 문법**
  - 어휘: 양념과 맛, 요리 방법 관련 어휘를 익힌다.
  - 문법: '사동①', '사동②'의 의미와 형태를 익혀 사용할 수 있다.

- **활동**
  - 말하기: 요리 방법을 이야기할 수 있다.
  - 듣기: 식당에 관한 대화를 듣고 이해할 수 있다.
  - 읽기: 요리 방법에 대한 글을 읽고 이해할 수 있다.
  - 쓰기: 고향 음식의 요리 방법을 설명하는 글을 쓸 수 있다.

- **문화와 정보:** 식품의 유통 기한

수업 전개	도입, 어휘	1차시		문법	2차시	
	·양념과 맛, 요리 방법			·사동① ·사동②		
	익힘책 pp.66-67			익힘책 pp.68-70		

* 이 사람들은 지금 무엇을 하고 있어요?
* 여러분이 자주 만들어 먹거나 좋아하는 음식은 뭐예요?

도입

1. 교재 그림을 이용하여 학생들과 이야기하며 이 과의 주제를 노출한다.

   그림❶ 🎤 이 사람이 지금 어디에 있어요? 무엇을 사려고 하는 것 같아요? 이것으로 무엇을 할까요?

   그림❷ 🎤 요리를 맛있게 하려고 할 때 어떤 것을 넣어요? 여러분 집에 무엇이 있어요?

   그림❸ 🎤 요리를 자주 해요? 어떤 음식을 좋아해요?

2. 대화 내용을 정리하며 이 단원에서는 '양념과 맛 표현, 요리 방법' 등에 대해 공부한다는 것을 알려 준다.

이 단원을 지도할 때는…

학습자들이 좋아하는 한국 음식이나 자주 요리하는 고향 음식에 대해 말하게 하면서 흥미를 유발합니다.

이 단원과 관계있는 단원은 아래와 같습니다.
• 문법: -게 하다
  – 3권 13과

말하기 듣기, 발음 3차시	읽기 4차시	쓰기, 문화와 정보, 마무리 5차시
·요리 방법 말하기 ·식당 소개 대화 듣기	·요리 방법 설명문 읽기	·고향 음식 요리 방법 쓰기 ·식품의 유통 기한
익힘책 p.71	익힘책 p.72	익힘책 p.73

- **고추장, 고춧가루:** 빨간색 고추로 만든 매운 양념이에요.
- **간장, 된장:** 콩으로 만든 양념이에요. 짠맛이에요.
- **참기름:** 참깨로 만든 기름이에요. 요리할 때 이것을 넣으면 고소해져요. 보통 나물이나, 잡채, 비빔밥을 만들 때 넣어서 먹어요.
- **식초:** 신맛이 나는 양념이에요.

- **양파 껍질을 벗기다:** 양파로 요리를 할 때 양파의 껍질 부분은 먹을 수 없기 때문에 버려야 돼요. 감자, 양파 등 채소나 과일의 껍질을 벗겨요.
- **감자를 칼로 썰다:** 감자를 칼로 작은 크기로 만들어요.
- **마늘을 다지다:** 음식 재료를 여러 번 썰어서 아주 작게 만들어요.
- **기름에 튀기다:** 끓는 기름에 넣어서 요리해요. 야채, 생선 등을 튀겨서 먹으면 더욱 고소해요. 튀긴 음식을 '튀김'이라고 해요.
- **만두를 찌다:** 뜨거운 김으로 만두를 요리하거나 따뜻하게 만들어요. 찌는 요리는 '찐만두' 외에 '찐빵'도 있어요.
- **계란을 삶다:** 계란을 물에 넣고 끓여요.
- **나물을 무치다:** 나물에 소금과 마늘 등 여러 양념을 넣고 섞어요.
- **시금치를 데치다:** 시금치를 끓는 물에 잠깐 넣은 후에 꺼내요. 채소를 너무 오래 데치면 색깔이 변하고 영양가도 없어져요.

1. 무슨 양념이에요? 맛이 어때요?

2. 무슨 요리를 해요? 요리 준비를 어떻게 해요?

어휘 (음식과 요리)

1 도입, 제시

1. 음식을 만들어 본 경험이 있는지 물으며 오늘 배우는 어휘는 한국의 양념과 맛, 요리 방법에 대해 말할 때 사용하는 표현임을 알려 준다.

   🎤 여러분은 음식을 직접 만들어 본 적이 있어요? 어떤 양념을 사용했어요? 오늘은 한국의 양념과 맛, 요리 방법을 공부해요.

2. 교사를 따라 어휘를 소리 내어 한 번 읽도록 한다. 이때 발음에 주의하게 한다.

3. 어휘의 의미를 설명한다. 어휘가 사용된 문장을 예로 제시하거나 의미를 풀어서 설명해 준다. 상황에 따라 유의어나 반의어 등을 추가로 설명할 수 있다.

4. 배운 어휘를 소리 내어 읽도록 한다. 이때 '-어요' 형태로 단어를 읽는 등 변화를 줄 수 있다.

2 연습

1. 한국 음식을 만들어 본 적이 있는지 질문을 한다.

2. 짝과 함께 한국 음식 재료와 맛에 대해 간단히 말해 보도록 한다. 한국 음식을 만들어 본 경험이 없다면 고향 음식에 대해 말해 보도록 한다.

3. 학생들끼리 이야기한 것을 교사가 정리해 주며 같이 이야기한다.

   🎤 어떤 음식을 만들 때 기름에 튀겨요? 계란을 삶아 본 적이 있어요? 나물을 무쳐 본 적이 있어요?

1 사동①

다른 사람이나 동물에게 어떤 행동을 하게 함을 나타낸다.

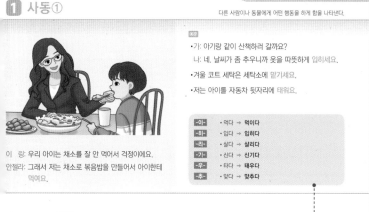

예문
• 가: 아기랑 같이 산책하러 갈까요?
　나: 네, 날씨가 좀 추우니까 옷을 따뜻하게 입히세요.
• 겨울 코트 세탁은 세탁소에 맡기세요.
• 저는 아이를 자동차 뒷자리에 태워요.

이　링: 우리 아이는 채소를 잘 안 먹어서 걱정이에요.
안젤라: 그래서 저는 채소로 볶음밥을 만들어서 아이한테 먹여요.

-이-	먹다 → 먹이다
-히-	입다 → 입히다
-리-	살다 → 살리다
-기-	신다 → 신기다
-우-	타다 → 태우다
-추-	맞다 → 맞추다

1. 그림을 보고 보기와 같이 친구와 이야기해 보세요.

성민이 지금 뭐 해요?

보기
성민은 토끼한테 당근을 먹이고 있어요.

성민　토끼　당근　먹이다

1) 민수　아이　모자　씌우다
2) 유진　엄마　종이비행기　날리다
3) 선생님　학생　한국어책　읽히다

2. 아이와 함께 공원에 나가려고 해요. 어떻게 준비할까요?

옷, 신발, 모자, 유모차?

아이한테 따뜻한 옷을 입혀요. 그리고 신발을 신겨요.

단어장
토끼
유모차

8과 음식과 요리 99

사동①

다른 사람이나 동물에게 어떤 행동을 하게 함을 나타낸다. 주동사에 '-이-, -하-, -리-, -가-, -우-, -추-'를 붙여 사동사를 만든다.
사동 문장은 다음과 같은 형태로 많이 사용된다.
• N이/가 N에게 N을/를 + 사동사
• N이/가 N의 을/를 + 사동사
• N이/가 N을/를 N에+ 사동사

• 가: 지금 아이가 뭐 하고 있어요?
　나: 인형에게 옷을 <u>입히고</u> 있어요.
• 여행에서 찍은 사진 좀 <u>보여</u> 주세요.
• 다른 사람에게 제 소식을 <u>알리지</u> 마세요.
• 나는 할머니께 신발을 <u>신겨</u> 드렸다.

-이-	먹이다, 끓이다, 녹이다, 속이다, 죽이다, 보이다, 높이다
-하-	입히다, 눕히다, 앉히다, 익히다, 읽히다, 잡히다, 넓히다
-리-	살리다, 돌리다, 얼리다, 울리다, 알리다, 말리다, 놀리다
-가-	신기다, 맡기다, 씻기다, 벗기다, 감기다, 빗기다, 웃기다, 숨기다
-우-	태우다, 재우다, 깨우다, 세우다, 씌우다, 키우다, 채우다
-추-	맞추다, 늦추다

문법 1 (사동①)

1 도입, 제시

1. 도입 그림과 대화를 통해 문법이 사용되는 상황을 인지시킨다.

🎙 지금 두 사람이 무엇을 하고 있어요? 아이가 혼자 밥을 먹고 있어요?

2. 교재의 대표 예문을 보면서 문법의 의미를 설명한다.

🎙 이링 씨가 아이가 채소를 안 먹어서 걱정이라고 했어요. 그러니까 안젤라 씨가 "그래서 저는 채소로 볶음밥을 만들어서 아이한테 먹여요."라고 했어요. 이렇게 다른 사람에게 어떤 행동을 시킬 때 사동사를 사용해요.

3. 학생들과 교재의 예문들을 읽으면서 문법의 의미를 설명하고 이해시킨다.

4. 문법의 형태 정보를 제시하고 설명한다.

5. 추가 예문을 제시하고 문법의 의미와 사용법을 정확하게 이해시킨다.

2 연습 1

1. 단어장의 새 어휘를 설명한다.

2. 〈보기〉의 대화를 교사와 함께 완성해 보도록 한다.

3. 나머지 문제를 〈보기〉의 대화처럼 짝과 완성하도록 한다.

4. 연습한 것을 발표하게 하거나 교사가 전체 학생 대상으로 답하게 하여 확인한다. 그리고 오류가 있으면 수정해 준다.

3 연습 2

1. 아이와 함께 공원에 나갈 때 무엇을 준비해야 하는지 묻고 대답하면서 '사동사'를 활용하여 자신의 이야기를 하도록 한다.

2. 친구와 대화한 것을 발표하게 하고 오류가 있으면 수정해 준다.

익힘책 68-69쪽을 풀게 하거나 과제로 제시한다. 익힘책은 연습 활동 난이도에 따라 교재 연습 문제 전후로 활용한다.

◀ **사동②**

사람이나 사물이 어떤 작용이나 행동을 하도록 할 때 사용한다.
주동사에 '-이-, -히-, -리-, -기-, -우-, -추-'를 붙여 사동사를 만든다.
'N이/가 N을/를 + 사동사'의 문장 형태로 많이 사용한다.

◀

- 가: 지금 뭐 하고 있어요?
  나: 청소하고 있어요. 쓰레기통을 <u>비우는</u> 중이에요.

- 오빠가 동생을 <u>울렸다</u>.

- 아침마다 딸을 <u>깨우는</u> 일이 제일 힘들어요.

- 시험이 끝난 후에 친구와 정답을 <u>맞춰</u> 봤다.

-이-	먹이다, 끓이다, 녹이다, 속이다, 죽이다, 보이다, 높이다
-히-	입히다, 눕히다, 앉히다, 익히다, 읽히다, 잡히다, 넓히다
-리-	살리다, 돌리다, 얼리다, 울리다, 알리다, 말리다, 놀리다
-기-	신기다, 맡기다, 씻기다, 벗기다, 감기다, 빗기다, 웃기다, 숨기다
-우-	태우다, 재우다, 깨우다, 세우다, 씌우다, 키우다, 채우다
-추-	맞추다, 늦추다

2 사동② 사람이나 사물이 어떤 작용이나 행동을 하게 힘을 나타낸다.

라 민: 지금 차를 마시려고 하는데 같이 마실래요??
아나이스: 그럼 제가 물을 끓일게요.

100 사회통합프로그램(KIIP) 한국어와 한국문화 중급 1

문법 2 (사동②)

1 도입, 제시

1. 도입 그림과 대화를 통해 문법이 사용되는 상황을 인지시킨다.

🎙 두 사람이 무엇을 하려고 하는 것 같아요? 차를 마시려면 먼저 무엇을 해야 해요?

2. 교재의 대표 예문을 보면서 문법의 의미를 설명한다.

🎙 라민 씨가 아나이스 씨에게 같이 차를 마실 거냐고 물어봤어요. 그러니까 아나이스 씨가 "그럼 제가 물을 끓일게요."라고 말했어요. 주어가 사람이나 사물의 상태를 달라지게 만들 때 사동사를 사용해요.

3. 단어장의 새 어휘를 설명한다.

4. 학생들과 교재의 예문들을 읽으면서 문법의 의미를 설명하고 이해시킨다.

5. 문법의 형태 정보를 제시하고 설명한다.

6. 추가 예문을 제시하고 문법의 의미와 사용법을 정확하게 이해시킨다.

2 연습 1

1. 〈보기〉의 대화를 교사와 함께 완성해 보도록 한다.

2. 나머지 문제를 〈보기〉의 대화처럼 짝과 완성하도록 한다.

3. 연습한 것을 발표하게 하거나 교사가 전체 학생 대상으로 답하게 하여 확인한다. 그리고 오류가 있으면 수정해 준다.

3 연습 2

1. 문제에 제시된 상황에서 다른 사람에게 어떻게 이야기할 것인지 묻고 대답하면서 사동사를 활용하여 자신의 이야기를 하도록 한다.

2. 친구와 대화한 것을 발표하게 하고 오류가 있으면 수정해 준다.

익힘책 70쪽을 풀게 하거나 과제로 제시한다. 익힘책은 연습 활동 난이도에 따라 교재 연습 문제 전후로 활용한다.

1. 고천 씨가 후엔 씨에게 죽 끓이는 방법에 대해 이야기합니다. 다음 대화처럼 이야기해 보세요.

후엔: 제가 요즘 속이 좋지 않아 밥을 못 먹는데 어떤 음식을 만들어 먹으면 좋을까요?

고천: 소화가 잘 되는 야채죽은 어때요? 요리하기도 아주 쉬워요.

후엔: 어떻게 만들어요? 좀 가르쳐 주세요.

고천: 먼저 밥에 물을 넣고 끓인 다음 채소를 썰어 넣고 끓여요.

후엔: 얼마나요?

고천: 큰 채소가 익을 때까지 끓이면 돼요. 오래 걸리지 않아요. 간단해요.

후엔: 우와! 생각보다 어렵지 않네요. 집에서 만들어 먹어야겠어요.

고천: 그래요. 만들다가 모르는 게 있으면 언제든지 저한테 물어보세요.

1) 야채죽 | 밥에 물을 넣고 끓인 다음 채소를 썰어 넣고 끓이다 | 익을 때까지 끓이다

2) 양배추주스 | 양배추, 브로콜리, 당근을 씻어 삶은 다음 믹서기에 넣고 갈다 | 없어질 때까지 갈다

• '동-기가 형'은 어떤 행동에 대한 자신의 생각을 나타내는 표현이다.

예 • 아침에 일찍 일어나기가 힘들어요.

• 도서관에서 책을 빌리기가 쉬워요.

• 한국 사람과 이야기하기가 어려워요.

2. 아기나 환자에게 음식을 만들어 주려고 합니다. 친구와 함께 요리 방법을 이야기해 보세요. 그리고 여러분 고향에서의 요리 방법도 이야기해 보세요.

음식	요리 방법
아기 이유식	1)
고기 이유식, 채소 이유식…	2)
환자 음식	3)
죽…	4)

단어장
죽
익다
믹서기
환자
이유식

8과 음식과 요리 **101**

요리 방법 말하기

1 대화문 연습

1. 할 줄 아는 요리에 대해 이야기하며 교재의 그림을 이용해 어떤 상황인지 추측해 보도록 한다.

🎤 이 두 사람은 무슨 이야기를 하고 있는 것 같아요?
두 사람은 어떤 음식에 대해 이야기를 하는 것 같아요?

2. 지시문을 이용하여 대화 상황을 학생들에게 명확하게 알려 준다.

3. 단어장의 새 어휘를 설명한다.

4. 대화를 들려주고 간단한 질문을 하여 대화 내용을 이해했는지 확인한다.

🎤 후엔 씨는 요즘 왜 밥을 못 먹어요?
고천 씨가 왜 야채죽을 추천했어요?
야채죽은 어떻게 만들어요?

5. 교사와 함께 대화문을 읽으면서 자연스럽게 말하는 연습을 한다. 두 번 정도 반복해서 연습한다.

6. 교체 어휘를 활용하여 짝과 함께 연습하게 한다.

7. 연습이 끝나면 한두 팀을 발표시키거나 교사가 전체 학생을 대상으로 확인한다.

2 확장 연습

1. 아기나 환자에게 만들어 줄 음식의 요리 방법에 대해 말하기를 한다고 알려 준다.

2. 짝과 같이 아기나 환자에게 주면 좋은 음식과 그 음식의 요리 방법에 대해 이야기하게 한다. 대화를 할 때는 다음과 같은 내용을 포함하여 말하도록 지도한다.

🎤 아기나 환자에게 만들어 주면 좋은 음식이 무엇인지, 왜 그 음식이 아기나 환자에게 좋은지, 그 음식을 만들려면 어떤 재료가 필요한지, 어떻게 만드는지 이야기해 보세요.

3. 이야기가 끝나면 한두 팀을 발표시키거나 교사가 전체 학생을 대상으로 확인하고 오류를 수정해 준다.

8과 음식과 요리 **99**

후 엔(여): 제이슨 씨, 어제 회식은 어디에서 했어요?

제이슨(남): 우리 회사 앞에 새로 생긴 고기 뷔페에서 했어요.

후 엔(여): 고기 뷔페요? 한 번도 안 가 봤는데 뷔페면 다양한 고기를 다 먹어 볼 수 있겠네요.

제이슨(남): 네, 돼지고기, 소고기 말고도 고기 종류가 정말 많았어요. 떡볶이, 볶음밥, 과일 같은 음식도 있었고요.

후 엔(여): 우와! 저도 고기를 좋아하는데 가 보고 싶네요. 저는 간장 양념된 고기를 좋아하거든요.

제이슨(남): 다음에 우리 반 회식할 때 거기 갈까요? 제가 고추장, 된장, 다진 마늘, 고춧가루로 맛있는 소스를 만들어 줄게요.

후 엔(여): 생각만 해도 군침이 도네요.

---

1. 여러분이 자주 가는 식당은 어디입니까? 그 식당에는 어떤 음식이 있습니까?

뷔페 / 한정식집

중국집 / 분식집

2. 후엔 씨와 제이슨 씨가 이야기합니다. 잘 듣고 질문에 답해 보세요.

1) 제이슨 씨가 어제 간 식당은 어디입니까? 고기 뷔페식당입니다.

2) 제이슨 씨가 만드는 소스에는 어떤 양념이 필요합니까? 고추장, 된장, 다진 마늘, 고춧가루가 필요합니다.

3) 들은 내용과 같으면 ○, 다르면 X 하세요.

❶ 후엔 씨는 간장 양념 고기를 좋아한다. (○)
❷ 후엔 씨는 요즘 이 식당에 자주 간다. (X)
❸ 이 식당은 고기만 있어서 다른 음식을 먹을 수 없다. (X)

단어장
뷔페
군침이 돌다

발음

ㄲ + ㅏ / ㄹ + ㅡ

볶아요[보까요]
볶음밥을[보끔바블]
껍질은[껍찌른]

다음을 듣고 따라 읽으세요.

1) 감자하고 당근을 볶아요.

2) 가: 오늘 저녁에는 뭐 먹어요?
   나: 쇠고기 볶음밥을 만들어 볼게요.

3) 가: 양파 껍질은 한 개만 벗기면 될까요?
   나: 네, 한 개만 벗기면 돼요.

식당 소개 대화 듣기

1. 지시문을 이용하여 들을 내용과 관련있는 이야기를 나눈다.

🎤 여러분이 자주 가는 식당은 어디예요?
그 식당에는 어떤 음식이 있어요?

2. 문제를 읽고 들어야 하는 정보를 파악하게 한다.

🎤 제이슨 씨는 어제 무슨 식당에 갔어요?
제이슨 씨는 어떤 양념으로 소스를 만들었어요?
후엔 씨는 간장 양념 고기를 좋아해요?

3. 듣기 파일을 두 번 듣고 문제를 풀게 한다.

4. 교재 질문의 답을 확인한 후 해당 대화를 같이 읽으며 내용을 확인한다. 필요한 경우 새로운 어휘, 표현을 설명한다.

발음

1. 교재 1번 발음을 들려주고 '볶아요', '볶음밥을', '껍질은'의 발음이 어떻게 들리는지 학습자 스스로 확인해 보도록 한다.

2. 받침 뒤에 모음이 오면 받침과 모음이 같이 발음된다는 것을 알려 준다.

🎤 받침 뒤에 모음이 오면 받침이 뒤의 모음과 같이 발음돼요.

3. 교재에 제시된 발음을 따라해 보도록 한다.

4. 교재에 제시된 문장의 발음을 따라해 보도록 한다.

5. 교재 문장을 읽으며 연습하게 한 후에 확인한다.

• 연음 법칙

홑받침이나 쌍받침이 모음으로 시작되는 조사나 어미, 접미사와 결합되는 경우에는 제 음가대로 뒤 음절 첫소리로 옮겨 발음한다.

예 옷이[오시], 꽃을[꼬츨], 깎아[까까], 있어[이써]

1. 다음 그림을 보고 요리 방법에 대해 이야기해 보세요.

뿌리다	소스를 뿌리다	후추를 뿌리다	깨를 뿌리다
썰다	채를 썰다	얇게 썰다	깍둑썰다
절이다	양념에 절이다	소금에 절이다	식초에 절이다
담다	통에 담다	접시에 담다	그릇에 담다
맞추다	간을 맞추다	양을 맞추다	시간을 맞추다

- **채를 썰다:** 야채나 과일을 가늘고 길게 썰어요.
- **깍둑썰다:** 무나 다른 야채를 깍두기처럼 네모 모양으로 썰어요.
- **절이다:** 음식 재료에 소금이나 식초, 양념을 넣어서 맛을 내요.
- **담다:** 음식을 그릇이나 통에 넣어요.
- **간을 맞추다:** 음식의 맛이 짜지도 않고 싱겁지도 않게 하는 것이에요.

- **부침 가루:** 전과 같은 부침 요리를 만들 때 쓰이는 가루예요.
- **부치다:** 프라이팬에 기름을 바르고 음식을 익혀요.

---

2. 다음은 김치로 만들 수 있는 요리입니다. 요리 이름과 요리 방법을 이야기해 보세요.

이것은
무엇일까요?

재료
김치, 양파, 참기름,
설탕, 부침 가루

방법
❶ 김치와 양파는 얇게 썰어 준비하세요.
❷ 준비된 재료의 양에 맞춰 부침 가루
2컵에 물 1컵을 넣어 잘 섞어 주세요.
❸ 프라이팬에 부치고 접시에 예쁘게
담으세요.

재료
고추장, 사과 식초,
다진 마늘, 참기름,
고춧가루, 비빔국수면

방법
❶ 국수를 4분 정도 삶고 물을 빼세요.
❷ 국수에 상추, 깻잎을 채 썰어 넣고 양념 재료를
넣고 비비세요.
❸ 완성되면 그릇에 담고 삶은 계란을 잘라 위에
놓으세요.

요리 방법 설명하기

1. 1번 그림을 보며 자주 사용하는 요리 방법에 대해 이야기하게 한다.

   🎙 여러분은 요리할 때 어떤 방법을 자주 사용해요?
   요리할 때 어떤 양념을 자주 사용해요?

2. 1번의 어휘를 읽으면서 의미와 발음을 확인한다.

3. 배운 어휘를 활용하여 자주 사용하는 요리 방법에 대해 다시 이야기 하게 한다.

4. 2번 자료를 보며 주요 정보를 파악하게 한다.

   🎙 이 음식은 무엇일까요?
   무엇을 설명하는 글이에요?

5. 요리 방법을 읽으면서 새 어휘를 확인한다. 필요한 경우 보충 설명을 덧붙인다.

• **두르다:** 프라이팬 전체에 기름을 조금 부어요.

• **완성되다:** 하는 일이 다 끝났어요. 음식이 다 만들어졌어요.

• **올리다:** 물건을 다른 것 위에 놓아요.

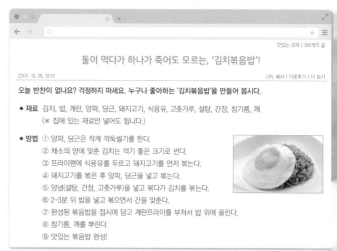

3. 다음은 '김치볶음밥'을 만드는 방법에 대한 글입니다. 잘 읽고 질문에 답해 보세요.

맛있는 요리 | 583개의 글

둘이 먹다가 하나가 죽어도 모르는, '김치볶음밥'!

20XX. 10. 20. 12:01   URL 복사 | 이웃추가 | 더 보기

오늘 반찬이 없나요? 걱정하지 마세요. 누구나 좋아하는 '김치볶음밥'을 만들어 봅시다.

◆ **재료** 김치, 밥, 계란, 양파, 당근, 돼지고기, 식용유, 고춧가루, 설탕, 간장, 참기름, 깨
(※ 집에 있는 재료만 넣어도 됩니다.)

◆ **방법** ① 양파, 당근은 작게 깍둑썰기를 한다.
② 채소의 양에 맞춘 김치는 먹기 좋은 크기로 썬다.
③ 프라이팬에 식용유를 두르고 돼지고기를 먼저 볶는다.
④ 돼지고기를 볶은 후 양파, 당근을 넣고 볶는다.
⑤ 양념(설탕, 간장, 고춧가루)을 넣고 볶다가 김치를 볶는다.
⑥ 2~3분 뒤 밥을 넣고 볶으면서 간을 맞춘다.
⑦ 완성된 볶음밥을 접시에 담고 계란프라이를 부쳐서 밥 위에 올린다.
⑧ 참기름, 깨를 뿌린다.
⑨ 맛있는 볶음밥 완성!

1) '김치볶음밥' 요리 방법 순서대로 번호를 써 보세요.

2) '정말 맛있다'라는 말을 어떻게 표현합니까? **둘이 먹다가 하나가 죽어도 모른다.**

3) 다음 사람 중 요리 방법을 잘 이해한 사람을 찾아보세요.
   ❶ 제이슨: 재료는 모두 채를 썬다.
   ❷ 라 민: 볶음밥은 냄비에 해야 한다.
   ❸ 이 링: 모든 재료는 꼭 있어야 한다.
   ❹ 라흐만: 재료를 볶은 후에 밥을 넣고 볶는다.

단어장
둘이 먹다가 하나가 죽어도 모르다
식용유를 두르다

요리 방법 설명문 읽기

1. 그림과 글 제목을 보며 글의 내용을 유추하게 한다.

🎤 어떤 음식에 대해 이야기하고 있어요?
무엇에 대해 설명하는 글 같아요?

2. 글을 훑어 읽게 한 후 주제, 중심 내용 등을 간단히 말해 보도록 한다.

🎤 김치볶음밥을 만들 때 무엇이 필요해요?
양파와 당근은 어떻게 썰어야 해요?
어떤 재료를 제일 먼저 볶아요?
볶음밥을 완성한 후에 어떻게 해요?
볶음밥 위에 무엇을 뿌려요?

3. 글을 다시 읽으면서 문제를 풀게 한다.

4. 답을 같이 확인한 후, 본문을 다시 읽으며 모르는 어휘가 없는지 확인한다. 필요한 경우 새로운 어휘, 표현을 설명한다.

1. 여러분이 좋아하는 고향 음식이 있습니까? 어떻게 만들 수 있습니까?

❶ 음식 이름

❷ 재료

❸ 요리 방법

2. 여러분이 좋아하는 고향 음식의 요리 방법을 써 보세요.

내가 좋아하는 고향 음식 레시피

고향 음식 요리 방법 쓰기

1. 어떤 글을 쓸지 알려 주고 글에 들어갈 내용을 생각해 보게 한다.

🎤 오늘은 여러분이 좋아하는 고향 음식의 요리 방법을 쓸 거예요. 요리 방법을 설명하는 글을 쓸 때는 무슨 내용이 있어야 해요?

2. 교재 질문에 대해 자신이 쓸 내용을 간단히 메모하도록 한다. 교사는 학생들이 쓴 메모에 오류가 없는지 확인해 준다.

3. 메모한 내용을 바탕으로 글을 완성하게 한다.

문화와 정보

식품의 유통 기한

'유통 기한'은 판매자가 식품 등의 제품을 소비자에게 팔 수 있는 날짜를 말한다. 이 날짜가 지나면 상하지 않은 제품도 더 이상 판매할 수 없다. 이러한 유통 기한은 년, 월, 일로 표시하는데 식품에 따라서는 시간까지 표시를 하기도 한다.

그런데 최근에는 제품에 '유통 기한'과 함께 '소비 기한'을 표시하기도 한다. '소비 기한'은 유통 기한이 지나도 일정 기간 이후까지 우리가 음식을 먹을 수 있는 날짜를 말한다. 소비 기한은 제품에 따라서 18개월 이상도 가능하기 때문에 보관 방법을 잘 지킨다면 유통 기한이 지난 음식을 아깝게 버리는 일을 줄일 수 있다. 다만 올바른 방법으로 보관하지 않으면 유통 기한 이내에도 식품은 변할 수 있다는 사실을 꼭 기억해야 한다.

1) '유통 기한'은 무엇을 말합니까?
2) 식품 보관 방법을 잘 지켜야 하는 이유는 무엇입니까?
3) 여러분 고향에서는 식품의 유통 기한이 어떻게 표시됩니까?

식품의 유통 기한

1. 이 단원의 문화와 정보가 무엇에 대한 것인지 알려 준다.

   🎙 우유는 보통 며칠 동안 먹을 수 있을까요? 여러분은 양념이나 음식 재료들을 어떻게 보관해요? 오늘은 '식품의 유통 기한'에 대해 알아봅시다.

2. 교재의 사진을 보면서 주제에 대해 알고 있는 것을 상기시키고 말해 보게 한다. 이때 관련 시각 자료를 추가로 활용할 수 있다.

   🎙 이 사람이 지금 무엇을 확인하고 있어요?
   우유가 언제 만들어졌어요?
   마트에서 언제까지 이 우유를 팔 수 있어요?

3. 교재를 같이 읽으면서 내용을 설명한다. 이때 중요한 정보가 있는 부분에 밑줄을 긋거나 표시하게 하는 것도 좋다.

4. 질문 1, 2의 답을 찾아보고 답하게 한다.

   🎙 '유통 기한'은 무엇을 의미해요?
   식품 보관 방법을 잘 지켜야 하는 이유는 뭐예요?

5. 3번 질문을 이용하여 학습자 자신의 경험을 말해 보도록 한다.

🎙 여러분 고향에서는 식품의 유통 기한을 어떻게 표시해요?

대표적인 식품의 유통 기한

식품	유통 기한
우유	10일
요거트	14일
계란	20일
식빵	3일
라면	6개월
치즈	6개월
두부	14일
커피	11주
냉동식품	9개월
고추장	1~3년

자료 출처 식품의약품안전처

배운 어휘 확인

- 고추장
- 간장
- 된장
- 참기름
- 식초
- 고춧가루
- 깨
- 후추
- 당근을 씻다
- 양파 껍질을 벗기다
- 감자를 칼로 썰다
- 마늘을 다지다
- 물을 끓이다
- 기름에 튀기다
- 만두를 찌다
- 계란을 삶다
- 밥을 볶다
- 나물을 무치다
- 고기를 굽다
- 시금치를 데치다
- 토끼
- 유모차
- 냉동실

- 죽
- 익다
- 믹서기
- 환자
- 이유식
- 뷔페
- 군침이 돌다
- 뿌리다
- 채를 썰다
- 얇게 썰다
- 깍둑썰다
- 절이다
- 담다
- 간을 맞추다
- 양을 맞추다
- 시간을 맞추다
- 부침 가루
- 부치다
- 둘이 먹다가 하나가 죽어도 모르다
- 식용유를 두르다

- 이 단원에서 배운 어휘 중 기억나는 것을 말해 보세요.
- 이 단원에서 배운 문법은 뭐예요? 어떻게 사용해요?
- 여러분이 자주 먹는 음식은 어떻게 요리된 음식이에요?
- 자주 가는 식당이나 아는 맛집이 있어요?
- 유통 기한과 소비 기한은 각각 무엇을 나타내요?

마무리

1. '배운 어휘 확인' 목록을 읽으면서 이해한 단어에 ☑해 보도록 한다.
2. 배운 어휘 목록의 어휘들을 읽으면서 의미를 상기시킨다.
3. 단원에서 학습한 문법(사동①, 사동②)을 상기시키며 의미와 사용법을 기억하는지 확인한다.
4. 단원의 목표와 성취도를 확인한다.
5. 익힘책을 과제로 제시하며 다음 단원의 주제 '9과 고장과 수리'를 예고하면서 마무리한다.

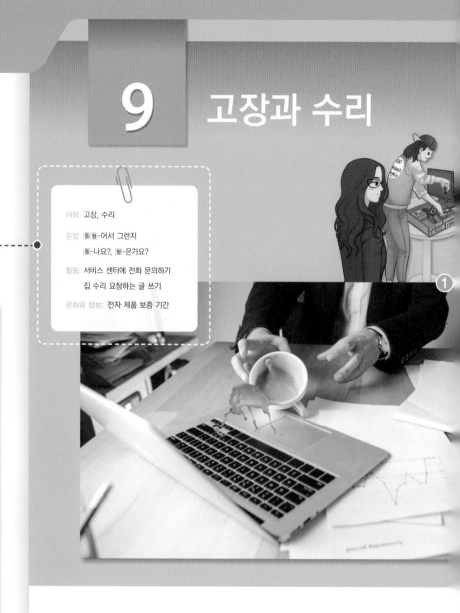

9 고장과 수리

어휘: 고장, 수리

문법: 통 형 -어서 그런지
　　통 -나요?, 형 -은가요?

활동: 서비스 센터에 전화 문의하기
　　집 수리 요청하는 글 쓰기

문화와 정보: 전자 제품 보증 기간

수업 목표 및 내용

• **주제:** 고장과 수리

• **어휘와 문법**

– 어휘: 고장, 수리

– 문법: '통 형 -어서 그런지', '통 -나요?,
　　형 -은가요?'의 의미와 형태를 익혀 사용할
　　수 있다.

• **활동**

– 말하기: 서비스 센터에 전화하여 전자 제품의
　　　　문제점을 문의할 수 있다.

– 듣기: 휴대 전화 수리에 대해 문의하는 대화를
　　　듣고 이해할 수 있다.

– 읽기: 인터넷 게시판의 질문과 답변 글을 읽고
　　　이해할 수 있다.

– 쓰기: 집수리를 요청하는 글을 쓸 수 있다.

• **문화와 정보:** 전자 제품 보증 기간

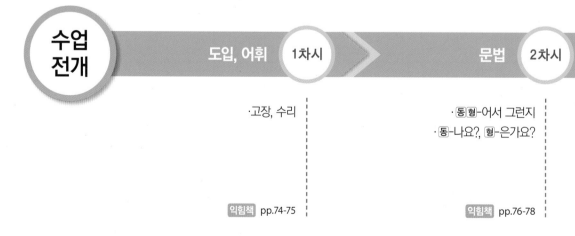

수업 전개	도입, 어휘	**1차시**	문법	**2차시**
		·고장, 수리		·통 형 -어서 그런지 ·통 -나요?, 형 -은가요?
		익힘책 pp.74-75		익힘책 pp.76-78

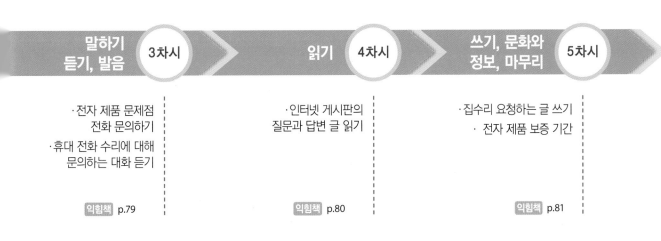

・무슨 문제가 생긴 것 같아요?
・여러분은 이런 문제가 생기면 어떻게 해요?

도입

1. 교재 그림을 이용하여 학생들과 이야기하며 이 과의
   주제를 노출한다.

   그림❶ 🎤 노트북에 무슨 문제가 생겼어요? 노트북을
   계속 사용하려면 어떻게 해야 할까요?

   그림❷ 🎤 휴대 전화가 어떻게 됐어요?
   계속 사용할 수 있을까요?

   그림❸ 🎤 세면대와 변기에 무슨 문제가 있어요?
   여러분은 이런 일이 있을 때 어떻게
   해결했어요?

2. 대화 내용을 정리하며 이 단원에서는 '고장과 수리'에
   대해 공부한다는 것을 알려 준다.

이 단원을 지도할 때는…

학습자들의 경험을 바탕으로 도입하고 배경
지식을 활성화시켜 주시면 좋을 것 같습니다.

말하기 듣기, 발음 ⟩ 3차시	읽기 ⟩ 4차시	쓰기, 문화와 정보, 마무리 ⟩ 5차시
・전자 제품 문제점 전화 문의하기 ・휴대 전화 수리에 대해 문의하는 대화 듣기	・인터넷 게시판의 질문과 답변 글 읽기	・집수리 요청하는 글 쓰기 ・전자 제품 보증 기간
익힘책 p.79	익힘책 p.80	익힘책 p.81

- **하수구가 막혔어요/변기가 막혔어요:** 하수구나 변기에 문제가 있어서 사용한 물이 안 내려가요.
- **물이 새요:** 벽이나 천장으로 물이 조금씩 들어와요.
- **전등이 나갔어요:** 불을 켰는데 전등에 문제가 있어서 불이 안 켜져요.
- **문이 잠겼어요:** 문을 열 수 없어요. 열쇠가 필요해요.
- **가스불이 안 들어와요:** 요리를 해야 하는데 가스불이 안 들어와요. 그래서 요리를 할 수 없어요.
- **냉동이 안 돼요:** 냉동이 안 돼서 냉동실의 음식이 다 녹았어요.
- **액정이 깨졌어요:** 휴대 전화를 떨어뜨렸어요. 그래서 액정이 깨졌어요.
- **부팅이 안 돼요:** 컴퓨터나 노트북을 켰는데 시작 화면이 안 나와요.
- **전원이 안 켜져요:** 전원(power) 버튼을 눌렀는데 화면도 안 나오고 소리도 안 나요.

- **고장이 나다:** 기계에 문제가 생겨서 제대로 작동이 안 돼요.
- **서비스 센터에 문의하다:** 전자 제품이 고장 나면 서비스 센터에 연락해서 이것저것 정보를 물어요.
- **출장 서비스를 신청하다:** 직원이 문제가 생긴 곳이나 고장 난 제품이 있는 곳으로 직접 와서 제품을 봐 줘야 해요. 텔레비전이나 냉장고가 고장이 나면 출장 서비스를 신청해요.
- **서비스 센터에 방문하다:** 휴대 전화나 노트북이 고장 나면 직접 서비스 센터에 방문해요.
- **고치다/수리하다:** 고장 난 것을 해결해요.
- **수리 비용을 내다:** 제품을 수리하고 돈을 내요.
- **무상 수리를 받다:** 수리 비용을 내지 않아요.

1. 어떤 고장이 났는지 이야기해 보세요.

하수구가 막혔어요 / 변기가 막혔어요 / 물이 안 나와요 / 물이 새요

전등이 나갔어요 / 문이 잠겼어요 / 가스불이 안 들어와요 / 냉동이 안 돼요

와이파이 연결이 안 돼요 / 액정이 깨졌어요 / 부팅이 안 돼요 / 전원이 안 켜져요

2. 전자 제품이 고장 나면 어떻게 해요?

고장이 나다 → 서비스 센터에 문의하다 / 출장 서비스를 신청하다 / 서비스 센터에 방문하다 → 고치다 / 수리하다 → 수리 비용을 내다 / 무상 수리를 받다

어휘 (고장, 수리)

1 도입, 제시

1. 삽화를 보며 어떤 문제가 있는지, 어떤 고장이 났는지 물으며 오늘 배우는 어휘는 고장, 수리와 관련된 표현임을 알려 준다.

🎤 여러분의 집이나 여러분이 갖고 있는 전자 제품에 문제가 생긴 적이 있어요? 어떤 문제가 생겼어요? 그때 어떻게 했어요? 오늘은 고장과 수리에 대해 공부해요.

2. 교사를 따라 어휘를 소리 내어 한 번 읽도록 한다. 이때 발음에 주의하게 한다.

3. 어휘의 의미를 설명한다. 어휘가 사용된 문장을 예로 제시하거나 의미를 풀어서 설명해 준다. 상황에 따라 유의어나 반의어 등을 추가로 설명할 수 있다.

4. 배운 어휘를 소리 내어 읽도록 한다.

2 연습

1. 배운 어휘를 사용하여 문장을 만들어 보는 연습을 먼저 한다.

2. 연습한 문장을 이용하여 고장, 수리와 관련된 자신의 경험에 대해 짝과 대화하게 한다.

3. 학생들끼리 이야기한 것을 교사가 정리해 주며 같이 이야기한다.

🎤 여러분의 집에 고장 난 것이 있어요?
또 전자 제품이 고장 난 경험이 있어요?
고장이 났을 때 어떻게 했어요?

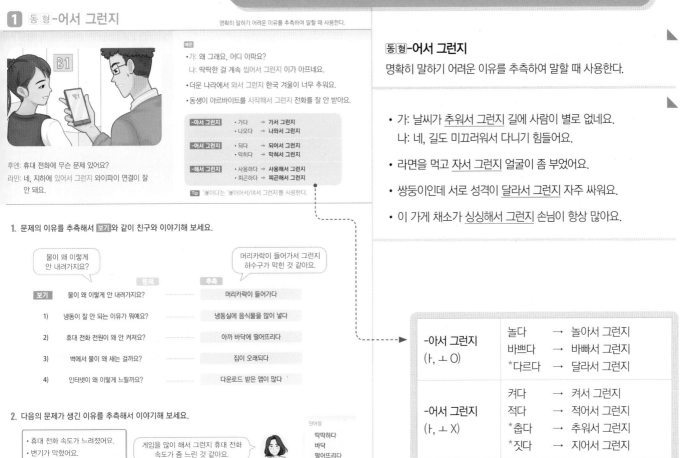

문법 1 (동 형-어서 그런지)

1 도입, 제시

1. 도입 그림과 대화를 통해 문법이 사용되는 상황을 인지시킨다.

   🎙 라민 씨 휴대 전화에 문제가 있는 것 같아요. 무슨 문제가 있는 것 같아요? 왜 그런 것 같아요?

2. 교재의 대표 예문을 보면서 문법의 의미를 설명한다.

   🎙 후엔 씨가 라민 씨에게 "휴대 전화에 무슨 문제가 있어요?" 질문했는데 라민 씨가 뭐라고 답했어요? 와이파이 연결이 잘 안 되는 이유를 추측해서 말했어요. 확실하게 말하기 어려운 이유를 추측해서 말할 때 '-어서 그런지'를 사용해요.

3. 학생들과 교재의 예문들을 읽으면서 문법의 의미를 설명하고 이해 시킨다.

4. 문법의 형태 정보를 제시하고 설명한다.

5. 추가 예문을 제시하고 문법의 의미와 사용법을 정확하게 이해시킨다.

2 연습 1

1. 〈보기〉의 대화를 교사와 함께 완성해 본다.

2. 나머지 문제를 〈보기〉의 대화처럼 짝과 완성하도록 한다.

3. 연습한 것을 발표하게 하거나 교사가 전체 학생 대상으로 답하게 하여 확인한다. 그리고 오류가 있으면 수정해 준다.

3 연습 2

1. 교재에 제시된 세 가지의 문제점을 보고, 문제가 생긴 이유를 추측해서 이야기해 보도록 한다. '-어서 그런지'를 활용하여 짝과 대화하도록 한다.

2. 친구와 대화한 것을 발표하게 하고 오류가 있으면 수정해 준다.

3. 필요한 경우 단어장의 어휘 의미를 설명한다.

   익힘책 76-77쪽을 풀게 하거나 과제로 제시한다. 익힘책은 연습 활동 난이도에 따라 교재 연습 문제 전후로 활용한다.

◀ 동-나요? 형-은가요?

격식을 차리지 않아도 되는 환경이거나 친한 사이에서 상대방에게 질문할 때 사용한다. 부드럽고 친절한 느낌을 주며 주로 구어에서 사용한다.

◀
- 가: 단계 평가를 언제 보나요?
  나: 11월 30일에 봐요.
- 구내식당은 몇 시에 문을 여나요?
- 한국어 문법이 많이 어려운가요?
- 서비스 센터 직원은 항상 바쁜가요?

-나요? (동사 받침 O, X)	모이다 → 모이나요? 먹다 → 먹나요? *만들다→ 만드나요?
-은가요? (형용사 받침 O)	넓다 → 넓은가요? 작다 → 작은가요? *덥다 → 더운가요?
-ㄴ가요? (형용사 받침 X, ㄹ 받침)	바쁘다 → 바쁜가요? 착하다 → 착한가요?

문법 2 (동-나요?, 형-은가요?)

1 도입, 제시

1. 도입 그림과 대화를 통해 문법이 사용되는 상황을 인지시킨다.

🎤 이링 씨가 동료에게 뭘 물어보는 것 같아요?

2. 교재의 대표 예문을 보면서 문법의 의미를 설명한다.

🎤 이링 씨 노트북이 고장 났어요. 서비스 센터에 예약을 해야 되는지 동료에게 물을 때 어떻게 물었어요?
어렵지 않은 사이, 가까운 사이의 상대방에게 질문할 때 '-나요?, -은가요?'를 사용해요.

3. 학생들과 교재의 예문들을 읽으면서 문법의 의미를 설명하고 이해시킨다.

4. 문법의 형태 정보를 제시하고 설명한다.

5. 추가 예문을 제시하고 문법의 의미와 사용법을 정확하게 이해시킨다.

2 연습 1

1. 〈보기〉의 대화를 교사와 함께 완성해 본다.

2. 나머지 문제를 〈보기〉의 대화처럼 짝과 완성하도록 한다.

3. 연습한 것을 발표하게 하거나 교사가 전체 학생 대상으로 답하게 하여 확인한다. 그리고 오류가 있으면 수정해 준다.

3 연습 2

1. 친구들에게 궁금한 것이 있는지 '-나요?, -은가요?'를 활용하여 묻고 대답하도록 한다.

2. 친구와 대화한 것을 발표하게 하고 오류가 있으면 수정해 준다.

3. 필요한 경우 단어장의 어휘 의미를 설명한다.

익힘책 77~78쪽을 풀게 하거나 과제로 제시한다. 익힘책은 연습 활동 난이도에 따라 교재 연습 문제 전후로 활용한다.

1. 아나이스 씨가 서비스 센터 직원과 이야기합니다. 다음 대화처럼 이야기해 보세요.

아나이스: 노트북에 문제가 있어서 서비스 문의 좀 드리려고 하는데요.

직　원: 네, 고객님. 어떤 문제가 있는지 말씀해 주시겠어요?

아나이스: 어제부터 전원이 안 켜지는데 어떻게 해야 되나요?

직　원: 갑자기 문제가 생긴 건가요? 혹시 다른 문제는 없으셨어요?

아나이스: 며칠 전부터 속도가 좀 느려졌어요.

직　원: 고객님, 가까운 서비스 센터에 방문하셔서 점검을 받아 보셔야 할 것 같습니다.

아나이스: 아, 그래요? 그럼 예약 좀 부탁드려요.

1) 어제부터 전원이 안 켜지다 ｜ 가까운 서비스 센터에 방문하다

2) 갑자기 부팅이 안 되다 ｜ 출장 서비스를 신청하다

2. 텔레비전과 냉장고가 고장 났습니다. 손님과 서비스 센터의 상담 직원이 되어 대화해 보세요.

손님
• 텔레비전 전원이 안 켜지다
• 냉동이 잘 안 되다

서비스 센터 직원
• 출장 서비스를 신청하다
• 냉동실 온도를 먼저 확인하다

9과 고장과 수리　123

전자 제품 문제점 전화 문의하기

1 대화문 연습

1. 노트북이나 컴퓨터가 고장 났을 때 서비스 센터에 연락해서 어떻게 문의하는지, 직원은 고객에게 무슨 안내를 하는지 이야기하며 교재의 그림을 이용해 어떤 상황인지 추측해 보도록 한다.

🎤 노트북이나 컴퓨터가 고장 난 적이 있어요? 그럴 때 서비스 센터에 연락해서 어떻게 문의해요? 직원은 고객에게 무슨 안내를 해 줘요? 아나이스 씨의 노트북에는 어떤 문제가 생긴 것 같아요?

2. 지시문을 이용하여 대화 상황을 학생들에게 명확하게 알려 준다.

3. 대화를 들려주고 간단한 질문을 하여 대화 내용을 이해했는지 확인한다.

🎤 아나이스 씨는 왜 서비스 센터에 전화했어요? 노트북에 또 다른 문제도 있어요? 노트북을 수리하려면 어떻게 해야 돼요? 서비스 센터에 방문하기 전에 무엇을 해야 돼요?

4. 교사와 함께 대화문을 읽으면서 자연스럽게 말하는 연습을 한다. 두 번

정도 반복해서 연습한다.

5. 교체 어휘를 활용하여 짝과 함께 연습하게 한다.

6. 연습이 끝나면 한두 팀을 발표시키거나 교사가 전체 학생을 대상으로 확인한다.

2 확장 연습

1. 텔레비전이나 냉장고가 고장 났을 때 문의하고 안내하는 대화를 한다고 알려 준다.

2. 짝과 같이 손님과 서비스 센터 직원이 되어 고장 문의와 안내를 하게 한다. 대화를 할 때는 다음과 같은 내용을 포함하여 말하도록 지시한다.

🎤 어떤 문제가 있어요? 언제부터 문제가 생겼어요? 서비스를 받으려면 어떻게 해야 돼요? 수리 비용은 얼마나 나와요?

3. 이야기가 끝나면 한두 팀을 발표시키거나 교사가 전체 학생을 대상으로 확인하고 오류를 수정해 준다.

9-L.mp3

직　원(여): 47번 고객님. 어서 오세요. 어떤 문제 때문에 방문하셨어요?

라흐만(남): 휴대 전화 액정이 깨졌어요.

직　원(여): 네, 제가 잠시 점검해 보겠습니다. 언제, 어떻게 하시다가 깨진 건가요?

라흐만(남): 가방 안에 있었는데 가방을 떨어뜨려서 그렇게 됐어요. 일주일 전에요.

직　원(여): 알겠습니다. 가방 안에 있어서 그런지 많이 깨지지 않았네요. 액정만 바꾸면 문제없을 것 같습니다.

라흐만(남): 구입할 때 보험에 가입했는데 비용이 얼마나 드나요?

직　원(여): 수리가 끝난 후에 영수증을 보험사로 보내시면 고객 부담금을 제외하고 돌려받으실 수 있습니다. 자세한 안내는 통신사 고객 센터로 문의해 보십시오.

---

1. 휴대 전화에 어떤 문제가 생겼을 때 서비스 센터에 갑니까?

휴대 전화 액정이 깨졌을 때 가요.

휴대 전화에 물이 들어갔을 때 가요.

2. 라흐만 씨가 서비스 센터 직원과 이야기합니다. 잘 듣고 질문에 답해 보세요.　9-L.mp3

1) 라흐만 씨의 휴대 전화 액정은 왜 깨졌습니까?
　휴대 전화가 가방 안에 있었는데 가방을 떨어뜨려서 깨졌습니다.

2) 들은 내용과 같으면 ○, 다르면 X 하세요.
　❶ 일주일 전에 액정이 깨졌다.　　　　　　(○)
　❷ 액정이 많이 깨져서 비용이 많이 든다.　(X)
　❸ 수리 후에 영수증을 보험사로 보내야 한다.　(○)

단어장
보험에 가입하다
고객 부담금
제외하다
환급받다
갈등
일시적

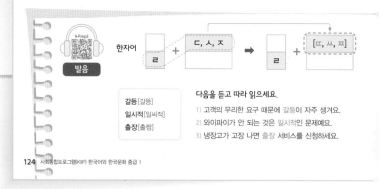

9-P.mp3

한자어　ㄹ　+　ㄷ, ㅅ, ㅈ　➡　ㄹ　+　[ㄸ, ㅆ, ㅉ]

발음

갈등[갈뜽]
일시적[일씨적]
출장[출짱]

다음을 듣고 따라 읽으세요.
1) 고객의 무리한 요구 때문에 갈등이 자주 생겨요.
2) 와이파이가 안 되는 것은 일시적인 문제예요.
3) 냉장고가 고장 나면 출장 서비스를 신청하세요.

124　사회통합프로그램(KIIP) 한국어와 한국문화 중급 1

휴대 전화 수리에 대해 문의하는 대화 듣기

1. 지시문을 이용하여 들을 내용과 관련있는 이야기를 나눈다.

　🎤 여러분은 휴대 전화가 고장 난 적이 있어요?
　휴대 전화에 어떤 문제가 생겼을 때 서비스 센터에 가요?

2. 문제를 읽고 들어야 하는 정보를 파악하게 한다.

　🎤 라흐만 씨의 휴대 전화에 어떤 문제가 생겼어요?
　왜 그런 일이 생겼어요?
　수리 비용은 얼마나 나왔어요?

3. 듣기 파일을 두 번 듣고 문제를 풀게 한다.

4. 교재 질문의 답을 확인한 후 해당 대화를 같이 읽으며 내용을 확인한다. 필요한 경우 새로운 어휘, 표현을 설명한다.

발음

9-P.mp3

1. 교재의 발음을 들려주고 '갈등, 일시적, 출장'의 발음이 어떻게 들리는지 학습자 스스로 확인해 보도록 한다.

2. 한자어에서 'ㄹ'받침 뒤에 연결되는 'ㄷ, ㅅ, ㅈ'은 된소리로 발음한다는 것을 알려 준다.

　🎤 한자어에서 'ㄹ' 받침 뒤에 있는 'ㄷ, ㅅ, ㅈ'은 [ㄸ, ㅆ, ㅉ]로 발음해요.

3. 교재에 제시된 발음을 따라해 보도록 한다.

4. 교재에 제시된 문장의 발음을 따라해 보도록 한다.

5. 교재 문장을 읽으며 연습하게 한 후에 확인한다.

> • **한자어에서 'ㄹ' 받침 뒤 'ㄷ, ㅅ, ㅈ'의 경음화**
>
> 'ㄹ'로 끝나는 한자와 'ㄷ, ㅅ, ㅈ'으로 시작하는 한자가 결합하면 'ㄷ, ㅅ, ㅈ'이 [ㄸ, ㅆ, ㅉ]과 같은 경음으로 발음된다. 'ㄷ, ㅅ, ㅈ'은 자음의 조음 위치에서, 입안의 중앙에서 발음된다는 공통점이 있다. 'ㄱ'이나 'ㅂ'과 같이 입안의 중앙이 아닌 양 끝에서 나는 자음에서는 경음화가 일어나지 않는다.
>
> 예 발동[발똥], 몰상식[몰쌍식], 물질[물찔]

1. 제품이 고장 났을 때 여러분은 먼저 무엇을 합니까?

플러그를	밸브를	온도를	펌프질을 하다
뽑다 꽂다	잠그다 열다	낮추다 높이다	

2. 집에 문제가 생기거나 제품이 고장 났을 때 자주 묻는 질문입니다. 알맞은 답변과 연결하고 이야기해 보세요.

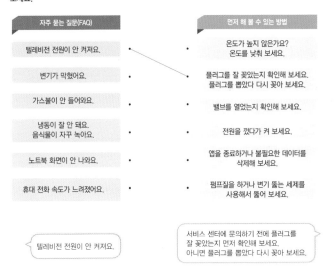

- **플러그를 뽑다/꽂다:** (삽화를 활용하며) 전기를 사용하지 않을 때는 플러그를 뽑아요. 전기를 사용할 때는 플러그를 꽂아요.
- **밸브를 잠그다/열다:** (삽화를 활용하며) 가스레인지 사용이 끝나면 밸브를 잠가요. 가스레인지를 사용하려면 밸브를 열어요.
- **온도를 낮추다/높이다:** (삽화를 활용하며) 냉동실의 온도가 높아서 음식물이 녹으면 온도를 낮춰요. 온도가 너무 낮으면 온도를 높여요.
- **펌프질을 하다:** (삽화를 활용하며) 변기가 막혔을 때 우리가 할 수 있는 일이 뭐예요? 먼저 펌프질을 해요.

- **데이터:** 휴대 전화에 저장된 글자, 소리, 사진 등과 같은 정보를 데이터라고 해요.
- **뚫다:** 막힌 곳을 무엇이 지나갈 수 있게 만든다는 의미예요. 변기나 하수구가 막혔을 때 뚫어야 물이 내려가요.

자주 하는 질문과 답변 파악하기

1. 제품에 문제가 생겼을 때 서비스 센터에 연락하기 전에 먼저 확인해 볼 수 있는 것들을 파악하게 한다.

   🎤 제품에 문제가 생겼을 때 서비스 센터에 연락하기 전에 먼저 확인해 봐야 할 것들이 있지요?
   텔레비전 전원이 안 켜질 때 해 볼 수 있는 게 뭐가 있어요? 가스불이 안 들어올 때는 뭘 확인해요? 냉동실에 있는 음식물이 녹으면 여러분은 제일 먼저 뭘 할 거예요? 변기가 막혔을 때 우리가 해 볼 수 있는 건 뭐예요?

2. 자주 하는 질문과 답변을 읽고 연결하도록 한다.

3. 교사와 함께 대화 형식으로 이야기하며 질문과 답변을 잘 연결했는지 확인한다.

4. 짝과 함께 번갈아 가며 질문과 답변을 하게 한다.

• **이물질:** 그곳에 어울리지 않는 물질, 그곳에 있으면 안 되는 물질을 의미해요.
  – 햄버거에서 이물질이 나와서 먹을 수 없어요.
  – 렌즈를 끼기 전에 이물질을 제거해야 돼요.

---

3. 다음은 인터넷 게시판에 올라온 글입니다. 잘 읽고 질문에 답해 보세요.

« 홈 **Q & A** 답변하기 베스트 사람들 »

> **Q** 저희 집 변기가 자주 막혀요.
>
> 저희 집은 변기를 많이 사용하지도 않는데 너무 자주 막힙니다. 사용할 때마다 조심하는데 물이 잘 내려가지 않습니다. 일주일에 서너 번 이상 막히는 것 같습니다. 막힐 때마다 펌프질을 하고 변기 뚫는 세제를 사용해서 뚫는데 그때뿐이고 며칠 지나면 다시 막힙니다. 어떻게 하면 좋을까요?

> **A** 그 정도면 전문가 도움을 받으셔야 합니다.
>
> 일주일에 서너 번 이상 막히면 사용하실 때마다 스트레스가 심하셨겠어요. 변기가 막히는 이유는 여러 가지가 있습니다. 오래 사용하셨거나 물의 양이 부족해서 생기는 문제일 수도 있고, 변기 안에 이물질이 들어간 경우도 생각해 볼 수 있습니다. 이물질이 들어간 경우에는 펌프질이나 세제를 사용하는 것만으로는 해결이 안 됩니다. 전문가에게 연락하셔서 점검과 도움을 받으시기 바랍니다.

1) 어떤 문제가 있어서 인터넷 게시판에 질문을 했습니까?
   <u>변기가 자주 막히는 문제가 있습니다.</u>

2) 윗글의 내용과 같으면 〇, 다르면 X 하세요.
   ❶ 이런 문제가 처음 생겼다. (X)
   ❷ 변기에 이물질이 들어갔을 때는 세제를 사용하면 된다. (X)
   ❸ 변기에 이물질이 들어갔을 때는 전문가의 도움이 필요하다. (〇)

3) 변기가 막히는 이유가 <u>아닌</u> 것을 고르세요.
   ❶ 오래 사용해서
   ❷ 이물질이 들어가서
   ❸ 물의 양이 부족해서
   ④ 펌프질을 자주 해서

단어장
이물질

인터넷 게시판의 질문과 답변 글 읽기

1. 인터넷 게시판에 올라온 질문과 답변 글임을 알려 주고 읽게 한다.

2. 글을 훑어 읽게 한 후 주제, 중심 내용 등을 간단히 말해 보도록 한다.
   🎤 이 집에 어떤 문제가 있어요?
   문제가 생겼을 때 이 사람은 무엇을 해요?
   이런 문제가 생기는 이유가 뭐예요?
   이 문제를 해결하려면 어떻게 하는 것이 좋아요?

3. 글을 다시 읽으면서 문제를 풀게 한다.

4. 답을 같이 확인한 후, 본문을 다시 읽으며 모르는 어휘가 없는지 확인한다. 필요한 경우 새로운 어휘, 표현을 설명한다.

1. 집주인이나 관리 사무실에 집수리를 요청하려고 합니다. 요청할 내용을 메모해 보세요.

| 어떤 문제가 있어요? |

| 언제부터 그런 문제가 생겼어요? |

| 무엇을 요청할 거예요? |

2. 위 내용을 바탕으로 집주인이나 관리 사무실에 수리를 요청하는 글을 써 보세요.

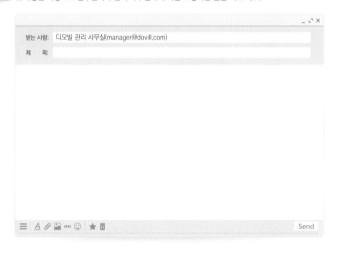

받는 사람: 디오빌 관리 사무실(manager@dovill.com)

제   목:

≡ A ✎ 🖼 ∞ ☺ ★ 🗑   Send

집수리 요청하는 글 쓰기

1. 어떤 글을 쓸지 알려 주고 글에 들어갈 내용을 생각해 보게 한다.

🎤 집에 수리가 필요한 곳이 있어요?
어떤 문제가 있어요?
언제부터 그 문제가 생겼어요?
집주인이나 관리 사무실에 무엇을 요청할 거예요?

2. 교재 질문에 대해 자신이 쓸 내용을 간단히 메모하도록 한다. 교사는 학생들이 쓴 메모에 오류가 없는지 확인해 준다.

3. 메모한 내용을 바탕으로 글을 완성하게 한다.

문화와 정보

전자 제품 보증 기간

전자 제품을 사면 보증서를 받는다. 보증서에는 모델명, 구입 일자, 보증 내용, 보증 기간 등이 있다. 제품 보증 기간이란 제조사나 제품 판매자가 소비자에게 무료 수리를 약속한 기간을 말한다. 이때 보증 기간은 구입 일자를 기준으로 하며, 구입 일자는 제품 보증서나 영수증으로 확인한다.

보증서가 있다고 해서 보증 기간 내에 언제나 무상으로 수리를 받는 것은 아니다. 보증 기간 내에 정상적인 상태에서 발생한 고장에 대해서는 무상 수리가 가능하지만 사용 설명서의 주의 사항을 지키지 않았거나 고객의 실수로 고장이 난 경우에는 수리 비용을 지불해야 한다.

보증 기간은 제품에 따라 다른데 보통 스마트폰이나 일반 전자 제품은 1년, 에어컨 등 계절 제품은 2년이다.

1) 전자 제품의 보증서에는 어떤 정보가 있습니까?
2) 어느 경우에 무상 수리를 받을 수 있습니까?
3) 여러분이 가지고 있는 물건의 보증 기간은 얼마나 됩니까?

전자 제품 보증 기간

1. 이 단원의 문화와 정보가 무엇에 대한 것인지 알려 준다.

🎤 전자 제품을 구입해서 사용하다가 고장이 나면 항상 수리 비용을 내야 할까요? 오늘은 무상 수리를 받을 수 있는 기간을 의미하는 전자 제품 보증 기간에 대해 알아봅시다.

2. 교재의 사진을 보면서 주제에 대해 알고 있는 것을 상기시키고 말해 보게 한다. 이때 관련 시각 자료를 추가로 활용할 수 있다.

🎤 구입한 지 얼마 안 된 휴대 전화가 고장 났을 때 수리 비용을 내야 해요? 텔레비전이나 냉장고, 컴퓨터 같은 전자 제품이 고장 났을 때는 어때요?

3. 교재를 같이 읽으면서 내용을 설명한다. 이때 중요한 정보가 있는 부분에 밑줄을 긋거나 표시하게 하는 것도 좋다.

4. 질문 1, 2의 답을 찾아보고 답하게 한다.

🎤 전자 제품의 보증서에는 어떤 정보가 있어요? 어느 경우에 무상 수리를 받을 수 있어요?

5. 3번 질문을 이용하여 학습자 자신의 경험을 말해 보도록 한다.

🎤 여러분이 가지고 있는 물건의 보증 기간은 얼마나 돼요?

배운 어휘 확인

- [ ] 고장이 나다
- [ ] 하수구가 막히다
- [ ] 변기가 막히다
- [ ] 물이 안 나오다
- [ ] 물이 새다
- [ ] 전등이 나가다
- [ ] 문이 잠기다
- [ ] 가스불이 안 들어오다
- [ ] 냉동이 안 되다
- [ ] 와이파이 연결이 안 되다
- [ ] 액정이 깨지다
- [ ] 부팅이 안 되다
- [ ] 전원이 안 켜지다
- [ ] 서비스 센터에 문의하다
- [ ] 출장 서비스를 신청하다
- [ ] 서비스 센터에 방문하다
- [ ] 고치다
- [ ] 수리하다
- [ ] 수리 비용을 내다
- [ ] 무상 수리를 받다
- [ ] 딱딱하다
- [ ] 바닥

- [ ] 떨어뜨리다
- [ ] 속도
- [ ] 예방 주사
- [ ] 냉기
- [ ] 조절하다
- [ ] 점검하다
- [ ] 보험에 가입하다
- [ ] 고객 부담금
- [ ] 제외하다
- [ ] 환급받다
- [ ] 갈등
- [ ] 일시적
- [ ] 플러그
- [ ] 뽑다
- [ ] 꽂다
- [ ] 밸브
- [ ] 잠그다
- [ ] 펌프질
- [ ] 종료하다
- [ ] 뚫다
- [ ] 이물질

9과 고장과 수리 **129**

- 이 단원에서 배운 어휘 중 기억나는 것을 말해 보세요.
- 이 단원에서 배운 문법은 뭐예요? 어떻게 사용해요?
- 전자 제품이나 물건이 고장 나서 고쳐 본 적이 있어요?
- 서비스 센터의 도움을 받기 전에 여러분이 해 본 것이 있어요?
- 전자 제품이 고장 났을 때 무상 수리를 받을 수 있는 기간을 뭐라고 해요?

마무리

1. '배운 어휘 확인' 목록을 읽으면서 이해한 단어에 ☑해 보도록 한다.

2. 배운 어휘 목록의 어휘들을 읽으면서 의미를 상기시킨다.

3. 단원에서 학습한 문법(통 형-어서 그런지, 통-나요?, 형-은가요?)을 상기시키며 의미와 사용법을 기억하는지 확인한다.

4. 단원의 목표와 성취도를 확인한다.

5. 익힘책을 과제로 제시하며 다음 단원의 주제 '10과 취업'을 예고하면서 마무리한다.

10 취업

어휘: **취업**

문법: 통-기 위해서
　　　통-어 놓다

활동: 구직 활동에 대해 조언하기
　　　이력서 작성하기

문화와 정보: **급여와 세금**

수업 목표 및 내용

• **주제:** 취업

• **어휘와 문법**

– 어휘: 취업 관련 어휘를 익힌다.

– 문법: '통-기 위해서', '통-어 놓다'의 의미와
　　　형태를 익혀 사용할 수 있다.

• **활동**

– 말하기: 구직 활동에 대해 조언할 수 있다.

– 듣기: 면접 상황 대화를 듣고 이해할 수 있다.

– 읽기: 구인 광고를 읽고 이해할 수 있다.

– 쓰기: 이력서를 쓸 수 있다.

• **문화와 정보:** 급여와 세금

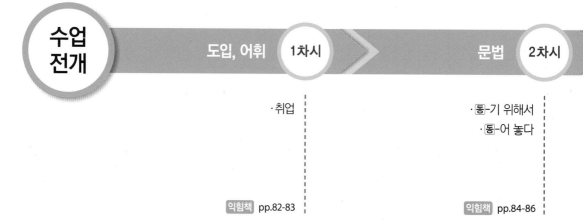

수업 전개

도입, 어휘　**1차시**

·취업

익힘책 pp.82-83

문법　**2차시**

·통-기 위해서
·통-어 놓다

익힘책 pp.84-86

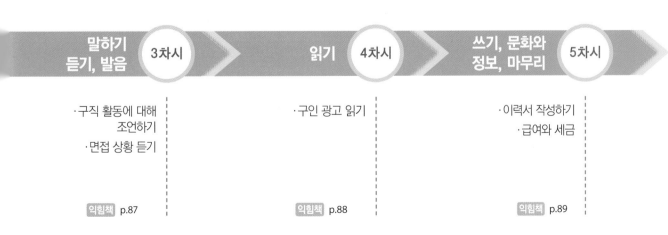

- 이 사람은 무엇을 하려고 해요?
- 여러분은 한국에서 어떤 일을 하고 싶어요?

도입

1. 교재 그림을 이용하여 학생들과 이야기하며 이 과의 주제를 노출한다.

그림① 🎙 이 사람들은 지금 무엇을 하고 있어요?

그림② 🎙 손에 들고 있는 것은 무엇이에요?
이것을 언제 써요?

그림③ 🎙 이 사람이 지금 무엇을 보고 있어요?
여러분도 이것을 본 적이 있어요?

2. 대화 내용을 정리하며 이 단원에서는 '직업, 회사의 종류, 취업 과정' 등에 대해 공부한다는 것을 알려 준다.

이 단원을 지도할 때는…

학습자들이 한국에서 취업 경험이 없으면 앞으로 일하고 싶은 회사는 어떤 곳인지, 회사에서 일하려면 무엇을 준비해야 하는지를 가정해서 가르치셔도 됩니다.

말하기 듣기, 발음	3차시	읽기	4차시	쓰기, 문화와 정보, 마무리	5차시
·구직 활동에 대해 조언하기 ·면접 상황 듣기		·구인 광고 읽기		·이력서 작성하기 ·급여와 세금	
익힘책 p.87		익힘책 p.88		익힘책 p.89	

- **다문화 언어 강사**: 다문화 가정 학생들에게 한국어와 한국 문화를 알려 줘요. 다문화 가정은 한국에서 살고 있는 국제결혼 가족으로 부모 중 한 명이 한국인인 가족이에요.

- **전문성**: 어떤 분야에 대해서 많은 지식과 경험을 갖고 있는 거예요. 교사, 의사, 변호사, 통역사 등은 전문성이 있는 직업이라서 이런 직업을 전문직이라고 해요.

- **안정적인 회사**: 회사에서 직원들을 잘 해고하지 않아요. 직원들이 그 회사에서 20, 30년 정도 오래 일해요.

- **근무 환경이 좋은 회사**: 일하는 곳이 깨끗하고 일하기 편해요. 그리고 같이 일하는 동료, 상사가 친절하고 서로 잘 지내요.

- **발전 가능성이 있는 회사**: 앞으로 이 회사가 더 커지고 좋은 회사가 될 거예요.

- **구인 광고**: 회사나 가게에서 직원을 찾으려고 내는 광고예요.

- **서류**: 취업할 때 회사에 내는 것인데 이력서, 자기소개서, 자격증 등이 있어요.

- **합격 통보**: 시험을 모두 통과해서 이제 회사 직원이 되었다고 알려 주는 거예요.

---

1. 한국에서 어떤 일을 하고 싶어요?

> 한국에서 어떤 일을 구해요?
> 여기에서 어떤 일을 하고 싶어요?

1) 학원 강사/ 다문화 언어 강사
2) 편의점 아르바이트/ 시간제로 할 수 있는 일
3) 사업하다/ 가게를 차리다
4) 통역이나 번역 일을 하다/ 전문성 있는 일을 하다

> 어떤 회사에서 일하고 싶어요?
> 어떤 회사에 취직하고 싶어요?

5) · 안정적인 회사 · 근무 환경이 좋은 회사
6) · 월급을 많이 주는 회사 · 출퇴근이 자유로운 회사
7) · 발전 가능성이 있는 회사 · 사회에 기여할 수 있는 회사
8) · 자기 계발을 할 수 있는 회사 · 일에 대한 보람을 느낄 수 있는 회사

2. 취업을 위해서 뭘 해요?

1) 구인 광고를 보다 → 2) 이력서·지원서를 쓰다/작성하다 → 3) 서류를 제출하다 → 4) 필기시험을 보다 → 5) 면접을 보다 → 6) 합격 통보 문자를 받다

132 사회통합프로그램(KIIP) 한국어와 한국문화 중급 1

어휘 (취업)

1 도입, 제시

1. 한국에서 어떤 일을 하고 싶은지 물으며 오늘 배우는 어휘는 일의 종류와 일하고 싶은 회사에 대해 말할 때 사용하는 표현임을 알려 준다.

> 🎤 여러분은 한국에서 어떤 일을 하고 싶어요?
> 어떤 회사에서 일하고 싶어요?
> 오늘은 취업에 대해서 공부해요.

2. 교사를 따라 어휘를 소리 내어 한 번 읽도록 한다. 이때 발음에 주의하게 한다.

3. 어휘의 의미를 설명한다. 어휘가 사용된 문장을 예로 제시하거나 의미를 풀어서 설명해 준다. 상황에 따라 유의어나 반의어 등을 추가로 설명할 수 있다.

4. 배운 어휘를 소리 내어 읽도록 한다. 이때 '-어요' 형태로 단어를 읽는 등 변화를 줄 수 있다.

2 연습

1. 취업할 때 어떤 것들을 해야 하는지 질문을 한다.

2. 짝과 함께 취업 준비 과정에 대해 간단히 말해 보도록 한다. 취업 준비 경험이 없다면 앞으로의 취업 과정을 말해 보도록 한다.

3. 학생들끼리 이야기한 것을 교사가 정리해 주며 같이 이야기한다.

> 🎤 취업할 때 무엇을 해요?
> 회사에서 일하기 위해서 무엇을 해야 해요?
> 지금 직장에서 일하기 전에 어떤 과정들이 있었어요?

1 동-기 위해서

앞의 내용이 뒤 행동의 목적이나 의도임을 나타낸다.

예문
• 가: 쓰레기를 줄이기 위해 어떤 노력을 해야 합니까?
  나: 우선 일회용품의 사용을 줄여야 할 것입니다.
• 한국 국적을 취득하기 위해 1년 전부터 한국어 공부를 하고 있다.
• 일하는 엄마들은 아이 맡길 곳을 찾기 위해 노력하고 있다.

잠시드: 한국 회사에 취직하기 위해서 뭘 준비하고 있어요?
고 천: 저는 컴퓨터를 배우고 있어요.

-기 위해서
• 배우다 → 배우기 위해서
• 읽다 → 읽기 위해서
• 합격하다 → 합격하기 위해서
• 살다 → 살기 위해서

1. 그림을 보고 보기와 같이 친구와 이야기해 보세요.

요즘 어떤 일을 준비하고 있어요?

토픽 시험에 합격하기 위해 열심히 공부하고 있어요.

보기

토픽 시험에 합격하다

1)
통역사가 되다

2)
한국 국적을 취득하다

3)
우리 아이에게 한글을 가르치다

2. 요즘 특별히 하고 있는 일에 대해 친구들과 이야기해 보세요.

 요즘 뭐 하세요?

가게를 차리기 위해 준비하고 있어요. 가게 자리도 알아보고 운전도 배우고 있어요.

10과 취업 133

동-기 위해서

앞의 내용이 뒤의 상황이나 행동이 발생하게 된 목적이나 의도임을 나타낸다. 부정문은 '동-지 않기 위해서', '안 동-기 위해서'의 두 가지 형태를 모두 쓸 수 있다. 명사는 '명을/를 위해서'로 사용할 수 있다.

• 가: 오늘 수업이 끝나고 어디에 가요?
  나: 친구 생일 선물을 사기 위해서 명동에 가요.

• 무역 회사에 취직하기 위해서 자격증 공부를 하고 있어요.

• 수업에 늦지 않기 위해서 일찍 일어나요.

• 건강을 위해서 하루에 한 시간씩 운동해요.

-기 위해서
(받침 O, X)

받다	→ 받기 위해서
보다	→ 보기 위해서
제출하다	→ 제출하기 위해서
*놀다	→ 놀기 위해서
*돕다	→ 돕기 위해서

문법 1 (동-기 위해서)

1 도입, 제시

1. 도입 그림과 대화를 통해 문법이 사용되는 상황을 인지시킨다.

   🎤 고천 씨는 컴퓨터를 배우고 있어요. 왜 컴퓨터를 배우고 있어요?

2. 교재의 대표 예문을 보면서 문법의 의미를 설명한다.

   🎤 고천 씨는 컴퓨터를 배우고 있어요. 왜 컴퓨터를 배워요? 한국 회사에 취직하기 위해서 컴퓨터를 배워요. '-기 위해서'를 사용해서 컴퓨터를 배우는 목적을 이야기했어요. 이렇게 목적이나 의도를 말할 때 '-기 위해서'를 사용해요.

3. 학생들과 교재의 예문들을 읽으면서 문법의 의미를 설명하고 이해시킨다.

4. 문법의 형태 정보를 제시하고 설명한다.

5. 추가 예문을 제시하고 문법의 의미와 사용법을 정확하게 이해시킨다.

2 연습 1

1. 〈보기〉의 대화를 교사와 함께 완성해 본다.

2. 나머지 문제를 〈보기〉의 대화처럼 짝과 완성하도록 한다.

3. 연습한 것을 발표하게 하거나 교사가 전체 학생 대상으로 답하게 하여 확인한다. 그리고 오류가 있으면 수정해 준다.

3 연습 2

1. '-기 위해서'를 활용하여 요즘 특별히 하고 있는 일에 대해 이야기를 하도록 한다.

2. 친구와 대화한 것을 발표하게 하고 오류가 있으면 수정해 준다.

   익힘책 84-85쪽을 풀게 하거나 과제로 제시한다. 익힘책은 연습 활동 난이도에 따라 교재 연습 문제 전후로 활용한다.

동-어 놓다

어떤 행위가 끝나고 난 상태나 상황이 변하지 않고 계속 유지되고 있음을 나타낸다. 행위의 결과가 지속되고 있음을 강조할 때 사용한다. 부정문은 '동-어 놓지 않다', '안 동-어 놓다'로 쓴다. '동-어 놓았다'는 줄여서 '동-어 놨다'로 쓴다. '동-어 놨다'는 주로 구어에서 사용된다.

• 가: 내일부터 회사 지원 기간인데 이력서를 썼어요?
  나: 네. 미리 지원서를 써 놓았어요. 제출만 하면 돼요.

• 날씨가 더워서 에어컨을 켜 놓았어요.

• 선생님의 이메일 주소를 공책에 적어 놓았어요.

• 저는 여기에 자동차를 안 세워 놓아요.

-아 놓다 (ㅏ, ㅗ O)	사다 → 사 놓다 보다 → 봐 놓다 *모으다 → 모아 놓다
-어 놓다 (ㅏ, ㅗ X)	덮다 → 덮어 놓다 켜다 → 켜 놓다 만들다 → 만들어 놓다 *굽다 → 구워 놓다
-해 놓다 (하다)	요리하다 → 요리해 놓다 전화하다 → 전화해 놓다

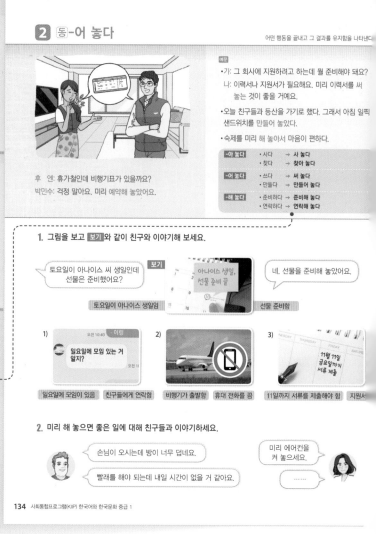

문법 2 (동-어 놓다)

1 도입, 제시

1. 도입 그림과 대화를 통해 문법이 사용되는 상황을 인지시킨다.

   🎤 후엔 씨가 휴가철에 비행기표가 있는지 걱정을 해요.
   박민수 씨가 비행기표를 예매했어요?

2. 교재의 대표 예문을 보면서 문법의 의미를 설명한다.

   🎤 박민수 씨가 미리 비행기표를 예매했어요. 지금도 비행기표는 예매되어 있어요. 계속 예매가 되어 있어요. 이렇게 변하지 않고 계속되는 것을 말할 때 '-어 놓다'를 사용해요.

3. 학생들과 교재의 예문들을 읽으면서 문법의 의미를 설명하고 이해시킨다.

4. 문법의 형태 정보를 제시하고 설명한다.

5. 추가 예문을 제시하고 문법의 의미와 사용법을 정확하게 이해시킨다.

2 연습 1

1. 〈보기〉의 대화를 교사와 함께 완성해 본다.

2. 나머지 문제를 〈보기〉의 대화처럼 짝과 완성하도록 한다.

3. 연습한 것을 발표하게 하거나 교사가 전체 학생 대상으로 답하게 하여 확인한다. 그리고 오류가 있으면 수정해 준다.

3 연습 2

1. 미리 해 놓으면 좋은 일에 대해 '-어 놓다'를 활용하여 이야기를 하도록 한다.

2. 친구와 대화한 것을 발표하게 하고 오류가 있으면 수정해 준다.

   익힘책 85-86쪽을 풀게 하거나 과제로 제시한다. 익힘책은 연습 활동 난이도에 따라 교재 연습 문제 전후로 활용한다.

1. 라흐만 씨와 아나이스 씨가 구직에 대해 이야기합니다. 다음 대화처럼 이야기해 보세요.

라 흐 만: 아나이스 씨는 무슨 일을 하고 싶어요?

아나이스: 네, 저는 무역 회사에 **취직**하고 싶어요.

라 흐 만: 아, 그래요? 아나이스 씨는 한국말을 어느 정도 할 수 있으니까 문제없을 거예요.

아나이스: 그런데 한국에서 일하기 위해서 무엇이 필요해요?

라 흐 만: 무역 회사에 취직하려면 컴퓨터를 할 줄 알아야 해요. 그러니까 이력서를 정성껏 쓰고 컴퓨터 자격증도 미리 따 놓으세요.

아나이스: 네, 그럴게요.

1) 무역 회사에 취직하다 │ 컴퓨터를 할 줄 알다 │ 컴퓨터 자격증을 미리 따다

2) 학교에서 영어를 가르치다 │ 면접을 잘 보다 │ 면접시험을 잘 준비하다

2. 아래 상황에 맞게 구직하려는 사람과 조언하는 사람이 되어 대화해 보세요. 그리고 여러분의 이야기를 해 보세요.

구직하려는 사람	조언하는 사람
• 초등학교의 다문화 언어 강사 • •	• 교육 연수를 받아야 한다. • •

• **구직**: 직업을 찾아요. 학교를 졸업하기 전이나 졸업한 후에 구직 활동을 해요.

3-10 EBOOK

발음

• 무슨 일을[무슨 니를]

• 없을 거예요[업쓸 꺼예요]

10과 취업 **135**

구직 활동에 대해 조언하기

1 대화문 연습

1. 원하는 회사에 취업하기 위해서 필요한 것이 무엇인지 이야기하며 교재의 그림을 이용해 어떤 상황인지 추측해 보도록 한다.

🎤 아나이스 씨는 무역 회사에 취업하고 싶어 해요. 그럼 무엇을 미리 준비하면 좋아요? 무엇을 잘해야 해요?

2. 지시문을 이용하여 대화 상황을 학생들에게 명확하게 알려 준다.

3. 대화를 들려주고 간단한 질문을 하여 대화 내용을 이해했는지 확인한다.

🎤 무역 회사에 취직하려면 무엇을 잘해야 해요? 라흐만 씨는 아나이스 씨에게 무엇을 미리 따 놓으라고 했어요?

4. 교사와 함께 대화문을 읽으면서 자연스럽게 말하는 연습을 한다. 두 번 정도 반복해서 연습한다.

5. 교체 어휘를 활용하여 짝과 함께 연습하게 한다.

6. 연습이 끝나면 한두 팀을 발표시키거나 교사가 전체 학생을 대상으로 확인한다.

2 확장 연습

1. 어떤 일을 하고 싶고, 그 직업을 가지기 위해서 무엇을 하면 좋은지 생각하게 하고 조언하기를 한다고 알려 준다.

2. 짝과 같이 구직에 대해 조언하는 이야기를 하게 한다. 대화를 할 때는 다음과 같은 내용을 포함하여 말하도록 지시한다.

🎤 어떤 직업을 갖고 싶은지, 그 직업을 갖기 위해서 무엇을 잘해야 하는지, 어떤 것을 미리 준비하면 좋은지를 이야기해 보세요.

3. 이야기가 끝나면 한두 팀을 발표시키거나 교사가 전체 학생을 대상으로 확인하고 오류를 수정해 준다.

면접관(남): 어떻게 우리 학교에 지원하게 되셨습니까?

애 나(여): 저는 한국에 오기 전에도 고향에서 초등학교 선생님으로 5년 동안 일했습니다. 그래서 한국에서도 아이들을 가르치고 싶었습니다.

면접관(남): 아, 그러십니까? 평소에 어떤 선생님이 되고 싶다고 생각하셨습니까?

애 나(여): 저는 친구 같은 선생님이 되고 싶습니다. 학생들이 저를 친구처럼 생각하면 수업도 더 재미있게 할 수 있고 질문도 편하게 할 수 있어서 좋다고 생각합니다.

면접관(남): 우리 학교 취업을 위해 특별히 준비한 것이 있으십니까?

애 나(여): 저는 2년 전에 캐나다에서 영어 교사 자격증을 땄습니다. 최근에는 게임을 이용한 영어 지도에 관심이 있어서 그것에 관한 책을 많이 봤습니다.

면접관(남): 네, 잘 알겠습니다. 결과는 1주일 후에 홈페이지에서 확인하시면 됩니다.

애 나(여): 감사합니다.

---

1. 여러분은 면접을 본 경험이 있습니까? 보통 어떤 질문을 받습니까?

> 우리 회사에 지원한 이유가 무엇입니까?
>
> 입사하면 어떤 일을 하고 싶습니까?
>
> 우리 회사에 입사하기 위해 무엇을 준비했습니까?

2. 애나 씨가 면접을 봅니다. 잘 듣고 질문에 답해 보세요.

1) 애나 씨는 왜 여기에 지원했습니까?
   아이들을 가르치고 싶어서 지원했습니다.

2) 들은 내용과 같으면 ○, 다르면 X 하세요.
   ❶ 애나 씨는 학생들을 가르친 적이 없다. (X)
   ❷ 애나 씨는 자격증을 따기 위해 준비하고 있다. (X)
   ❸ 애나 씨는 면접관과 일주일 후에 만나기로 약속했다. (X)

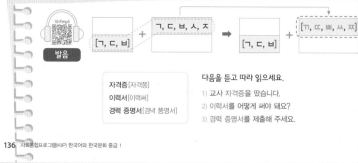

자격증[자격쯩]
이력서[이력써]
경력 증명서[경녁 쯩명서]

다음을 듣고 따라 읽으세요.

1) 교사 자격증을 땄습니다.
2) 이력서를 어떻게 써야 돼요?
3) 경력 증명서를 제출해 주세요.

면접

1. 지시문을 이용하여 들을 내용과 관련있는 이야기를 나눈다.

   🎤 애나 씨는 지금 무엇을 하고 있어요?
   애나 씨 맞은편에 앉아 있는 사람들은 누구인 것 같아요?

2. 문제를 읽고 들어야 하는 정보를 파악하게 한다.

   🎤 애나 씨는 왜 지원했어요?
   애나 씨는 학생들을 가르친 경험이 있어요?
   애나 씨는 자격증을 따기 위해 준비하고 있어요?
   애나 씨는 면접관과 1주일 후에 만날 거예요?

3. 듣기 파일을 두 번 듣고 문제를 풀게 한다.

4. 교재 질문의 답을 확인한 후 해당 대화를 같이 읽으며 내용을 확인한다. 필요한 경우 단어장의 어휘 의미를 설명한다.

발음

1. 교재 1번 발음을 들려주고 '자격증', '이력서', '경력 증명서'의 발음이 어떻게 들리는지 학습자 스스로 확인해 보도록 한다.

2. '격', '력', '력' 다음에 오는 '증', '서', '증'이 [쯩], [써], [쯩]으로 발음된다는 것을 알려 준다.

   🎤 받침소리 [ㄱ, ㄷ, ㅂ] 뒤에 오는 'ㄱ, ㄷ, ㅂ, ㅅ, ㅈ'은 [ㄲ, ㄸ, ㅃ, ㅆ, ㅉ]로 발음돼요.

3. 교재에 제시된 발음을 따라해 보도록 한다.

4. 교재에 제시된 문장의 발음을 따라해 보도록 한다.

5. 교재 문장을 읽으며 연습하게 한 후에 확인한다.

- **받침소리 [ㄱ, ㄷ, ㅂ] 뒤에 나타나는 경음화**

  받침소리 [ㄱ, ㄷ, ㅂ] 뒤에 오는 'ㄱ, ㄷ, ㅂ, ㅅ, ㅈ'은 [ㄲ, ㄸ, ㅃ, ㅆ, ㅉ]로 발음된다.

  경음화란 'ㄱ, ㄷ, ㅂ, ㅅ, ㅈ'을 [ㄲ, ㄸ, ㅃ, ㅆ, ㅉ]로 발음하는 것을 말한다.

  📖 학교[학꾜], 학생[학쌩], 식당[식땅]

1. 사람을 구하는 광고입니다. 다음 빈칸에 들어갈 단어를 아래에서 찾아보세요.

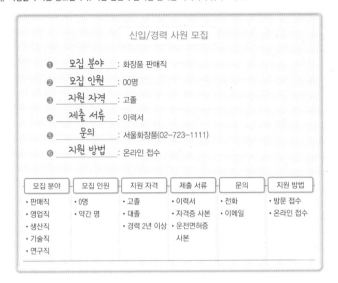

신입/경력 사원 모집

❶ 모집 분야 : 화장품 판매직
❷ 모집 인원 : 00명
❸ 지원 자격 : 고졸
❹ 제출 서류 : 이력서
❺ 문의 : 서울화장품(02-723-1111)
❻ 지원 방법 : 온라인 접수

모집 분야	모집 인원	지원 자격	제출 서류	문의	지원 방법
• 판매직	• 0명	• 고졸	• 이력서	• 전화	• 방문 접수
• 영업직	• 약간 명	• 대졸	• 자격증 사본	• 이메일	• 온라인 접수
• 생산직		• 경력 2년 이상	• 운전면허증 사본		
• 기술직					
• 연구직					

- **모집 분야**: 회사에서 하는 일이 달라요. 판매직은 물건을 팔아요. 생산직은 물건을 만들어요. 각 직종마다 직원을 구하는 거예요.
- **모집 인원**: 필요한 직원 수예요.
- **지원 자격**: 여기에서는 지원 자격이 고졸이에요. 고등학교를 졸업했어야 회사에 지원할 수 있어요.
- **문의**: 물어보는 거예요. 전화나 이메일로 궁금한 것을 물어볼 수 있어요.

- **졸업 증명서**: 학교를 졸업한 것을 알려주는 종이예요. 고등학교 졸업 증명서, 대학교 졸업 증명서 등이 있어요.
- **사본**: 진짜 여권과 외국인 등록증이 아니라 복사한 것을 말해요. '사본'의 반대말은 '원본'이라고 해요.

2. 회사에 지원하려고 합니다. 무엇을 제출해야 됩니까?

〈서류〉
• 지원서
• 이력서
• 자기소개서

〈각종 증명서〉
• 성적 증명서
• 졸업 증명서
• 경력 증명서
• 가족 관계 증명서

〈신분증 사본〉
• 여권 사본
• 외국인 등록증 사본

〈자격증〉
• 컴퓨터 자격증
• 운전면허증

구직 광고 정보 파악하기

1. 1번 자료를 보며 주요 정보를 파악하게 한다.
   - 🎤 이거는 무슨 광고예요?
     무슨 분야에서 직원을 구하고 있어요?
     이 일을 하려면 무엇을 내야 해요?

2. 1번의 빈 곳에 들어갈 정보를 찾게 한다.

3. 답을 같이 확인한 후, 다시 읽으며 새 어휘를 확인한다.

확장 연습

1. 회사에 지원할 때 어떤 것들이 필요한지 물어보며 의미를 파악할 수 있게 한다.

2. 학생들에게 이 서류 중에서 가지고 있는 것이 무엇인지, 회사에 지원할 때 어떤 것들을 제출할 것인지 물어본다.
   - 🎤 여러분은 이 중에서 가지고 있는 것이 있어요?
     여러분은 회사에 지원할 때 무슨 서류를 제출할 거예요?

- **방과 후 영어 교사:** 학교 수업이 끝난 후, 학교에서 아이들에게 영어를 가르치는 선생님이에요.
- **전공:** 대학교에서 공부한 것이에요.
- **사무용품:** 연필, 펜, 종이, 잉크, 자 등을 말해요.

3. 다음은 구인 광고입니다. 잘 읽고 질문에 답해 보세요.

외국인 영어 교사를 모십니다

모집 분야: 방과 후 영어 교사
모집 인원: 2명
지원 자격: 대졸(영어 전공)
제출 서류: 이력서, 여권 사본

※ 궁금한 점은 ○○중학교(032-289-1234)로 문의하세요.

아르바이트 직원 구함

- 업무: 사무용품 배송
- 인원: ○명
- 자격: 고졸, 운전면허증 소지자
- 근무 시간: 월~금 14:00~19:00
- 제출 서류: 이력서
- 지원 방법: 온라인 접수 stationeryshop@moj.co.kr
- 문의: ㈜사무나라(02-123-4567)

1) 무엇을 하기 위해서 쓴 글입니까?
   외국인 영어 교사를 구하기 위해 쓴 글입니다.

2) 윗글의 내용과 같으면 ○, 다르면 X 하세요.
   ❶ 중학교에서 근무합니다. ( )
   ❷ 이력서와 여권 사본을 제출해야 합니다. ( )

3) 누가 여기에 지원할 수 있습니까?

❶ **마이클(25세)**
- 대졸(음악 전공)
- 학원 영어 강사 경력 3년

❷ **마리(23세)**
- 대졸(영어영문학 전공)
- 경력 없음

1) 무엇을 하기 위해서 쓴 글입니까?
   아르바이트 직원을 구하기 위해 쓴 글입니다.

2) 윗글의 내용과 같으면 ○, 다르면 X 하세요.
   ❶ 사무용품을 배달하는 일을 합니다. ( )
   ❷ 오후에 근무합니다. ( )

3) 누가 여기에 지원할 수 있습니까?

❶ **자말(30세)**
- 고졸
- 택배 기사 경력 1년
- 운전면허증 있음

❷ **소천(28세)**
- 고졸
- 백화점 판매 사원으로 10년 근무

구인 광고 읽기

1. 글 제목을 보며 글의 내용을 유추하게 한다.

🎤 '외국인 영어 교사를 모십니다', '아르바이트 직원 구함'이라고 쓰여 있어요. 무슨 글인 것 같아요?

2. 글을 훑어 읽게 한 후 주제, 중심 내용 등을 간단히 말해 보도록 한다.

🎤 어디에서 영어 교사를 구해요?
몇 명을 모집해요? 지원 자격은 뭐예요?
아르바이트 직원은 무슨 자격증이 있어야 해요?
주말에만 일해요?

3. 글을 다시 읽으면서 문제를 풀게 한다.

4. 답을 같이 확인한 후, 본문을 다시 읽으며 모르는 어휘가 없는지 확인한다. 필요한 경우 새로운 어휘, 표현을 설명한다.

1. 취직하려면 이력서가 필요합니다. 이력서에는 어떤 내용이 들어갑니까?

주소	경기도 의정부시 동일로 150 102동 1205호
학력	2011. 3.~2014. 2. 다카고등학교
경력	2018. 1.~현재 케이 코스메틱주식회사 사원

2. 다음은 이력서 양식입니다. 여러분의 이력서를 써 보세요.

이　력　서

이름		영문		국적	
전화번호		휴대 전화			
여권 번호			E-mail		
주소					

학력

기간	학교명 및 전공	구분

경력

기간	기관명	직위	비고

자격증

취득일	자격증/면허증	등급	발행처

위에 기재한 사항은 사실과 틀림이 없습니다.

년　　월　　일

성　명 :　　　　　(인)

10과 취업 **139**

이력서 작성하기

1. 어떤 글을 쓸지 알려 주고 글에 들어갈 내용을 생각해 보게 한다.

> 🎤 오늘은 이력서를 쓸 거예요. 이력서에는 무엇을 적어야 할까요? 이름?, 전화번호? 또 무엇을 적어요?

2. 학생들에게 이력서에 나오는 단어를 다시 설명 후, 직접 자신의 이력서를 써 보게 한다.

3. 교사는 학생들이 쓴 이력서에 오류가 없는지 확인해 준다.

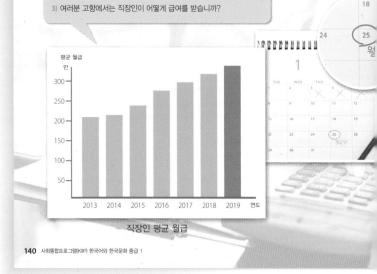

급여와 세금

직장인들이라면 누구나 기다리는 날이 있다. 바로 급여일이다. 한국의 직장인은 보통 한 달에 한 번씩 급여를 받는다. 그래서 한 달에 한 번 급여를 받는 것을 월급을 받는다고 한다. 급여는 크게 기본급과 수당이 있다. 기본급은 일을 하고 받는 기본적인 급여이다. 그리고 수당은 가족 수당, 초과 근무 수당, 상여 수당 등으로 종류가 다양하다.

한국의 직장인은 급여를 어떻게 받을까? 보통 한 달에 한 번씩 은행 계좌를 통해 받는다. 그런데 계좌에 입금되는 돈은 실제 지급되는 월급과 차이가 있다. 세금, 건강 보험료, 정기 적금 등을 급여에서 공제하기 때문이다. 세금과 건강 보험료는 급여 액수에 따라 달라지는데 당연히 급여가 많으면 많을수록 세금과 건강 보험료도 많이 내게 된다. 단순히 세금의 액수가 많아지는 것이 아니고 급여 액수가 많을수록 세금을 내는 비율이 높아진다는 것을 알 필요가 있다.

1) 한국의 직장인이 받는 급여는 어떻게 구성됩니까?
2) 한국의 직장인에게 지급되는 급여 액수와 실제로 계좌에서 입금되는 액수가 다른 이유는 무엇입니까?
3) 여러분 고향에서는 직장인이 어떻게 급여를 받습니까?

직장인 평균 월급

급여와 세금

1. 이 단원의 문화와 정보가 무엇에 대한 것인지 알려 준다.

> 여러분 월급을 받아 봤어요? 월급을 받으면 나라에 세금을 내야 해요. 어떻게 월급을 받고 세금을 낼까요? 오늘은 '급여와 세금'에 대해 알아봅시다.

2. 교재의 사진을 보면서 주제에 대해 알고 있는 것을 상기시키고 말해 보게 한다. 이때 관련 시각 자료를 추가로 활용할 수 있다.

> 월급은 한 달에 몇 번 받아요?
> 직장인 평균 월급이 점점 많아져요? 적어져요?

3. 교재를 같이 읽으면서 내용을 설명한다. 이때 중요한 정보가 있는 부분에 밑줄을 긋거나 표시하게 하는 것도 좋다.

4. 질문 1, 2의 답을 찾아보고 답하게 한다.

> 한국의 직장인이 받는 급여는 어떻게 구성돼요?
> 한국의 직장인에게 지급되는 급여 액수와 실제로 계좌에 입금되는 액수가 왜 달라요?

5. 3번 질문을 이용하여 학습자 자신의 경험을 말해 보도록 한다.

> 여러분 고향에서는 직장인이 어떻게 급여를 받아요?

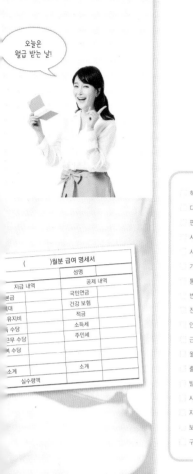

배운 어휘 확인

- 학원 강사
- 다문화 언어 강사
- 편의점 아르바이트
- 시간제
- 사업하다
- 가게를 차리다
- 통역
- 번역
- 전문성
- 안정적이다
- 근무 환경
- 월급
- 출퇴근이 자유롭다
- 발전 가능성
- 사회에 기여하다
- 자기 계발
- 보람을 느끼다
- 구인 광고
- 이력서
- 지원서
- 서류를 제출하다
- 필기시험을 보다
- 면접을 보다
- 분야
- 인원
- 제출
- 문의
- 지원
- 증명서
- 사본
- 자격증

- 이 단원에서 배운 어휘 중 기억나는 것을 말해 보세요.
- 이 단원에서 배운 문법은 뭐예요? 어떻게 사용해요?
- 한국에서 어떤 일을 하고 싶어요? 어떤 회사에서 일하고 싶어요?
- 이력서에는 어떤 내용이 들어가요?
- 한국의 직장인이 받는 급여는 어떻게 구성돼요?

마무리

1. '배운 어휘 확인' 목록을 읽으면서 이해한 단어에 ☑해 보도록 한다.

2. 배운 어휘 목록의 어휘들을 읽으면서 의미를 상기시킨다.

3. 단원에서 학습한 문법(동-기 위해서, 동-어 놓다)을 상기시키며 의미와 사용법을 기억하는지 확인한다.

4. 단원의 목표와 성취도를 확인한다.

5. 익힘책을 과제로 제시하며 다음 단원의 주제 '11과 부동산'을 예고하면서 마무리한다.

11 부동산

어휘: 집 구하기, 계약

문법: 동형 –는 데다가

　　　동형 –는다

활동: 부동산에서 집 구하기

　　　살고 싶은 집에 대해 쓰기

문화와 정보: 공유 주택(셰어 하우스)

수업 목표 및 내용

• **주제:** 부동산

• **어휘와 문법**

– 어휘: 집 구하기, 계약 관련 어휘를 익힌다.

– 문법: '동형 –는 데다가', '동형 –는다'의 의미와
　　　형태를 익혀 사용할 수 있다.

• **활동**

– 말하기: 부동산에서 구하고자 하는 집의
　　　　조건에 대해 말할 수 있다.

– 듣기: 부동산에서 전셋집을 구하는 대화를
　　　듣고 이해할 수 있다.

– 읽기: 집을 구할 때 확인해야 할 사항을 읽고
　　　이해할 수 있다.

– 쓰기: 살고 싶은 집에 대해 쓸 수 있다.

• **문화와 정보:** 공유 주택(셰어 하우스)

수업
전개

도입, 어휘　1차시　　　　　　문법　2차시

·집 구하기

·동형 –는 데다가
·동형 –는다

익힘책 pp.90-91

익힘책 pp.92-94

· 이 사람들은 무엇을 하고 있어요?
· 여러분은 집을 어떻게 구했어요?

도입

1. 교재 그림을 이용하여 학생들과 이야기하며 이 과의 주제를 노출한다.

그림❶ 🎤 이 사람들은 지금 어디에 있어요? 무엇을 하고 있어요? 여러분은 언제 여기에 가요?

그림❷ 🎤 한국에는 집의 종류가 많아요. 어떤 집들이 있어요? 여러분은 어디에 살아요?

그림❸ 🎤 핸드폰에서 무엇을 보고 있어요? 여러분도 스마트폰 앱을 사용해서 집을 구해 본 적이 있어요?

2. 대화 내용을 정리하며 이 단원에서는 '집의 종류, 집 구할 때 확인 사항' 등에 대해 공부한다는 것을 알려 준다.

이 단원을 지도할 때는…

학습자들이 현재 살고 있는 집을 어떻게 구했는지, 지금 살고 있는 집 안과 외부 환경이 어떤지 현재 거주하는 곳과 연관 지어 알려 줍니다.

말하기 듣기, 발음 3차시	읽기 4차시	쓰기, 문화와 정보, 마무리 5차시
·부동산에서 집 구하기	·집을 구할 때의 확인 사항 읽기	·살고 싶은 집에 대해 쓰기 ·공유 주택(셰어 하우스)
익힘책 p.95	익힘책 p.96	익힘책 p.97

• **주택**: 1층이나 2층으로 되어 있고 하나의 집이에요. 보통 마당이 있어요.

• **빌라**: 보통 4-5층 건물에 여러 집들이 있어요. 같은 건물에 여러 사람들이 같이 살아요.

• **아파트**: 빌라와 똑같이 한 건물 안에 여러 집들이 있고 5층 이상인 것을 말해요. 보통 아파트에는 여러 동이 있어요.

• **매매**: 집이나 자동차를 사고팔아요. 사고파는 것을 매매라고 해요.

• **전세**: 다른 사람의 집이나 방을 빌려 쓸 때 보증금을 내고 이사를 갈 때 다시 찾아가는 것을 전세라고 해요. 보통 전세 계약 기간은 2년이에요.

• **월세**: 집이나 방을 빌려 쓸 때 매달 내는 돈이에요.

• **교통**: 자동차, 지하철, 버스, 기차 등을 이용하여 다른 지역으로 이동해요.

• **편리하다**: 편하고 이용하기 쉬워요. 집 주변에 버스 정류장, 지하철역이 있어서 이용하기 편해요. 교통이 편리해요.

• **편의 시설**: 사는 데에 편한 시설이에요. 영화관, 세탁소, 공원, 마트, 시장 등이 편의 시설이에요. 집 주변에 편의 시설이 있으면 살기 좋아요.

• **전망**: 멀리 보이는 경치예요. 앞에 높은 건물이 없거나 공원 등이 있으면 전망이 좋아요.

---

1. 집의 종류에는 어떤 것이 있어요? 집을 어떻게 구했어요? 다음을 보고 이야기해 보세요.

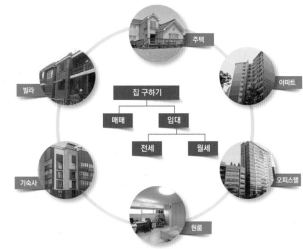

2. 여러분은 집을 구할 때 무엇을 중요하게 생각해요? 다음을 보고 이야기해 보세요.

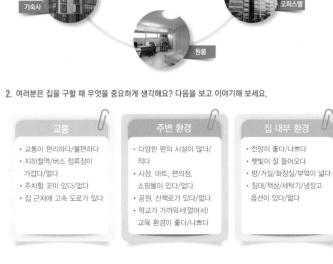

어휘 (집 구하기)

1 도입, 제시

1. 한국의 집 종류에는 어떤 것이 있는지 지금 어떤 집에서 살고 있는지를 물으며 오늘 배우는 어휘는 집을 구할 때 사용하는 표현임을 알려 준다.

   🎤 한국에는 어떤 집들이 있어요?
   여러분은 지금 어떤 집에서 살고 있어요?
   오늘은 부동산에 대해서 공부해요.

2. 교사를 따라 어휘를 소리 내어 한 번 읽도록 한다. 이때 발음에 주의하게 한다.

3. 어휘의 의미를 설명한다. 어휘가 사용된 문장을 예로 제시하거나 의미를 풀어서 설명해 준다. 상황에 따라 유의어나 반의어 등을 추가로 설명할 수 있다.

4. 배운 어휘를 소리 내어 읽도록 한다. 이때 '-어요' 형태로 단어를 읽는 등 변화를 줄 수 있다.

2 연습

1. 집을 구할 때 무엇을 중요하게 생각하는지 질문을 한다.

2. 짝과 함께 집을 구할 때 중요한 것에 대해 간단히 말해 보도록 한다.

3. 학생들끼리 이야기한 것을 교사가 정리해 주며 같이 이야기한다.

   🎤 여러분은 집을 구할 때 무엇을 중요하게 생각해요?
   교통? 주변 환경? 집 내부 환경?
   지금 살고 있는 집은 교통, 주변 환경, 집 내부 환경 중 어떤 점이 좋아요?

1 동 형 -는 데다가

어떤 동작이나 상태와 비슷한 다른 동작이나 상태가 더해짐을 나타낼 때 사용한다.

예문
- 가: 집 좀 보러 왔는데요.
- 나: 이 집은 어때세요? 교통도 편리한 데다가 주변에 편의 시설도 많아요.
- 요즘 밥을 많이 먹는 데다가 운동을 안 하니까 자꾸 살이 쪄요.
- 아파트는 사람이 많이 살 수 있는 데다가 편리하고 안전하다고 생각해요.

라민: 집이 깨끗해서 좋네요.
부동산 중개업자: 네, 깨끗한 데다가 월세도 싸요.

-는 데다가	먹다 → 먹는 데다가	만들다 → 만드는 데다가
	가다 → 가는 데다가	
-은 데다가	작다 → 작은 데다가	
	좋다 → 좋은 데다가	
-ㄴ 데다가	비싸다 → 비싼 데다가	★멀다 → 먼 데다가
	크다 → 큰 데다가	

Tip 명사일 때 '명-인 데다가'를 사용한다.

1. 그림을 보고 보기와 같이 친구와 이야기해 보세요.

방이 어때요?

보기
방이 좁은 데다가 어두워서 별로 마음에 안 들어요.

방이 좁다 / 어둡다

 1) 비가 오다 / 바람도 불다

 2) 흐엉 씨는 활발하다 / 친절하다

 3) 이 집은 남향이다 / 전망도 좋다

2. 다음에 대해 '-는 데다가'를 사용하여 특징을 두 가지 이상 이야기하세요.

- 지금 살고 있는 집
- 지금 다니는 회사
- 나의 친구

지금 살고 있는 집은 월세도 싼 데다가 버스 정류장이 가까워요.

11과 부동산 145

동 형 -는 데다가

'동 형 -는 데다가'는 어떤 동작이나 상태에 비슷한 성질의 동작이나 상태를 더해서 말할 때 사용한다. 선행절과 후행절의 주어는 같아야 하며 그 내용이 비슷한 성질이어야 한다. 명사는 '명 -인 데다가'로 사용할 수 있다. 동사의 과거는 '동 -(으)ㄴ 데다가'로 사용한다.

- 가: 요즘 사람들이 이 영화를 많이 본대요.
  나: 이 영화 내용이 재미있는 데다가 유명한 배우들이 많이 나와서 인기가 많아요.
- 제 동생은 공부를 잘하는 데다가 운동도 잘해서 인기가 많아요.
- 그 식당은 음식이 맛있는 데다가 가격도 싸서 손님들이 많아요.
- 아침에 밥을 많이 먹은 데다가 방금 간식도 먹어서 점심을 안 먹으려고 해요.

-은 데다가 (형용사 받침 O)	작다 → 작은 데다가
	좋다 → 좋은 데다가
	*춥다 → 추운 데다가
-ㄴ 데다가 (형용사, 받침 X, ㄹ 받침)	크다 → 큰 데다가
	편리하다 → 편리한 데다가
	*멀다 → 먼 데다가
-는 데다가 (동사 받침 O, X, 있다, 없다)	자다 → 자는 데다가
	먹다 → 먹는 데다가
	재미있다 → 재미있는 데다가

문법 1 (동 형 -는 데다가)

1 도입, 제시

1. 도입 그림과 대화를 통해 문법이 사용되는 상황을 인지시킨다.
   🎤 라민 씨가 집을 구경하고 있어요. 집이 어때요? 깨끗해요. 또 어때요?

2. 교재의 대표 예문을 보면서 문법의 의미를 설명한다.
   🎤 라민 씨는 집을 구경하고 있어요. 집이 깨끗해요. 그리고 월세도 싸요. 집이 깨끗한 데다가 월세도 싸요. 이렇게 하나를 이야기하고 비슷한 것을 더 이야기 할 때 '-는 데다가'를 사용해요.

3. 학생들과 교재의 예문들을 읽으면서 문법의 의미를 설명하고 이해시킨다.

4. 문법의 형태 정보를 제시하고 설명한다.

5. 추가 예문을 제시하고 문법의 의미와 사용법을 정확하게 이해시킨다.

2 연습 1

1. 〈보기〉의 대화를 교사와 함께 완성해 본다.

2. 나머지 문제를 〈보기〉의 대화처럼 짝과 완성하도록 한다.

3. 연습한 것을 발표하게 하거나 교사가 전체 학생 대상으로 답하게 하여 확인한다. 그리고 오류가 있으면 수정해 준다.

3 연습 2

1. '-는 데다가'를 활용하여 지금 살고 있는 집, 지금 다니는 회사, 나의 친구의 특징을 이야기를 하도록 한다.

2. 친구와 대화한 것을 발표하게 하고 오류가 있으면 수정해 준다.

익힘책 92~93쪽을 풀게 하거나 과제로 제시한다. 익힘책은 연습 활동 난이도에 따라 교재 연습 문제 전후로 활용한다.

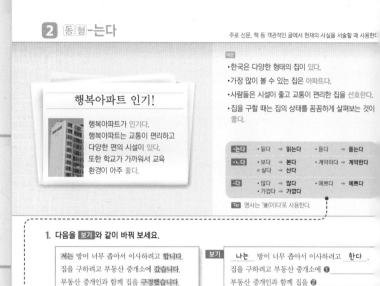

동형 -는다

'동형-는다'는 신문, 책 등 객관적인 글에서 현재의 사실을 서술할 때 사용한다. 구어적 상황에서는 듣는 사람이 말하는 사람과 친구이거나 아랫사람일 때 사용할 수 있다. 과거의 사실을 서술할 때는 '-었다'를 사용한다. 명사는 '-이다'로 사용할 수 있다.

• 많은 사람들이 교통이 편리한 집을 찾는다.

• 시험 기간이라서 학생들이 도서관에서 공부한다.

• 이 집은 넓은 데다가 깨끗하다.

• 이 사람은 내 회사 동료이다.

-는다 (동사 받침 O)	먹다 → 먹는다 잡다 → 잡는다 신다 → 신는다
-ㄴ다 (동사 받침 X, ㄹ 받침)	가다 → 간다 공부하다 → 공부한다 *만들다 → 만든다
-다 (형용사 받침 O, X)	예쁘다 → 예쁘다 넓다 → 넓다 덥다 → 덥다

문법 2 (동형 -는다)

1 도입, 제시

1. 도입 그림과 문장을 통해 문법이 사용되는 상황을 인지시킨다.

🎤 이 글은 지금 무슨 글이에요? '-어요'로 쓰여 있어요?

2. 교재의 대표 예문을 보면서 문법의 의미를 설명한다.

🎤 여기 신문 기사가 있어요. 행복아파트가 인기다. 행복아파트는 교통이 편리하고 다양한 편의 시설이 있다. 신문이나 책 등에서는 '-어요'를 쓰지 않고 '-는다'를 사용해요.

3. 학생들과 교재의 예문들을 읽으면서 문법의 의미를 설명하고 이해시킨다.

4. 문법의 형태 정보를 제시하고 설명한다.

5. 추가 예문을 제시하고 문법의 의미와 사용법을 정확하게 이해시킨다.

2 연습 1

1. 〈보기〉의 문장을 교사와 함께 완성해 본다.

2. 나머지 문제를 〈보기〉의 문장처럼 완성하도록 한다.

3. 연습한 것을 발표하게 하거나 교사가 전체 학생 대상으로 답하게 하여 확인한다. 그리고 오류가 있으면 수정해 준다.

3 연습 2

1. 하이라이트 되어 있는 부분을 유의하며 글을 읽어 보도록 한다.

2. 연습한 것을 발표하게 하거나 교사가 전체 학생과 함께 읽어 보며 '-는다'를 상기시킨다.

익힘책 94쪽을 풀게 하거나 과제로 제시한다. 익힘책은 연습 활동 난이도에 따라 교재 연습 문제 전후로 활용한다.

1. 라민 씨와 부동산 중개인이 부동산 중개소에서 이야기합니다. 다음 대화처럼 이야기해 보세요.

라민: 안녕하세요? 집 좀 보려고 하는데요.

부동산 중개인: 어서 오세요. 어떤 집을 구하세요?

라민: 방 두 개인 월세 빌라를 찾고 있어요.

부동산 중개인: 잠깐만요. 마침 새로 나온 집이 있어요.
남향인 데다가 새로 수리해서 깨끗하고요.

라민: 아, 그래요? 근처에 지하철역이 있으면 좋겠어요.

부동산 중개인: 네, 있어요. 걸어서 5분 거리에
지하철이 있어요. 한번 보시겠어요?

라민: 네, 지금 바로 보여 주세요.

1) 방 두 개인 월세 빌라를 찾다 │ 남향인 데다가 새로 수리해서 깨끗하다
근처에 지하철역이 있다 │ 걸어서 5분 거리에 지하철이 있다

2) 방이 큰 원룸을 구하다 │ 근처에 편의 시설이 있는 데다가 주차장도 있다
방에 가구와 전자 제품이 있다 │ 침대와 책상, 세탁기와 냉장고 옵션이 있다

발음

* **월세**[월쎄]

* **찾고 있어요**[차꼬 이써요]

* **깨끗하고요**[깨끄타고요]

* **지하철역**[지하철력]

2. 여러분은 어떤 집이 더 마음에 들어요? 다음 집의 조건을 보고 이야기해 보세요.

행복빌라

* 전망이 좋다
* 근처에 편의 시설이 많다
* 주차장과 테라스가 있다

사랑빌라

* 교통이 편리하다
* 학교, 학원 등 교육 환경이 좋다
* 주변 환경이 깨끗하고 안전하다

단어장
테라스

11과 부동산 147

부동산에서 집 구하기

1 대화문 연습

1. 집을 구할 때 어디에 가는지 이야기하며 교재의 그림을 이용해 어떤 상황인지 추측해 보도록 한다.

🎙 여러분은 집을 구할 때 어디에 가요?
라민 씨가 어디에 있어요?
라민 씨는 지금 무엇을 해요?

2. 지시문을 이용하여 대화 상황을 학생들에게 명확하게 알려 준다.

3. 대화를 들려주고 간단한 질문을 하여 대화 내용을 이해했는지 확인한다.

🎙 라민 씨는 어떤 집을 구하고 있어요?
구경하러 갈 집은 깨끗해요? 지하철역이 가까워요?

4. 교사와 함께 대화문을 읽으면서 자연스럽게 말하는 연습을 한다. 두 번 정도 반복해서 연습한다.

5. 교체 어휘를 활용하여 짝과 함께 연습하게 한다.

6. 연습이 끝나면 한두 팀을 발표시키거나 교사가 전체 학생을 대상으로 확인한다.

2 확장 연습

1. 집의 조건을 보고 더 마음에 드는 집에 대해 말하기를 한다고 알려 준다. 단어장에 있는 어휘를 설명한다.

2. 짝과 같이 집의 조건을 보고 마음에 드는 집에 대해 이야기를 하게 한다. 대화를 할 때는 다음과 같은 내용을 포함하여 말하도록 지시한다.

🎙 행복빌라의 조건은 뭐예요? 사랑빌라의 조건은 뭐예요? 왜 그 집이 더 마음에 들어요?

3. 이야기가 끝나면 한두 팀을 발표시키거나 교사가 전체 학생을 대상으로 확인하고 오류를 수정해 준다.

11-L.mp3

후 엔(여):	안녕하세요. 집 좀 알아보려고 하는데요.	
부동산 중개인(남):	어서 오세요. 어떤 집을 찾으세요?	
후 엔(여):	전세로, 방 두 개에, 학원가 근처에 있는 아파트면 좋겠어요.	
부동산 중개인(남):	잠깐만요. 이번에 새로 나온 집이 두 곳 있어요. 전세금은 하나가 8,000만 원이고, 다른 하나가 9,000만 원이에요.	
후 엔(여):	두 집이 어떻게 달라요?	
부동산 중개인(남):	두 집 모두 방도 두 개 있고 학원가 근처에 있어요. 그런데 한 곳은 교통이 편리한 데다가 주변에 편의 시설이 많고요. 다른 곳은 남향이어서 햇빛이 잘 들고 전망도 좋아요. 지금 보러 가실래요?	
후 엔(여):	네, 한번 보고 싶어요.	

---

1. 여러분은 집을 구할 때 어떤 조건을 중요하게 생각합니까?

조건	중요도
교통	☆☆☆☆☆
집 구조	☆☆☆☆☆
편의 시설	☆☆☆☆☆
교육 환경	☆☆☆☆☆

2. 후엔 씨와 부동산 중개인의 대화입니다. 잘 듣고 질문에 답해 보세요. 11-L.mp3

1) 후엔 씨는 어떤 집을 찾고 있습니까?
   방 두 개에 학원가 근처에 있는 아파트를 찾고 있습니다.

2) 부동산 중개인은 어떤 집을 소개했습니까?

집 1				집 2			
원룸 ☐	빌라 ☐	주택 ☐	아파트 ✔	원룸 ☐	빌라 ☐	주택 ☐	아파트 ✔
월세 ☐	전세 ✔	매매 ☐		월세 ☐	전세 ✔	매매 ☐	
8,000만 원				9,000만 원			

3) 두 집의 조건은 어떻게 다릅니까?

집 1	• 교통이 편리하다 • 주변에 편의 시설이 많다
집 2	• 남향이어서 햇빛이 잘 든다 • 전망이 좋다

발음 11-P.mp3

[ㅂ, ㄷ, ㄱ] + [ㄴ, ㅁ] ➡ [ㅁ, ㄴ, ㅇ] + [ㄴ, ㅁ]

먹는[멍는]
듣는[든는]
입는[임는]

다음을 듣고 따라 읽으세요.
1) 건강을 위해서 아침에는 밥을 꼭 먹는 편이다.
2) 나는 비가 올 때 혼자 음악 듣는 것을 좋아한다.
3) 애나 씨는 옷을 잘 입는 데다가 성격도 좋아서 인기가 많다.

부동산에서 집 구하기

1. 지시문을 이용하여 들을 내용과 관련있는 이야기를 나눈다.

   🎙 후엔 씨는 지금 어디에 있어요?
   후엔 씨는 지금 뭐 하고 있어요?
   후엔 씨는 어떤 집을 구하고 싶어 해요?

2. 문제를 읽고 들어야 하는 정보를 파악하게 한다.

   🎙 후엔 씨는 어떤 집을 찾고 있어요?
   두 집의 전세금이 같아요?
   처음 말한 집의 조건은 뭐예요?

3. 듣기 파일을 두 번 듣고 문제를 풀게 한다.

4. 교재 질문의 답을 확인한 후 해당 대화를 같이 읽으며 내용을 확인한다. 필요한 경우 단어장의 어휘 의미를 설명한다.

발음
11-P.mp3

1. 교재 1번 발음을 들려주고 '먹는', '듣는', '입는'의 발음이 어떻게 들리는지 학습자 스스로 확인해 보도록 한다.

2. '는' 앞에 오는 '먹', '듣', '입'이 [멍], [든], [임]으로 발음된다는 것을 알려 준다.

   🎙 비음 [ㄴ, ㅁ] 앞에 오는 'ㅂ, ㄷ, ㄱ'은 [ㄷ, ㄴ, ㅇ]로 발음돼요.

3. 교재에 제시된 발음을 따라해 보도록 한다.

4. 교재에 제시된 문장의 발음을 따라해 보도록 한다.

5. 교재 문장을 읽으며 연습하게 한 후에 확인한다.

• 비음 [ㄴ, ㅁ] 앞에 나타나는 비음화

  – 비음 [ㄴ, ㅁ] 앞에 오는 'ㄱ, ㄷ, ㅂ'은 [ㅇ, ㄴ, ㄷ]로 발음된다.
  – 비음화란 'ㄱ, ㄷ, ㅂ'을 [ㅇ, ㄴ, ㄷ]로 발음하는 것을 말한다.

  예 국물[궁물], 닫는[단는], 잡는[잠는]

여러분은 집을 보러 갈 때 무엇을 확인합니까? 중요하게 생각하는 곳에 ✓ 표시해 보세요.

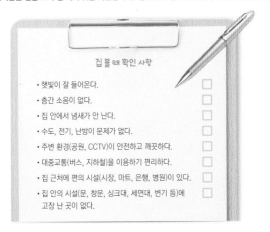

집 볼 때 확인 사항

- 햇빛이 잘 들어온다. ☐
- 층간 소음이 없다. ☐
- 집 안에서 냄새가 안 난다. ☐
- 수도, 전기, 난방이 문제가 없다. ☐
- 주변 환경(공원, CCTV)이 안전하고 깨끗하다. ☐
- 대중교통(버스, 지하철)을 이용하기 편리하다. ☐
- 집 근처에 편의 시설(시장, 마트, 은행, 병원)이 있다. ☐
- 집 안의 시설(문, 창문, 싱크대, 세면대, 변기 등)에 고장 난 곳이 없다. ☐

- **층간 소음:** 윗집 아랫집의 소리가 들려서 시끄러워요. 층간 소음 때문에 위층과 아래층 사람들이 서로 싸우기도 해요.

- **등기부 등본:** 땅, 집 같은 부동산의 주인이 누구인지를 적어 놓은 거예요. 그동안 이 집의 주인이 누구였는지, 주소 등이 적혀 있어요.
- **신축:** 새로 지은 건물이에요.
- **전입 신고:** 사는 곳을 옮길 때에 새로 살게 된 곳을 구청이나 주민 센터에 알리는 거예요. 이사를 하면 꼭 전입 신고를 해야 해요.

여러분은 지금 살고 있는 집을 어떻게 구했습니까? 보기 에서 관련 있는 것을 써 보세요.

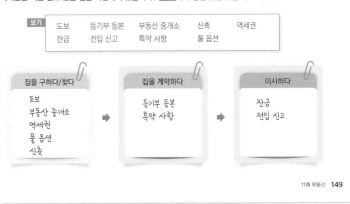

보기

| 도보 | 등기부 등본 | 부동산 중개소 | 신축 | 역세권 |
| 잔금 | 전입 신고 | 특약 사항 | 풀 옵션 | |

집을 구하다/찾다
도보
부동산 중개소
역세권
풀 옵션
신축
➡

집을 계약하다
등기부 등본
특약 사항
➡

이사하다
잔금
전입 신고

11과 부동산 149

집 볼 때 확인 사항

1. 1번 자료를 보며 주요 정보를 파악하게 한다.

🎤 여러분은 집을 보러 갈 때 무엇을 꼭 확인해요?
집을 볼 때 어떤 걸 꼭 확인해야 해요?
왜 그것을 꼭 확인해야 해요?

2. 학생들에게 자신이 표시한 것에 대해 이유와 함께 말해 보도록 한다.

3. 2번 자료를 보며 주요 정보를 파악하게 한다.

🎤 여러분은 지금 살고 있는 집을 어떻게 구했어요?
집을 구할 때, 계약할 때, 이사할 때 무엇을 해요?
무엇을 확인해요?

4. 2번의 질문에 해당하는 정보를 찾게 한다.

5. 답을 같이 확인한 후, 다시 읽으며 새 어휘를 확인한다. 필요한 경우 보충 설명을 덧붙인다.

3. 다음은 집을 구할 때의 확인 사항입니다. 잘 읽고 질문에 답해 보세요.

집을 구할 때의 확인 사항

집을 구할 때는 꼼꼼하게 확인해야 하는 것들이 있다. 집을 보러 다닐 때 가장 중요한 사항은 이사 갈 집의 안과 주변 상태를 살펴보는 것이다. 예를 들어, 집 안에 해가 잘 들어오는지, 소음이 없는지, 수도, 전기, 난방은 문제가 없는지, 시설(문, 창문, 싱크대, 세면대, 변기 등)에 고장 난 곳이 있는지 확인한다. 또한 집 주변에는 편의 시설이 있는지, 안전한지, 교통이 편리한지도 살펴봐야 한다.

집이 마음에 들어 계약하고 싶다면 집주인과 직접 계약하는 것이 안전하다. 부동산 중개업자가 대신 계약하는 경우 사고가 발생할 수 있다. 그리고 계약서를 꼼꼼하게 읽어 보고 입금 계좌가 집주인의 것인지 확인하고, 집수리 등 특약 사항을 자세하게 쓴다. 말로만 이야기하면 집에 문제가 생겼을 때 집주인이 약속을 안 지키는 경우가 있다. 특히 등기부 등본을 꼭 확인해야 한다. 집을 계약하는 사람이 집주인인 척하면서 다른 사람의 집을 팔거나 세를 준 후에 도망가는 경우가 있기 때문이다.

집을 계약한 후 이사하는 날 잔금을 지불하고 집 열쇠(또는 비밀번호)를 받는다. 그 후, 계약한 집에 이삿짐을 옮긴다. 전세나 월세로 집을 구하는 경우에는 주민 센터에 꼭 방문하여 전입 신고를 하고 확정 일자를 받아야 한다. 이렇게 하면 보증금을 안전하게 돌려받을 수 있다.

1) 집 보러 다닐 때 무엇을 확인해야 합니까?

집 안 : 해가 잘 들어오는지, 소음이 없는지, 수도, 전기, 난방은 문제가 없는지, 시설에 고장 난 곳이 있는지 확인해야 합니다.

집 주변 : 편의 시설이 있는지, 안전한지, 교통이 편리한지 확인해야 합니다.

2) 계약할 때 무엇을 주의해야 합니까? 알맞은 말을 넣으십시오.

❶ 계약은 (집주인)와/과 직접 하는 것이 안전하다.

❷ 계약서의 입금 계좌가 집주인의 것인지 확인하고, (특약 사항)은/는 자세하게 쓴다.

3) 이사할 때 무엇을 해야 합니까? 순서대로 쓰십시오.

가 ➡ 나 ➡ 다 ➡ 라

(가) 잔금을 지불한다.   (나) 집 열쇠(또는 비밀번호)를 받는다.

(다) 새집에 이삿짐을 옮긴다.   (라) 주민 센터에서 전입 신고를 한다.

집을 구할 때의 확인 사항 읽기

1. 글 제목을 보며 글의 내용을 유추하게 한다.

🎤 '집을 볼 때 확인 사항'앞에서도 봤어요.
집을 구할 때 무엇을 확인해야 해요?

2. 글을 훑어 읽게 한 후 주제, 중심 내용 등을 간단히 말해 보도록 한다.

🎤 집을 보러 다닐 때 집 안과 집 주변에서 무엇을 확인해야 해요?
계약할 때 누구와 하는 것이 안전해요?
계약서를 자세히 안 쓰고 집주인과 이야기만 해도 괜찮아요?
이사하기 전에 잔금을 내요? 전입 신고는 언제 해요?

3. 글을 다시 읽으면서 문제를 풀게 한다.

4. 답을 같이 확인한 후, 본문을 다시 읽으며 모르는 어휘가 없는지 확인한다. 필요한 경우 새로운 어휘, 표현을 설명한다.

1. 여러분은 어떤 집에서 살고 싶어요?

살고 싶은 집

❶ 집의 위치

❷ 집의 형태
(원룸, 주택, 빌라, 아파트)

❸ 집의 구조
(방, 거실, 부엌, 마당 등)

❹ 집 주변 환경

2. '-는다/다'를 사용하여 여러분이 살고 싶은 집에 대해 써 보세요.

내가 살고 싶은 집

살고 싶은 집에 대해 쓰기

1. 어떤 글을 쓸지 알려 주고 글에 들어갈 내용을 생각해 보게 한다.

   🎙 여러분은 어떤 집에서 살고 싶어요? 집은 어디에 있으면 좋겠어요?
   원룸, 아파트, 주택 어디에 살고 싶어요? 방이 몇 개 있으면 좋겠어요?
   집 주변은 어떠하면 좋겠어요?

2. 교재 질문에 대해 자신이 쓸 내용을 간단히 메모하도록 한다. 교사는 학생들이 쓴 메모에 오류가 없는지 확인해 준다.

3. 메모한 내용을 바탕으로 글을 완성하게 한다.

공유 주택 (셰어 하우스)

공유 주택은 2인 이상의 사람들과 집을 공유하는 임대 주택으로서 최근에 젊은 세대 사이에서 급속히 퍼져 나가고 있다. 공유 주택에서는 거실, 주방, 기타 편의 공간(세탁실, 운동실, 공부방 등)을 같이 사용하지만 각자의 독립된 공간을 가질 수 있다. 당연히 한 사람이 부담해야 하는 공유 주택의 월세는 주변 집세보다 싸면서도 계약 기간은 최소 1개월이기 때문에 사회 초년생들에게 인기가 있다. 공유 주택이 인기가 있는 것은 경제적인 이유 때문만은 아니다. 퇴근 후나 주말에는 거주하는 사람들과 식사도 하고 여가 시간을 보내면서 대화하거나 취미 생활을 함께할 수 있는 것도 장점이다.

공유 주택에서 '따로 또 같이' 살면서 집세, 생활비를 절약하고 다양한 인간관계와 일상생활을 경험하는 것은 이제 젊은 세대의 주거 문화가 되고 있다.

1) 공유 주택은 무엇입니까?
2) 공유 주택이 젊은 세대에게 인기가 있는 이유는 무엇입니까?
3) 여러분은 공유 주택에서 살게 된다면 어떤 사람들과 함께하고 싶습니까?

공유 주택 (셰어 하우스)

1. 이 단원의 문화와 정보가 무엇에 대한 것인지 알려 준다.

🎤 여러분은 지금 집에서 혼자 살아요? 아니면 다른 사람과 같이 살아요? 요즘 다른 사람과 같이 사는 사람들이 많아졌어요. 한 집을 다른 사람과 나눠서 사는 것을 공유 주택이라고 해요. 오늘은 '공유 주택'에 대해 알아봅시다.

2. 교재의 사진을 보면서 주제에 대해 알고 있는 것을 상기시키고 말해 보게 한다. 이때 관련 시각 자료를 추가로 활용할 수 있다.

🎤 방에 혼자 있어요? 다른 사람과 같이 있어요?
밥을 먹는 주방은 다른 사람과 같이 사용해요? 혼자만 사용해요?

3. 교재를 같이 읽으면서 내용을 설명한다. 이때 중요한 정보가 있는 부분에 밑줄을 긋거나 표시하게 하는 것도 좋다.

4. 질문 1, 2의 답을 찾아보고 답하게 한다.

🎤 공유 주택은 무엇이에요?
공유 주택이 왜 젊은 세대에게 인기가 있어요?

5. 3번 질문을 이용하여 학습자 자신의 경험을 말해 보도록 한다.

🎤 여러분은 공유 주택에서 살게 된다면 어떤 사람들과 같이 살고 싶어요?

배운 어휘 확인

주택	테라스
아파트	층간 소음
오피스텔	도보
빌라	등기부 등본
원룸	부동산 중개소
기숙사	신축
매매	역세권
임대	잔금
전세	전입 신고
월세	특약 사항
편의 시설	풀 옵션
산책로	
전망	
햇빛	
내부	
환경	
형태	
선호하다	

11과 부동산 **153**

- 이 단원에서 배운 어휘 중 기억나는 것을 말해 보세요.
- 이 단원에서 배운 문법은 뭐예요? 어떻게 사용해요?
- 집의 종류에는 어떤 것이 있어요?
- 집을 구할 때 무엇을 확인해야 해요?
- 공유 주택이 왜 젊은 세대에게 인기가 있어요?

마무리

1. '배운 어휘 확인' 목록을 읽으면서 이해한 단어에 ☑해 보도록 한다.

2. 배운 어휘 목록의 어휘들을 읽으면서 의미를 상기시킨다.

3. 단원에서 학습한 문법(통형-는 데다가, 통형-는다)을 상기시키며 의미와 사용법을 기억하는지 확인한다.

4. 단원의 목표와 성취도를 확인한다.

5. 익힘책을 과제로 제시하며 다음 단원의 주제 '12과 전통 명절'을 예고하면서 마무리한다.

12 전통 명절

어휘: 명절 풍습

문법: 동형-어도

　　 동-게 되다

활동: 명절 풍습 이야기하기

　　 한국과 고향의 명절 비교하기

문화와 정보: 강릉 단오제

수업 목표 및 내용

- **주제:** 전통 명절
- **어휘와 문법**
  - 어휘: 명절 풍습 관련 어휘를 익힌다.
  - 문법: '동형-어도', '동-게 되다'의 의미와 형태를 익혀 사용할 수 있다.
- **활동**
  - 말하기: 명절 풍습에 대해 이야기할 수 있다.
  - 듣기: 추석 명절에 대한 뉴스를 듣고 이해할 수 있다.
  - 읽기: 한국의 명절에 대한 글을 읽고 이해할 수 있다.
  - 쓰기: 한국과 고향의 명절을 비교하는 글을 쓸 수 있다.
- **문화와 정보:** 강릉 단오제

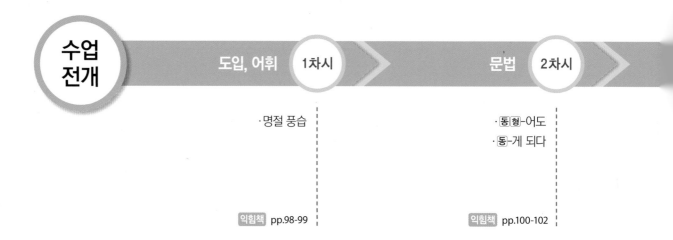

수업 전개	도입, 어휘	1차시		문법	2차시
		·명절 풍습			·동형-어도 ·동-게 되다
		익힘책 pp.98-99			익힘책 pp.100-102

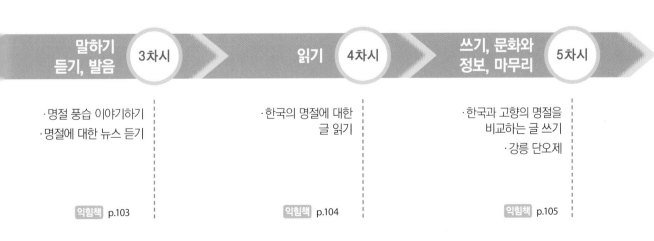

· 어떤 명절이에요? 이 사람들은 무엇을 하고 있어요?
· 여러분은 설날과 추석에 어떻게 지내요?

도입

1. 교재 그림을 이용하여 학생들과 이야기하며 이 과의 주제를 노출한다.

그림❶ 🎤 이 사람들은 무슨 옷을 입었어요? 그리고 무엇을 하고 있어요? 언제 이렇게 절을 할까요?

그림❷ 🎤 이 사람들은 지금 어디에 갈까요? 언제 이런 모습을 볼 수 있어요?

그림❸ 🎤 가족이 함께 무엇을 만들고 있어요? 이 음식은 언제 먹어요?

2. 대화 내용을 정리하며 이 단원에서는 '한국의 명절, 명절 풍습' 등에 대해 공부한다는 것을 알려 준다.

이 단원을 지도할 때는…

학습자들이 2권에서 한국의 명절, 설날, 추석에 하는 일에 대해서 배웠으니 설날, 추석에 하는 일에 대해 물으며 가르칩니다.

이 단원과 관계있는 단원은 아래와 같습니다.
· 주제: 명절
　　－ 2권 11과

말하기 듣기, 발음	3차시	읽기	4차시	쓰기, 문화와 정보, 마무리	5차시
·명절 풍습 이야기하기 ·명절에 대한 뉴스 듣기		·한국의 명절에 대한 글 읽기		·한국과 고향의 명절을 비교하는 글 쓰기 ·강릉 단오제	
익힘책 p.103		익힘책 p.104		익힘책 p.105	

• **설날:** 음력 1월 1일로 새해 첫날이에요. 어른께 세배를 해요. 설날에는 보통 떡국을 먹어요. 떡국 한 그릇을 먹으면 한 살 더 먹는다고 생각해요. 설날에 가족과 함께 윷놀이를 하거나 연날리기, 제기차기 같은 놀이를 해요.

• **정월 대보름:** 음력으로 첫 보름달이 뜨는 날이에요. 정월 대보름에는 오곡밥과 호두, 땅콩 같은 부럼을 먹어요.

• **추석:** 음력 8월 15일이고 한가위라고도 해요. 한 해 동안 농사를 잘하게 해 준 것에 대해 조상님께 감사하는 명절이에요. 추석에는 햇곡식으로 송편을 만들어 먹고 햇과일도 먹어요. 그리고 보름달을 보며 소원을 빌어요.

• **동지:** 일 년 중에서 밤이 가장 길고 낮이 가장 짧은 날이에요. 동지에는 동지 팥죽을 먹는데 팥죽의 붉은색이 집에 있는 나쁜 것을 쫓아낸다고 믿어요.

• **부럼:** 정월 대보름 아침에 먹는 잣, 밤, 호두, 땅콩 등을 말해요. 부럼은 여러 번 깨물지 않고 한 번에 깨물어 먹는 것이 좋아요. 부럼을 먹는 이유는 일 년 동안 피부병이 생기지 말라는 것이에요.

• **차례를 지내다:** 명절에 음식을 만들어서 조상님들께 드리는 거예요. 가족이 함께 조상님을 생각한다는 의미가 있어요.

---

1. 한국에는 어떤 명절이 있어요? 명절이 언제이고 명절에 어떤 음식을 먹는지 이야기해 보세요.

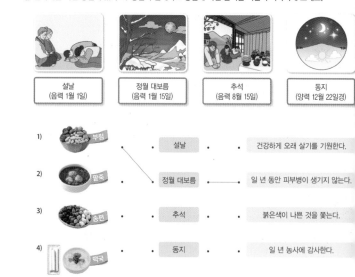

설날 (음력 1월 1일) · 정월 대보름 (음력 1월 15일) · 추석 (음력 8월 15일) · 동지 (양력 12월 22일경)

1) 부럼 · 설날 · 건강하게 오래 살기를 기원한다.
2) 팥죽 · 정월 대보름 · 일 년 동안 피부병이 생기지 않는다.
3) 송편 · 추석 · 붉은색이 나쁜 것을 쫓는다.
4) 떡국 · 동지 · 일 년 농사에 감사한다.

2. 설날과 추석에는 어떤 풍습과 놀이가 있어요? 이야기해 보세요.

가족과 친척들이 모여 윷놀이를 하다 · 연날리기, 제기차기 놀이를 즐기다 · 보름달을 보며 소원을 빌다 · 햇곡식과 햇과일로 차례를 지내다

156 사회통합프로그램(KIIP) 한국어와 한국문화 중급 1

어휘 (명절 풍습)

1 도입, 제시

1. 한국에는 어떤 명절이 있는지 그 명절은 언제이고 어떤 음식을 먹는지 물으며 오늘 배우는 어휘는 명절 풍습에 대한 표현임을 알려 준다.

🎤 여러분 한국에는 어떤 명절이 있어요?
그 명절은 언제예요? 그 명절에는 어떤 음식을 먹어요?

2. 교사를 따라 어휘를 소리 내어 한 번 읽도록 한다. 이때 발음에 주의하게 한다.

3. 어휘의 의미를 설명한다. 어휘가 사용된 문장을 예로 제시하거나 의미를 풀어서 설명해 준다. 상황에 따라 유의어나 반의어 등을 추가로 설명할 수 있다.

4. 배운 어휘를 소리 내어 읽도록 한다. 이때 '-어요' 형태로 단어를 읽는 등 변화를 줄 수 있다.

2 연습

1. 설날과 추석에 어떤 풍습과 놀이가 있는지 질문을 한다.

2. 짝과 함께 설날과 추석에 하는 풍습과 놀이에 대해 간단히 말해 보도록 한다.

3. 학생들끼리 이야기한 것을 교사가 정리해 주며 같이 이야기한다.

🎤 설날과 추석에는 어떤 풍습과 놀이가 있어요?
여러분은 설날과 추석에 무엇을 해 봤어요?
설날에는 가족과 친척들이 모여 윷놀이를 하고 연날리기, 제기차기 등의 놀이를 해요. 추석에는 보름달을 보며 소원을 빌어요. 그리고 햇곡식과 햇과일로 차례를 지내요.

1 동 형 -어도

앞의 행동이나 상태와 관계없이 뒤의 상황이 있음을 나타낸다.

라민: 선배, 공부 때문에 바쁜데 이번 추석 때 고향에 가요?
정우: 그럼. 아무리 바빠도 명절에는 꼭 고향에 가야지. 부모님이 기다리시거든.

예문
- 가: 비가 오면 이번 행사가 취소됩니까?
  나: 아닙니다. 비가 와도 행사는 진행됩니다.
- 나는 시간이 없어도 아침밥을 꼭 먹는다.
- 고천 씨는 몸이 아무리 아파도 수업 시간에 결석하지 않는다.

-아도	· 작다 → 작아도 · 가다 → 가도
-어도	· 먹다 → 먹어도 · 가르치다 → 가르쳐도
-해도	· 공부하다 → 공부해도 · 피곤하다 → 피곤해도

1. 그림을 보고 보기와 같이 친구와 이야기해 보세요.

매일 운동을 해요?

보기

네, 저는 아무리 피곤해도 매일 운동을 해요.

피곤하다
매일 운동을 하다

1)

날씨가 춥다

차가운 커피만 마시다

2)

늦게 자다
6시에 꼭 일어나다

3)

한국어로 말하는 것이 어렵다
평소에 한국어로만 말하다

2. 여러분이 매일 꼭 하는 일에 대해 친구들과 이야기하세요.

힘들어도 꼭 하는 일이 있어요?

저는 퇴근 후에 힘들어도 아이와 놀아 줘요.

12과 전통 명절 157

동 형 -어도

앞의 행동이나 상태와 관계없이 뒤의 상황이 있음을 나타낸다. 흔히 부사 '아무리'와 함께 쓰여 그 내용을 강조한다. 명사는 '명-어도'로 사용할 수 있다. 명사에 받침이 없으면 '명-여도'라고 쓴다.

- 가: 감기 다 나았어요?
  나: 아니요. 약을 계속 먹어도 안 나아요.
- 아무리 찾아도 안경이 어디 있는지 모르겠어요.
- 그 식당이 아무리 멀어도 꼭 갈 거예요.
- 그 사람은 슬퍼도 잘 울지 않아요.

-아도 (ㅏ, ㅗ O)	자다 → 자도 비싸다 → 비싸도 *아프다 → 아파도
-어도 (ㅏ, ㅗ X)	막히다 → 막혀도 *슬프다 → 슬퍼도 *듣다 → 들어도 *춥다 → 추워도
-해도 (하다)	공부하다 → 공부해도 말하다 → 말해도

문법 1 (동 형 -어도)

1 도입, 제시

1. 도입 그림과 대화를 통해 문법이 사용되는 상황을 인지시킨다.

🎤 정우 선배가 공부 때문에 많이 바빠요. 시간이 없어요. 고향에 가요?

2. 교재의 대표 예문을 보면서 문법의 의미를 설명한다.

🎤 정우 선배는 공부 때문에 많이 바빠요. 시간이 없어요. 그러면 고향에 가기 쉬워요? 어려워요? 바쁘면 고향에 가기 어려워요. 하지만 바쁜 것과 관계없이 고향에 가요. 아무리 바빠도 명절에는 고향에 가요. 이렇게 앞의 상황과 관계없이 뒤의 상황을 이야기할 때 '-어도'를 사용해요.

3. 학생들과 교재의 예문들을 읽으면서 문법의 의미를 설명하고 이해 시킨다.

4. 문법의 형태 정보를 제시하고 설명한다.

5. 추가 예문을 제시하고 문법의 의미와 사용법을 정확하게 이해시킨다.

2 연습 1

1. 〈보기〉의 대화를 교사와 함께 완성해 본다.

2. 나머지 문제를 〈보기〉의 대화처럼 짝과 완성하도록 한다.

3. 연습한 것을 발표하게 하거나 교사가 전체 학생 대상으로 답하게 하여 확인한다. 그리고 오류가 있으면 수정해 준다.

3 연습 2

1. '-어도'를 활용하여 매일 꼭 하는 일에 대해 이야기를 하도록 한다.

2. 친구와 대화한 것을 발표하게 하고 오류가 있으면 수정해 준다.

익힘책 100~101쪽을 풀게 하거나 과제로 제시한다. 익힘책은 연습 활동 난이도에 따라 교재 연습 문제 전후로 활용한다.

图-게 되다

외부의 영향으로 어떤 결과가 생기거나, 상황(상태)이 변하는 것을 나타낸다. 부정문은 '图-게 되지 않다, 안 图-게 되다'로 쓴다. '안 图-게 되다'는 주로 구어에서 사용한다. 과거는 '되다'에 '-었-'을 붙여 쓰고 주로 '图-게 되었다'의 형태로 사용한다. '결국, 마침내, 드디어' 등의 부사와 자주 결합한다.

- 가: 어디 여행 가세요?
  나: 아니요. 회사 일로 부산에 출장을 <u>가게 되었어요</u>.
- 티켓이 생겨서 뮤지컬을 <u>보게 됐어요</u>.
- 옆집에 살아서 <u>친해지게 됐어요</u>.
- 라민 씨와 같이 수업을 <u>듣게 돼서</u> 좋아요.

-게 되다 (받침 O, X)	보다 → 보게 되다 받다 → 받게 되다 잘 하다 → 잘 하게 되다 *살다 → 살게 되다

---

2 图-게 되다

외부의 영향으로 어떤 결과가 생기거나, 상황(상태)이 변하는 것을 나타낸다.

마리셀: 두 분은 처음에 어떻게 만나셨어요?
김영욱: 친한 친구 소개로 만나게 됐어.

> 예문
> • 가: 제이슨 씨, 왜 짐을 싸고 있어요? 이사 가요?
>   나: 네. 싸고 좋은 집을 구해서 이사 가게 됐어요.
> • 장사가 안 돼서 가게 문을 닫게 되었다.
> • 이번에 새로운 회사에 들어가게 되어서 정말 기쁘다.

-게 되다	• 먹다 → 먹게 되다 • 가다 → 가게 되다

1. 보기 와 같이 친구와 이야기해 보세요.

> 안젤라 씨는 한국에 와서 달라진 게 있어요?

> 고향에서는 매운 음식을 못 먹었는데 이제는 매운 음식을 잘 먹게 됐어요.

	이름	한국에 오기 전	한국에 온 후
보기	안젤라	매운 음식을 못 먹다	매운 음식을 잘 먹다
1)	잠시드	밤에 일찍 자다	늦게 자다
2)	이링	한국 문화를 잘 모르다	한국 문화를 이해하다
3)	아나이스	한국의 명절 풍습을 모르다	설날과 추석에 대해 잘 알다
4)	제이슨	한국어를 한 마디도 못하다	한국어를 어느 정도 할 수 있다

2. 여러분이 한국 생활을 하면서 달라진 점에 대해 이야기해 보세요.

> 처음에는 한국 역사에 대해 관심이 없었는데 역사 드라마를 보고 관심을 가지게 됐어요.

단어장
풍습

문법 2 (图-게 되다)

1 도입, 제시

1. 도입 그림과 대화를 통해 문법이 사용되는 상황을 인지시킨다.

   🎤 김영욱 씨와 고천 씨는 어떻게 만났어요?

2. 교재의 대표 예문을 보면서 문법의 의미를 설명한다.

   🎤 고천 씨와 김영욱 씨가 어떻게 만났어요? 친한 친구가 소개해줬어요. 다른 사람이 소개해 줘서 만나게 됐어요. 이렇게 다른 것, 외부의 상황에 의해 어떤 결과나 상황이 나타나면 '-게 되다'를 사용해요.

3. 학생들과 교재의 예문들을 읽으면서 문법의 의미를 설명하고 이해시킨다.

4. 문법의 형태 정보를 제시하고 설명한다.

5. 추가 예문을 제시하고 문법의 의미와 사용법을 정확하게 이해시킨다.

2 연습 1

1. 〈보기〉의 대화를 교사와 함께 완성해 본다. 단어장에 있는 어휘를 설명한다.

2. 나머지 문제를 〈보기〉의 대화처럼 짝과 완성하도록 한다.

3. 연습한 것을 발표하게 하거나 교사가 전체 학생 대상으로 답하게 하여 확인한다. 그리고 오류가 있으면 수정해 준다.

3 연습 2

1. '-게 되다'를 활용하여 한국 생활을 하면서 달라진 점에 대해 이야기를 하도록 한다.

2. 친구와 대화한 것을 발표하게 하고 오류가 있으면 수정해 준다.

익힘책 101-102쪽을 풀게 하거나 과제로 제시한다. 익힘책은 연습 활동 난이도에 따라 교재 연습 문제 전후로 활용한다.

말하기 ⏰20분

1. 안젤라 씨와 과장님이 명절 풍습에 대해 이야기합니다. 다음 대화처럼 이야기해 보세요.

과장님: 안젤라 씨, 명절 잘 보냈어요?

안젤라: 네, 잘 보냈어요. 과장님도 연휴 동안 잘 지내셨어요?

과장님: 고향 부모님 댁에 다녀왔어요. 아무리 바빠도
　　　　명절에는 부모님을 뵈러 가니까요.
　　　　그런데 안젤라 씨, 설날에 떡국 먹었어요?

안젤라: 아니요. 설날에 떡국을 먹어야 해요?

과장님: 그럼요. 안젤라 씨, 한국에서는 해가 바뀔 때
　　　　나이가 한 살 많아지잖아요. 그런데 한국 사람들은
　　　　설날에 떡국을 먹어야 나이가 한 살 더 많아진다고 생각하거든요.

안젤라: 그래요? 그래서 생일이 안 지났는데 한국 나이로는 한 살이 더 많은 거군요.
　　　　과장님 덕분에 한국 문화를 잘 알게 됐어요.

　　1) 부모님을 뵈러 가다 ∣ 한국 문화를 잘 알게 되다

　　2) 차례를 지내야 하다 ∣ 한국 사람들이 나이를 더 올려 말하는 이유를 알게 되다

3-12 EBOOK

- **연휴:** 휴일이 이틀 이상 계속되면 연휴라고 해요.
　설날, 추석은 3일 이상이라서 연휴예요.

발음

- **지내셨어요**[지내셔써요]
- **떡국**[떡꾹]
- **많아지잖아요**[마나지자나요]
- **지났는데**[지난는데]

2. 한국에서는 명절에 어떤 음식을 먹는지, 그 음식에는 어떤 의미가 있는지 이야기해 보세요.

명절	먹는 것	의미
동지	팥죽	팥죽의 붉은색이 나쁜 기운을 쫓는다.
정월 대보름	부럼	부럼을 먹으면 일 년 동안 피부병에 걸리지 않는다.

12과 전통 명절　159

명절 풍습 이야기하기

1 대화문 연습

1. 명절 풍습에 대해 이야기하며 교재의 그림을 이용해 어떤 상황인지 추측해 보도록 한다.

　🎙 여러분은 설날에 뭘 해요? 추석에는 뭘 해요?
　　이 그림은 어떤 명절인 것 같아요? 무슨 음식을 먹고 있어요?

2. 지시문을 이용하여 대화 상황을 학생들에게 명확하게 알려 준다.

3. 대화를 들려주고 간단한 질문을 하여 대화 내용을 이해했는지 확인한다.

　🎙 과장님은 설날에 무엇을 했어요?
　　설에 먹는 떡국은 어떤 의미가 있어요?

4. 교사와 함께 대화문을 읽으면서 자연스럽게 말하는 연습을 한다. 두 번 정도 반복해서 연습한다.

5. 교체 어휘를 활용하여 짝과 함께 연습하게 한다.

6. 연습이 끝나면 한두 팀을 발표시키거나 교사가 전체 학생을 대상으로 확인한다.

2 확장 연습

1. 한국에서 명절에 먹는 음식과 그 음식의 의미에 대해 말하기를 한다고 알려 준다.

2. 짝과 같이 명절 음식, 음식의 의미에 대해 이야기를 하게 한다. 대화를 할 때는 다음과 같은 내용을 포함하여 말하도록 지시한다.

　🎙 어떤 명절에 무슨 음식을 먹어요?
　　그 음식은 무슨 의미가 있어요?

3. 이야기가 끝나면 한두 팀을 발표시키거나 교사가 전체 학생을 대상으로 확인하고 오류를 수정해 준다.

12과 전통 명절　**147**

듣기

20분

12-L.mp3

앵커(남): 민족 최대의 명절, 풍요로운 한가위가
　　　　다가왔습니다. 추석 연휴를 하루 앞두고 고향 집에
　　　　가는 귀성객들이 늘어나고 있는데요. 서울역에
　　　　나가 있는 박서윤 기자 연결하겠습니다.

기자(여): 네. 저는 지금 서울역에 나와 있습니다. 보시는
　　　　것처럼 서울역은 귀성객들로 붐빕니다. 가족과
　　　　친지들을 만나러 가기 위해 기차를 기다리는
　　　　시민들이 많습니다. 미리 기차표를 사지 못해
　　　　현장에서 표를 사는 사람들도 많습니다. 아무리
　　　　힘들어도 고향 가는 발걸음은 가벼워 보입니다.
　　　　지금 여기에는 고향에서 서울로 올라오신
　　　　부모님들도 계신데요. 자녀들이 고향 가는 길이
　　　　많이 막히기 때문에 반대로 부모님들이 서울로
　　　　올라오게 된 것입니다. 특히 이번 추석은 연휴가
　　　　짧아 역귀성객이 더 많아진 것으로 보입니다.
　　　　내일은 연휴가 시작되니 기차역과 고속 도로에
　　　　더욱 사람이 몰릴 것으로 예상됩니다. KBN 뉴스
　　　　박서윤입니다.

1. 여러분은 명절에 어디에 갑니까? 다음의 신문 기사 제목을 보고 기사가 어떤 내용일지 이야기해 보세요.

 더도 말고 덜도 말고 한가위만 같아라

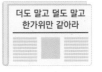 황금연휴 첫날, 귀성 전쟁 시작돼

 귀성객들로 주차장이 된 고속 도로, 기차역과 버스 터미널도 붐벼

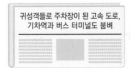

2. 뉴스에서 기자가 이야기합니다. 잘 듣고 질문에 답해 보세요.

12-L.mp3

1) 기자는 어떤 명절에 대해 말하고 있습니까?
　　추석에 대해 말하고 있습니다.

2) 고향에서 서울로 올라오는 부모들이 많은 이유는 무엇입니까?
　　자녀들이 고향 가는 길이 많이 막히기 때문입니다.

3) 들은 내용과 같으면 ○, 다르면 X 하세요.
　❶ 기차표는 예매로만 살 수 있다.　　　　　(X)
　❷ 이번 명절 연휴는 평소보다 짧다.　　　　(○)
　❸ 내일부터는 기차역에 사람이 적어질 것이다.　(X)

단어장
한가위
황금연휴
귀성 전쟁
귀성객
고속 도로
붐비다

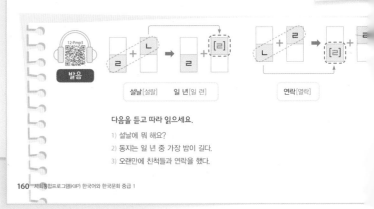

12-P.mp3

발음

설날[설랄]　일 년[일 련]　연락[열락]

다음을 듣고 따라 읽으세요.

1) 설날에 뭐 해요?
2) 동지는 일 년 중 가장 밤이 길다.
3) 오랜만에 친척들과 연락을 했다.

명절에 대한 뉴스 듣기

1. 지시문을 이용하여 들을 내용과 관련있는 이야기를 나눈다. 단어장에 있는 어휘를 설명한다.

　🎤 무슨 명절에 대해 이야기해요?
　　　명절 때 고향에 가는 게 쉬워요? 어려워요?
　　　명절에 길이 많이 막혀요? 기차역과 버스 터미널에 사람이 많아요?

2. 문제를 읽고 들어야 하는 정보를 파악하게 한다.

　🎤 기자는 어떤 명절에 대해 말하고 있어요?
　　　고향에서 서울로 올라오는 부모들이 왜 많아요?
　　　이번 명절 연휴는 짧아요? 길어요?

3. 듣기 파일을 두 번 듣고 문제를 풀게 한다.

4. 교재 질문의 답을 확인한 후 해당 대화를 같이 읽으며 내용을 확인한다. 필요한 경우 새로운 어휘, 표현을 설명한다.

발음

1. 교재 1번 발음을 들려주고 '설날', '일 년', '연락'의 발음이 어떻게 들리는지 학습자 스스로 확인해 보도록 한다.

2. 'ㄹ' 뒤나 앞에 오는 'ㄴ'은 [ㄹ]로 발음된다는 것을 알려 준다.

　🎤 유음 [ㄹ] 앞이나 뒤에 오는 'ㄴ'은 [ㄹ]로 발음돼요.

3. 교재에 제시된 발음을 따라해 보도록 한다.

4. 교재에 제시된 문장의 발음을 따라해 보도록 한다.

5. 교재 문장을 읽으며 연습하게 한 후에 확인한다.

> ・ 유음 [ㄹ] 앞, 뒤에 나타나는 유음화
>
> 　– 유음 [ㄹ] 앞, 뒤에 오는 'ㄴ'은 [ㄹ]로 발음된다.
> 　– 유음화란 'ㄴ'을 [ㄹ]로 발음하는 것을 말한다.
> 　예 칼날[칼랄], 난로[날로], 대관령[대괄령]

1. 다음은 명절에 보내는 인사말입니다. 설날과 추석에 보통 어떤 인사말을 보내는지 이야기해 보세요.

2. 설날 풍경입니다. 사람들이 무엇을 하고 있는지 이야기해 보세요.

- **평안**: 걱정이나 아픈 것 없이 잘 지내는 거예요.
- **근하신년**: 새해를 축하한다는 인사말이에요.

- **설빔**: 설날을 맞이하여 새로 산 옷이나 신발을 말해요.
- **세배**: 설에 웃어른이나 친척들에게 인사를 하는 거예요. 보통 때 하는 인사와 다르게 절을 해요.
- **덕담**: 남이 잘되기를 바라는 말이에요. 주로 새해에 세배를 받으면 덕담을 해요. "일 년 동안 건강해라, 공부 열심히 해라, 좋은 회사에 취직해라" 등과 같은 말이에요.

명절 인사말

1. 1번 자료를 보며 주요 정보를 파악하게 한다.

   🎤 여러분은 명절에 어떻게 인사해요?
   설날에는 어떤 인사말을 보내요?
   추석에는 어떤 인사말을 보내요?

2. 학생들과 함께 명절 인사말을 읽으며 명절 인사말에 대해 알려 준다.

3. 2번의 그림을 보며 설날에 사람들이 무엇을 하고 있는지 이야기한다.

   🎤 설날에 무엇을 하고 있어요? 무슨 옷을 입었어요?

4. 어휘의 의미를 설명한다. 어휘가 사용된 문장을 예로 제시하거나 의미를 풀어서 설명해 준다.

5. 배운 어휘를 소리 내어 읽도록 한다. 이때 '-어요' 형태로 단어를 읽는 등 변화를 줄 수 있다.

3. 다음은 한국의 명절에 대한 글입니다. 잘 읽고 질문에 답해 보세요.

한국의 명절

한국의 대표적인 명절에는 설날과 추석이 있다. 설날은 음력 1월 1일이다. 설날에는 아무리 바빠도 가족들이 모두 모여서 새해 인사를 한다. 새해 인사를 할 때 아랫사람이 윗사람에게 세배를 한다. 세배를 받은 윗사람은 아랫사람에게 덕담을 해 주고, 아이들에게는 세뱃돈을 준다. 그리고 함께 떡국을 먹는다. 설날에 떡국을 먹으면 나이도 한 살 더 먹는다고 생각한다. 또한 전통적으로 가족과 친척들이 모여 윷놀이를 하거나 아이들은 연날리기, 제기차기 놀이를 즐기기도 했다.

한국의 또 다른 큰 명절인 추석은 음력 8월 15일로 한가위라고도 한다. 추석에는 조상에게 차례를 지낸다. 그 해에 처음으로 얻은 햇곡식과 햇과일을 준비해서 조상에게 감사하는 마음을 표현하는 것이다. 그리고 추석에는 송편을 빚어서 먹는데 송편을 예쁘게 빚으면 예쁜 아이를 낳는다는 말도 전해지고 있다. 또한 전통적으로 추석 밤에는 보름달을 바라보면서 소원을 빌었다.

그런데 시대가 바뀌면서 현대의 명절 모습은 예전과 많이 달라졌다. 친척이나 아는 사람들을 직접 찾아가는 대신에 명절 인사를 문자 메시지로 보낸다. 그리고 가족들이 함께 여행을 가기도 하고 개인적인 시간을 보내기도 한다. 요즘은 오랜만에 가족이 모인다는 의미와 일상에서 휴식한다는 의미가 더 커지게 되었다.

1) 설날에 대한 설명으로 맞는 것은 무엇입니까?
   ❶ 아이들은 세배하고 세뱃돈을 받는다.
   ❷ 아이들은 어른들에게 덕담을 한다.
   ❸ 떡국은 새로 수확한 쌀로 만든다.
   ❹ 윷놀이는 아이들만 즐기는 놀이다.

2) 추석에 대한 설명으로 맞지 <u>않는</u> 것은 무엇입니까?
   ❶ 한가위라고도 한다.   ❷ 부모님께 세배를 한다.
   ❸ 송편을 빚어서 먹는다.   ❹ 달을 보면서 소원을 빈다.

3) 요즘 명절의 모습이 어떻게 바뀌었습니까?
   ❶ 친척이나 아는 사람들을 직접 찾아가는 대신에 명절 인사를 문자 메시지로 보냅니다.
   ❷ 가족들이 함께 여행을 가기도 하고 개인적인 시간을 보내기도 합니다.

한국의 명절

1. 글 제목을 보며 글의 내용을 유추하게 한다.

🎤 한국에는 어떤 명절들이 있어요?
   설날에는 뭘 해요? 추석에는 뭘 해요?

2. 글을 훑어 읽게 한 후 주제, 중심 내용 등을 간단히 말해 보도록 한다.

🎤 세배는 언제 해요? 떡국은 언제 먹어요?
   송편은 언제 먹어요?
   요즘 명절의 모습은 예전과 같아요?
   명절의 모습이 어떻게 바뀌었어요?

3. 글을 다시 읽으면서 문제를 풀게 한다.

4. 답을 같이 확인한 후, 본문을 다시 읽으며 모르는 어휘가 없는지 확인한다. 필요한 경우 새로운 어휘, 표현을 설명한다.

1. 여러분 고향에는 어떤 명절이 있습니까? 한국의 명절과 여러분 고향의 명절은 어떻게 다릅니까?

	한국의 명절	고향의 명절
명절 이름		
날짜		
음식		
그 음식을 먹는 이유		
풍습		

2. 한국의 명절과 고향의 명절을 비교하는 글을 써 보세요.

12과 전통 명절   163

한국과 고향의 명절 비교하기

1. 어떤 글을 쓸지 알려 주고 글에 들어갈 내용을 생각해 보게 한다.

　🎤 여러분 고향에는 어떤 명절이 있어요? 이름이 뭐예요? 언제예요? 그날 무슨 음식을 먹어요? 그 음식을 왜 먹어요? 그리고 또 뭘 해요?

2. 교재 질문에 대해 자신이 쓸 내용을 간단히 메모하도록 한다. 교사는 학생들이 쓴 메모에 오류가 없는지 확인해 준다.

3. 메모한 내용을 바탕으로 글을 완성하게 한다.

문화와 정보

강릉 단오제

　한국의 4대 명절은 설날, 한식, 단오, 추석이다. 그중에서 단오는 음력 5월 5일로 1년 중에서 만물의 기운이 가장 강한 날이다. 그래서 만물에서 나는 것으로 음식을 만들어 먹고 창포물에 머리를 감는 풍습이 있었으며 남자들은 씨름을 하고 여자들은 그네를 탔다.

　강릉 단오제는 강릉 지역에서 단오 때 행해 온 축제로 한국의 단오 축제 중에서 가장 유명하다. 규모도 크고 내용도 다양하여 한국을 대표하는 축제이자 민속놀이로 널리 알려져 2005년에 유네스코 세계 무형유산이 되었다. 이에 따라 강릉 단오제는 온 지역 주민들이 하나가 되는 축제이면서 세계가 함께 지켜야 할 문화재로서의 의미를 갖게 되었다.

　한국에서는 예로부터 마을 공동체의 신앙을 바탕으로 풍년과 지역의 안전을 기원하였다. 현재 강릉 단오제에서도 매년 풍요를 바라는 제사와 공연을 올리고 참가자들을 위한 여러 행사도 진행하고 있다.

> 1) 단오의 풍습에는 무엇이 있습니까?
> 2) 강릉 단오제는 주로 어떤 내용으로 구성됩니까?
> 3) 여러분 고향에도 한국의 강릉 단오제와 비슷한 지역 축제가 있습니까?

강릉 단오제

1. 이 단원의 문화와 정보가 무엇에 대한 것인지 알려 준다.

🎤 여러분 한국의 명절 중에 '단오'라고 있어요. 들어봤어요? 단오에는 뭘 할까요? 오늘은 '강릉 단오제'에 대해 알아봅시다.

2. 교재의 사진을 보면서 주제에 대해 알고 있는 것을 상기시키고 말해 보게 한다. 이때 관련 시각 자료를 추가로 활용할 수 있다.

🎤 사람들이 한복을 입고 무엇을 하고 있어요? 남자는 뭘 하고 여자는 뭘 해요?

3. 교재를 같이 읽으면서 내용을 설명한다. 이때 중요한 정보가 있는 부분에 밑줄을 긋거나 표시하게 하는 것도 좋다.

4. 질문 1, 2의 답을 찾아보고 답하게 한다.

🎤 단오에는 어떤 풍습이 있어요? 강릉 단오제에 가면 어떤 것들을 볼 수 있어요?

5. 3번 질문을 이용하여 학습자 자신의 경험을 말해 보도록 한다.

🎤 여러분 고향에도 한국의 강릉 단오제와 비슷한 지역 축제가 있어요?

배운 어휘 확인

- 설날
- 정월 대보름
- 추석
- 동지
- 음력
- 부럼
- 팥죽
- 송편
- 떡국
- 기원하다
- 피부병
- 생기다
- 붉은색
- 쫓다
- 가족과 친척들이 모여 윷놀이를 하다
- 연날리기, 제기차기 놀이를 즐기다
- 보름달을 보며 소원을 빌다
- 햇곡식과 햇과일로 차례를 지내다

- 풍습
- 한가위
- 황금연휴
- 귀성 전쟁
- 귀성객
- 고속 도로
- 붐비다
- 근하신년
- 가득하다
- 빌다
- 친지들
- 보름달
- 넉넉하다
- 풍성하다
- 덕담을 하다
- 세배하다
- 설빔을 입다
- 세뱃돈을 받다

12과 전통 명절 **165**

- 이 단원에서 배운 어휘 중 기억나는 것을 말해 보세요.
- 이 단원에서 배운 문법은 뭐예요? 어떻게 사용해요?
- 한국에는 어떤 명절이 있어요? 그 명절이 언제예요?
- 설날과 추석에 무슨 음식을 먹어요? 그리고 무슨 풍습이 있어요?
- 강릉 단오제에서 무엇을 해요?

마무리

1. '배운 어휘 확인' 목록을 읽으면서 이해한 단어에 ☑해 보도록 한다.

2. 배운 어휘 목록의 어휘들을 읽으면서 의미를 상기시킨다.

3. 단원에서 학습한 문법(동형-어도, 동-게 되다)을 상기시키며 의미와 사용법을 기억하는지 확인한다.

4. 단원의 목표와 성취도를 확인한다.

5. 익힘책을 과제로 제시하며 다음 단원의 주제 '13과 직장 생활'을 예고하면서 마무리한다.

13 직장 생활

어휘: 직장 생활

문법: 통-게 하다
　　　통-어 가다

활동: 직장 생활에 대해 조언 구하기
　　　직장 생활 잘하는 방법 쓰기

문화와 정보: 워라밸(work-life balance)

①

부장 이 지 수

수업 목표 및 내용

• **주제:** 직장 생활

• **어휘와 문법**
  – 어휘: 직장 생활 관련 어휘를 익힌다.
  – 문법: '통-게 하다', '통-어 가다'의 의미와
    형태를 익혀 사용할 수 있다.

• **활동**
  – 말하기: 직장 생활에 대해 조언을 구할 수 있다.
  – 듣기: 직장 생활에 대한 조언을 듣고 이해할 수 있다.
  – 읽기: 직장 생활의 어려움을 이겨 내는 법에 대한 글을 읽고 이해할 수 있다.
  – 쓰기: 직장 생활을 잘하는 방법에 대한 글을 쓸 수 있다.

• **문화와 정보:** 워라밸(work-life-balance)

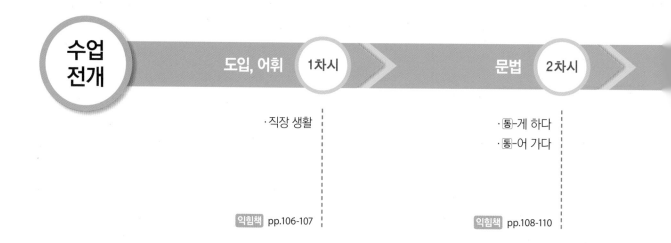

수업
전개

도입, 어휘　　1차시

　　　　　　　문법　　2차시

·직장 생활

·통-게 하다
·통-어 가다

익힘책 pp.106-107

익힘책 pp.108-110

· 이 사람들은 직장에서 어떤 일을 하고 있는 것 같아요?
· 여러분은 직장 생활을 할 때 어떤 점이 어려워요?

도입

1. 교재 그림을 이용하여 학생들과 이야기하며 이 과의 주제를 노출한다.

그림❶ 🎤 안젤라 씨는 지금 어디에 있어요?
　　　　무엇을 손에 들고 있어요? 누구를 찾아갔어요?

그림❷ 🎤 여기는 어디예요?
　　　　여기 직원들은 무슨 일을 해요?

그림❸ 🎤 라흐만 씨는 지금 어디에 있어요?
　　　　무슨 일을 해요?

2. 대화 내용을 정리하며 이 단원에서는 '직장에서 하는 일, 직장 생활' 등에 대해 공부한다는 것을 알려 준다.

이 단원을 지도할 때는…

학습자들이 2권에서 직장에서 하는 기본적인 업무에 대해서 배웠으니 직장에서 하는 일에 대해 물으며 지도합니다.

이 단원과 관계있는 단원은 아래와 같습니다.
· 주제: 직장 생활
　- 2권 15과

말하기 듣기, 발음	3차시	읽기	4차시	쓰기, 문화와 정보, 마무리	5차시
·직장 생활에 대해 조언 구하기 ·직장 생활에 대한 조언 듣기		·직장 생활에 대한 글 읽기		·직장 생활 잘하는 방법 쓰기 ·워라밸(work-life-balance)	
익힘책 p.111		익힘책 p.112		익힘책 p.113	

- **회의:** 여러 사람이 모여 어떤 문제에 대해 서로 생각을 말하고 듣는 거예요. 회사에서 일에 대해 회의를 자주 해요.

- **업무:** 직장에서 하는 일이에요. 부장님이나 과장님이 어떤 일을 하라고 시켜요. 그건 업무 지시를 하는 거예요. 저는 업무 지시를 받아요. 그리고 제가 한 일에 대해서 말씀드리는 건 업무를 보고하는 거예요.

- **작성하다:** 보고서, 논문, 시험지의 답안 등을 쓰는 것을 말해요. 요즘은 손으로 작성하는 것보다 보통 컴퓨터로 작성해요.

- **결재:** 직장에서 저보다 높은 상사가 어떤 일이나 문제에 대해 괜찮다고 허락해 주는 거예요. 부장님이나 과장님이 결재를 해 줘요. 저는 결재를 받거나 올려요.

- **정비하다:** 기계가 잘 움직이는지 보고 만지는 거예요.

- **재고:** 창고에 있는 물건이에요. 아직 팔지 않거나 팔고 남아서 창고에 쌓아 두었어요.

- **작업 일지:** 그날 일한 내용을 적은 거예요. 일한 내용, 계획, 일의 문제점에 대해 적을 수 있어요.

- **제출하다:** 서류나 의견을 내는 거예요. 보고서, 이력서를 제출하다. 이렇게 사용해요.

---

1. 이 사람은 사무실에서 어떤 일을 해요? 이야기해 보세요.

회의를 하다

업무 지시를 하다 / 받다
업무를 보고하다

서류를 작성하다

결재를 하다 / 받다

2. 이 사람은 작업장에서는 어떤 일을 해요? 이야기해 보세요.

기계를 정비하다 / 작동을 확인하다

공구를 준비하다

재고를 정리하다

자재를 주문하다

작업 일지를 작성하다 / 제출하다

어휘 (직장 생활)

1 도입, 제시

1. 그림을 보며 이 사람은 사무실, 작업장에서 어떤 일을 하는지 물으며 오늘 배우는 어휘는 직장 생활에 대한 표현임을 알려 준다.

🎙 안젤라 씨는 사무실에서 어떤 일을 해요?
　라흐만 씨는 작업장에서 어떤 일을 해요?

2. 교사를 따라 어휘를 소리 내어 한 번 읽도록 한다. 이때 발음에 주의하게 한다.

3. 어휘의 의미를 설명한다. 어휘가 사용된 문장을 예로 제시하거나 의미를 풀어서 설명해 준다. 상황에 따라 유의어나 반의어 등을 추가로 설명할 수 있다.

4. 배운 어휘를 소리 내어 읽도록 한다. 이때 '-어요' 형태로 단어를 읽는 등 변화를 줄 수 있다.

2 연습

1. 학생들은 직장에서 어떤 일을 하는지 질문을 한다.

2. 짝과 함께 직장에서 하는 일에 대해 간단히 말해 보도록 한다.

3. 학생들끼리 이야기한 것을 교사가 정리해 주며 같이 이야기한다.

🎙 여러분은 직장에서 어떤 일을 해요?

문법

⏰ 50분

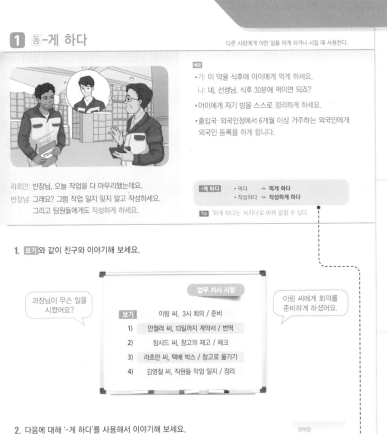

1 통-게 하다

다른 사람에게 어떤 일을 하게 하거나 시킬 때 사용한다.

예문
- 가: 이 약을 식후에 아이에게 먹게 하세요.
  나: 네, 선생님. 식후 30분에 먹이면 되죠?
- 아이에게 자기 방을 스스로 정리하게 하세요.
- 출입국·외국인청에서 6개월 이상 거주하는 외국인에게 외국인 등록을 하게 합니다.

라흐만: 반장님, 오늘 작업을 다 마무리했는데요.
반장님: 그래요? 그럼 작업 일지 잊지 말고 작성하세요.
　　　　그리고 팀원들에게도 작성하게 하세요.

-게 하다
- 먹다 → 먹게 하다
- 작성하다 → 작성하게 하다

Tip '하게 하다'는 '시키다'로 바꿔 말할 수 있다.

1. 보기와 같이 친구와 이야기해 보세요.

과장님이 무슨 일을 시켰어요?

업무 지시 사항

보기	이링 씨, 3시 회의 / 준비
1)	안젤라 씨, 13일까지 계약서 / 번역
2)	잠시드 씨, 창고의 재고 / 체크
3)	라흐만 씨, 택배 박스 / 창고로 옮기기
4)	김영철 씨, 직원들 작업 일지 / 정리

이링 씨에게 회의를 준비하게 하셨어요.

2. 다음에 대해 '-게 하다'를 사용해서 이야기해 보세요.

- 어렸을 때 부모님이 나에게 시켰던 일
- 의사나 약사가 환자 보호자에게 하는 말
- 게임을 많이 하는 아이의 보호자에게 하는 말

단어장
작업
마무리하다
스스로
거주하다
창고

13과 직장 생활 **169**

통-게 하다

다른 사람에게 어떤 일을 시키거나 행동을 하게 만들었을 때 사용한다. '명1이 명2이/을/에게/한테 통-게 하다'의 형태로 주로 사용한다(예: 엄마가 아이에게 우유를 마시게 한다). 부정문은 '통-게 하지 않다, 안 통-게 하다'로 쓴다. 과거는 '통-게 았/었다'로 쓴다.

- 가: 잠시드 씨에게 작업복을 <u>가져오게 하세요</u>.
  나: 네, 알겠습니다.
- 고천 씨가 매일 한국 뉴스를 <u>보게 하세요</u>.
- 선생님이 학생들에게 창문을 <u>열게 했어요</u>.
- 아버지께서 저를 일찍 <u>자게 하셨어요</u>.

-게 하다 (받침 O, X)	보다	→	보게 하다
	읽다	→	읽게 하다
	제출하다	→	제출하게 하다
	만들다	→	만들게 하다

문법 1 (통-게 하다)

1 도입, 제시

1. 도입 그림과 대화를 통해 문법이 사용되는 상황을 인지시킨다.

🎙️ 반장님이 라흐만 씨에게 무엇을 시켰어요?
　　팀원들에게 무엇을 하라고 했어요?

2. 교재의 대표 예문을 보면서 문법의 의미를 설명한다.

🎙️ 반장님이 라흐만 씨에게 팀원들도 작업 일지를 작성하라고 시켰어요.
　　이렇게 다른 사람에게 어떤 일을 시킬 때 '-게 하다'를 사용해요.

3. 학생들과 교재의 예문들을 읽으면서 문법의 의미를 설명하고 이해시킨다. 단어장에 있는 어휘를 설명한다.

4. 문법의 형태 정보를 제시하고 설명한다.

5. 추가 예문을 제시하고 문법의 의미와 사용법을 정확하게 이해시킨다.

2 연습 1

1. 〈보기〉의 대화를 교사와 함께 완성해 본다. 단어장에 있는 어휘를 설명한다.

2. 나머지 문제를 〈보기〉의 대화처럼 짝과 완성하도록 한다.

3. 연습한 것을 발표하게 하거나 교사가 전체 학생 대상으로 답하게 하여 확인한다. 그리고 오류가 있으면 수정해 준다.

3 연습 2

1. '-게 하다'를 활용하여 어렸을 때 부모님이 나에게 시켰던 일, 의사나 약사가 환자 보호자에게 하는 말, 게임을 많이 하는 아이의 보호자에게 하는 말에 대해 이야기하도록 한다.

2. 친구와 대화한 것을 발표하게 하고 오류가 있으면 수정해 준다.

익힘책 108-109쪽을 풀게 하거나 과제로 제시한다. 익힘책은 연습 활동 난이도에 따라 교재 연습 문제 전후로 활용한다.

동-어 가다

어떤 행동이나 상태가 계속 변화하거나 진행되고 있음을 나타낸다. 진행의 의미를 강조하기 위해 '거의, 점점, 다, 점차'와 같은 부사가 함께 사용된다. '가다'에 과거 '-았-, 미래 '-겠-'이 결합할 수 있다.

- 가: 라흐만 씨, 재고 정리를 다 했어요?
  나: 잠시만요. 거의 다 해 가요.

- 어제 입사해서 일을 점점 배워 가고 있어요.

- 한국에 산 지도 7년이 되어 가요.

- 지난주에 사 온 꽃이 시들어 가요.

-아 가다 (ㅏ, ㅗ O)	보다 → 봐 가다 닦다 → 닦아 가다
-어 가다 (ㅏ, ㅗ X)	마시다 → 마셔 가다 되다 → 되어 가다
-해 가다 (하다)	작성하다 → 작성해 가다 정리하다 → 정리해 가다

---

2 동-어 가다

어떤 행동이나 상태가 계속 변화하거나 진행되고 있음을 나타낸다.

과장님: 회사 생활은 할 만해요?
잠시드: 네. 선배님들이 잘 가르쳐 주셔서 잘 적응해 가고 있어요.

예문
- 가: 안젤라 씨, 서류 번역 아직 멀었어요?
  나: 이제 거의 다 끝나 가요.
- 한국에 온 지 거의 3년이 되어 가요.
- 지금은 한국 사람들의 일하는 방식을 알아 가는 중이에

-아 가다	• 오다 → 와 가다 • 끝나다 → 끝나 가다
-어 가다	• 먹다 → 먹어 가다 • 만들다 → 만들어 가다
-해 가다	• 적응하다 → 적응해 가다 • 완성하다 → 완성해 가다

1. 그림을 보고 보기 와 같이 신입 사원의 직장 생활에 대해 이야기해 보세요.

보기
입사한 지 얼마 안 되어서 이제 조금씩 직원들의 이름과 얼굴을 외워 가고 있습니다.
직원들의 이름과 얼굴을 외우다

1) 선배에게서 일을 배우다

2) 회사 규칙에 적응하다

3) 업무를 파악하다

2. 여러분의 직장 생활이나 한국 생활에 대해 친구들과 이야기해 보세요.

- 직장 생활하기
- 한국 생활하기

처음에는 ____는데 지금은 익숙해져 가고 있어요.

단어장
적응하다
방식
파악하다

문법 2 (동-어 가다)

1 도입, 제시

1. 도입 그림과 대화를 통해 문법이 사용되는 상황을 인지시킨다.

🎙 잠시드 씨는 회사 생활에 적응했어요? 못 했어요?

2. 교재의 대표 예문을 보면서 문법의 의미를 설명한다.

🎙 잠시드 씨는 회사 생활에 점점 익숙해지고 적응해요. 잠시드 씨는 회사 생활에 적응해 가고 있어요. 이렇게 어떤 행동이나 상태가 끝이나 목표를 향해 계속 변화하고 진행될 때 '-어 가다'를 사용해요.

3. 학생들과 교재의 예문들을 읽으면서 문법의 의미를 설명하고 이해시킨다. 단어장에 있는 어휘를 설명한다.

4. 문법의 형태 정보를 제시하고 설명한다.

5. 추가 예문을 제시하고 문법의 의미와 사용법을 정확하게 이해시킨다.

2 연습 1

1. 〈보기〉의 대화를 교사와 함께 완성해 본다.

2. 나머지 문제를 〈보기〉의 대화처럼 짝과 완성하도록 한다.

3. 연습한 것을 발표하게 하거나 교사가 전체 학생 대상으로 답하게 하여 확인한다. 그리고 오류가 있으면 수정해 준다.

3 연습 2

1. '-어 가다'를 활용하여 직장 생활이나 한국 생활에 대해 이야기를 하도록 한다.

2. 친구와 대화한 것을 발표하게 하고 오류가 있으면 수정해 준다.

익힘책 109~110쪽을 풀게 하거나 과제로 제시한다. 익힘책은 연습 활동 난이도에 따라 교재 연습 문제 전후로 활용한다.

1. 안젤라 씨와 직장 선배인 드미트리 씨가 직장 생활에 대해 이야기합니다. 다음 대화처럼 이야기해 보세요.

드미트리: 안젤라 씨, 무슨 안 좋은 일 있었어요?

안 젤 라: 얼마 전에 부장님이 저한테 중요한 계약서를 번역하게 하셨거든요. 그런데 어려운 말이 많아서 제대로 하지 못했어요.

드미트리: 그럼 미리 선배나 동료들한테 물어보지 그랬어요?

안 젤 라: 사람들은 제가 잘 적응해 가는 줄 아는데 물어보기가 창피하더라고요. 이럴 때는 어떻게 하는 게 좋을까요?

드미트리: 그럴 때는 내가 한 게 맞는지 주변 사람들에게 계속 물어보는 게 제일 좋아요.

1) 계약서를 번역하다, 어려운 말이 많아서 제대로 하지 못하다
   내가 한 게 맞는지 주변 사람들에게 계속 물어보다

2) 자재를 주문하다, 잘못 알아들어서 틀리게 주문하다
   일을 시작하기 전에 그 일을 시킨 분에게 다시 한번 확인하다

2. 다음과 같은 상황에서 직장 생활에 힘든 일이 있는 사람과 조언하는 사람이 되어 대화해 보세요.

직장 생활이 힘든 사람	직장 생활에 대해 조언하는 사람
• 상사가 여러 명이라서 업무 보고를 누구에게 해야 하는지 모르겠다. • 일을 끝내라는 날짜가 너무 빠르다. • 일을 더 잘하는 게 좋은지 빨리 하는게 좋은지 모르겠다.	• • •

발음

• 좋은 일[조은 닐]
• 하셨거든요[하션꺼든뇨]
• 좋을까요[조을까요]

3-13 EBOOK

13과 직장 생활 171

직장 생활에 대해 조언 구하기

1 대화문 연습

1. 직장 생활에 대해 이야기하며 교재의 그림을 이용해 어떤 상황인지 추측해 보도록 한다.

   🎤 여러분 직장에서 힘들었던 적이 있어요?
   그럴 때는 누구에게 이야기했어요? 무엇을 물어봤어요?

2. 지시문을 이용하여 대화 상황을 학생들에게 명확하게 알려 준다.

3. 대화를 들려주고 간단한 질문을 하여 대화 내용을 이해했는지 확인한다.

   🎤 안젤라 씨는 무슨 안 좋은 일이 있었어요?
   드미트리 씨는 어떤 방법을 이야기해 줬어요?

4. 교사와 함께 대화문을 읽으면서 자연스럽게 말하는 연습을 한다. 두 번 정도 반복해서 연습한다.

5. 교체 어휘를 활용하여 짝과 함께 연습하게 한다.

6. 연습이 끝나면 한두 팀을 발표시키거나 교사가 전체 학생을 대상으로 확인한다.

2 확장 연습

1. 직장 생활에서 힘든 일이 있는 사람과 조언하는 사람이 되어 말하기를 한다고 알려 준다.

2. 짝과 같이 직장 생활에 대해 이야기를 하게 한다. 대화를 할 때는 다음과 같은 내용을 포함하여 말하도록 지시한다.

   🎤 직장에서 어떤 힘든 점이 있어요?
   이 사람에게 어떤 조언을 해 줄 수 있어요?

3. 이야기가 끝나면 한두 팀을 발표시키거나 교사가 전체 학생을 대상으로 확인하고 오류를 수정해 준다.

선　배(남): 안젤라 씨, 무슨 일 있어요? 아까부터 표정이 안 좋아 보여요.

안젤라(여): 사실은 아까 부장님께 휴가 신청서를 냈다가 한 소리 들었어요.

선　배(남): 부장님께서 뭐라고 하셨는데요?

안젤라(여): 저는 휴가를 쓰고 싶으면 날짜를 정하고, 휴가 신청서만 내면 된다고 생각했어요. 그래서 부장님께 1월 8일에 쉬겠다고 말씀을 드렸는데 그렇게 하면 안 된다고 하셨어요.

선　배(남): 맞아요. 직장에서는 상사에게 미리 허락을 받는 게 좋아요. 그날 회사에 중요한 일이 있거나 회의가 있을 수도 있으니까요.

안젤라(여): 저는 그렇게 해야 하는지 몰랐어요.

선　배(남): 그럼 휴가를 못 쓰는 거예요?

안젤라(여): 휴가는 써도 된다고 하셨는데 기분이 좀 그래요. 직장 생활에 적응해 가는 줄 알았는데 이런 실수를 해서 너무 속상해요.

---

1. 여러분은 직장에서 어떤 상황에서 어려움을 느낍니까?

일이 많은데 휴가를 신청해야 할 때 어떻게 해야 해요?

갑자기 몸이 아파서 출근을 할 수 없을 때는 어떻게 해야 해요?

2. 안젤라 씨와 선배가 이야기합니다. 잘 듣고 질문에 답해 보세요.

1) 안젤라 씨는 부장님께 어떤 서류를 냈습니까?

　　휴가 신청서를 냈습니다.

2) 선배는 휴가를 신청하기 전에 어떻게 하면 좋다고 했습니까?

　　상사에게 이야기해서 미리 허락을 받는 게 좋다고 했습니다.

3) 들은 내용과 같으면 ○, 다르면 X 하세요.

❶ 안젤라 씨는 선배에게 휴가 신청서를 냈다.　　(X)

❷ 휴가를 가고 싶으면 동료와 먼저 상의해야 한다.　　(X)

❸ 안젤라 씨는 직장 생활에 익숙해져서 실수를 하지 않는다.　　(X)

단어장
허락을 받다
상의하다
반반씩

발음

ㄴ 첨가

안 좋은 일[안 조은 닐]
급한 일[그판 닐]
집안일[지반닐]

다음을 듣고 따라 읽으세요.
1) 무슨 안 좋은 일 있으세요?
2) 저는 급한 일이 있어서 먼저 가야 할 것 같아요.
3) 집안일은 반반씩 나누어서 하고 있습니다.

172　사회통합프로그램(KIIP) 한국어와 한국문화 중급 1

직장 생활에 대한 조언 듣기

1. 지시문을 이용하여 들을 내용과 관련있는 이야기를 나눈다.

🎤 여러분은 직장에서 어떨 때 어려움을 느껴요?
안젤라 씨는 어떤 어려움을 겪어요?
여러분은 어떤 조언을 해 줄 거예요?

2. 문제를 읽고 들어야 하는 정보를 파악하게 한다.

🎤 안젤라 씨는 부장님께 어떤 서류를 냈어요?
선배는 휴가를 신청하기 전에 어떻게 하면 좋다고 했어요?
안젤라 씨는 이제 직장에서 실수를 안 해요?

3. 듣기 파일을 두 번 듣고 문제를 풀게 한다.

4. 교재 질문의 답을 확인한 후 해당 대화를 같이 읽으며 내용을 확인한다. 필요한 경우 단어장의 어휘 의미를 설명한다.

발음

1. 교재 1번 발음을 들려주고 '안 좋은 일', '급한 일', '집안일'의 발음이 어떻게 들리는지 학습자 스스로 확인해 보도록 한다.

2. 받침 다음에 모음 '이, 야, 여, 요, 유'가 오는 경우에는 'ㄴ'을 첨가하여 [니, 냐, 녀, 뇨, 뉴]로 발음된다는 것을 알려 준다.

🎤 받침 다음에 모음 '이, 야, 여, 요, 유'가 오면 [니, 냐, 녀, 뇨, 뉴]로 발음해요.

3. 교재에 제시된 발음을 따라해 보도록 한다.

4. 교재에 제시된 문장의 발음을 따라해 보도록 한다. 단어장에 있는 어휘를 설명한다.

5. 교재 문장을 읽으며 연습하게 한 후에 확인한다.

• 'ㄴ' 첨가

받침이 있는 앞 음절에 모음으로 시작하는 '이, 야, 여, 요, 유'가 오면 발음할 때 'ㄴ'이 첨가된다.
'ㄴ' 첨가란 '이, 야. 여, 요, 유'를 [니, 냐, 녀, 뇨, 뉴]로 발음하는 것을 말한다.

예 솜이불[솜니불], 식용유[시굥뉴], 한여름[한녀름]

1. 다음 모집 공고는 어떤 직종과 관련이 있는 것 같습니까?

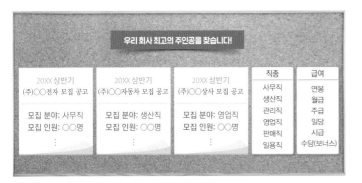

- **사무직:** 주로 책상에 앉아서 문서를 작성하거나 보는 일이에요.
- **관리직:** 부하 직원들이 일을 잘 하고 있는지, 일에 문제가 없는지 살펴보는 일이에요.
- **일용직:** 하루를 기준으로 일하고 일한 것에 대한 돈을 받는 일이에요.
- **연봉:** 직장에서 일 년 동안 받은 월급의 합이에요. 연봉이 많으면 연봉이 높다, 연봉이 적으면 연봉이 낮다고 해요.
- **월급:** 직장에서 한 달에 한 번 일한 것에 대해서 주는 돈이에요.
- **수당(보너스):** 원래 받는 월급 이외에 주는 돈이에요. 근무 시간보다 더 많이 일하거나 밤에 일하면 받아요.

2. 직장인들은 언제 가장 힘들다고 느낄까요? 그리고 힘들 때 어떤 방법으로 스트레스를 해소할까요?

- **대인 관계:** 사람과 사람과의 관계를 말해요. 사람들과 잘 지내고 사이가 좋으면 대인 관계가 좋다, 사람들과 잘 못 지내고 싸우고 사이가 안 좋으면 대인 관계가 나쁘다고 해요.
- **야근:** 퇴근 시간이 지나 밤늦게까지 일하는 것을 야근이라고 해요.

13과 직장 생활 **173**

모집 공고, 직장인 설문 조사 읽기

1. 1번 자료를 보며 주요 정보를 파악하게 한다.

   🎤 어떤 직종에서 직원을 구하고 있어요?

2. 학생들과 함께 모집 공고를 읽으며 어휘의 의미에 대해 알려 준다.

3. 2번의 표를 보며 직장인들이 언제 가장 힘들다고 느끼는지, 힘들 때 어떤 방법으로 스트레스를 푸는지 이야기한다.

   🎤 직장인들은 언제 가장 힘들다고 느껴요?
   힘들 때 어떤 방법으로 스트레스를 풀어요?

4. 어휘의 의미를 설명한다. 어휘가 사용된 문장을 예로 제시하거나 의미를 풀어서 설명해 준다.

5. 배운 어휘를 소리 내어 읽도록 한다. 이때 '-어요' 형태로 단어를 읽는 등 변화를 줄 수 있다.

3. 다음은 직장 생활에 대한 글입니다. 잘 읽고 질문에 답해 보세요.

샐러리맨, 직장 생활의 어려움 이렇게 이겨 낸다

잡코리아가 직장인 1,049명을 대상으로 직장에서 가장 힘든 일과 힘든 일을 어떻게 이겨 내는지 설문 조사를 실시했다. 첫 번째는 직장 생활을 하면서 언제 힘든지 물어봤다. 가장 많은 대답은 직장인들은 대인 관계 때문에 스트레스를 받아서 힘들다는 것이었다. 직장에서는 성격이 다른 다양한 사람과 같이 일해야 하고 사장님, 부장님, 차장님, 대리님 등의 상사와의 상하 관계도 어렵다고 한다. 다음으로 야근을 하거나 주말에 출근을 해야 할 때 힘들다고 한다. 야근이나 주말 근무를 하면 수당을 받기는 하지만 쉬지 못해 피로가 쌓이기 때문에 힘들다고 한다. 그리고 자기가 하는 일에서 좋은 성과를 얻어야 하는 부담감도 직장인들을 힘들게 하는 이유 중의 하나라고 한다.

다음으로 직장 생활을 하면서 어려움을 극복해 가기 위해 무엇을 하는지 물어봤다. 많은 사람들이 시간이 있으면 아무것도 하지 않고 휴식을 하면서 스트레스를 푸는 것이 최고의 방법이라고 했다. 그리고 자신이 좋아하는 일을 하거나 취미 생활을 하면서 재충전을 한다고 했다. 또한 힘들게 일을 해서 번 돈으로 자신이 좋아하는 것을 사는 것도 기분이 좋아지는 일이라고 했다.

1) 이 설문 조사의 질문으로 맞는 것은 무엇입니까?

❶ 직장 생활 중에 언제 피로가 쌓입니까?

❷ 직장 생활이 힘들 때 이직을 생각한 적이 있습니까?

❸ 직장 생활이 힘들 때 이겨 내기 위해 무엇을 합니까?

❹ 직장 생활이 힘들 때 가장 힘이 되는 사람은 누구입니까?

2) 직장인들이 직장 생활에서 가장 힘든 것은 무엇입니까?

대인 관계 문제입니다.

3) 윗글의 내용과 같으면 ○, 다르면 X 하세요.

❶ 직장인들은 대인 관계보다 업무 성과 때문에 더 힘들어한다.　　(X)

❷ 돈을 받지 못하기 때문에 야근을 하는 것이 힘들다고 한다.　　(X)

❸ 취미 생활을 하면서 직장에서 받은 스트레스를 푸는 사람도 있다.　　(○)

단어장
이겨 내다
상사
상하 관계
재충전하다

직장 생활의 어려움 이겨 내는 법 읽기

1. 글 제목을 보며 글의 내용을 유추하게 한다.

🎤 직장에서 어떤 어려움이 있을까요?
이 어려움을 어떤 방법으로 해결할 수 있을까요?

2. 글을 훑어 읽게 한 후 주제, 중심 내용 등을 간단히 말해 보도록 한다.

🎤 무엇에 대해 설문 조사를 했어요?
직장 생활 중 언제가 가장 힘들어요?
직장 생활의 스트레스를 어떻게 풀어요?

3. 글을 다시 읽으면서 문제를 풀게 한다.

4. 답을 같이 확인한 후, 본문을 다시 읽으며 모르는 어휘가 없는지 확인한다. 필요한 경우 새로운 어휘, 표현을 설명한다.

1. 여러분은 직장 생활을 잘 하려면 어떻게 하는 것이 좋다고 생각합니까? 1~4위까지 순위를 정하고 이유를 메모해 보세요.

	순위	이유
출근 시간 같은 작은 규칙을 잘 지켜야 한다.		
업무 내용을 정확하게 파악해야 한다.		
하는 일에 책임감이 있어야 한다.		
대인 관계가 원만해야 한다.		

2. 위의 메모 내용으로 직장 생활 잘 하는 방법을 써 보세요.

단어장
책임감
원만하다

13과 직장 생활 **175**

직장 생활 잘하는 방법 쓰기

1. 어떤 글을 쓸지 알려 주고 글에 들어갈 내용을 생각해 보게 한다. 단어장에 있는 어휘를 설명한다.

🎤 직장 생활을 잘 하려면 어떻게 하는 게 좋아요?
무엇이 가장 중요해요? 왜 그렇게 생각해요?

2. 교재 질문에 대해 자신이 쓸 내용을 간단히 메모하도록 한다. 교사는 학생들이 쓴 메모에 오류가 없는지 확인해 준다.

3. 메모한 내용을 바탕으로 글을 완성하게 한다.

워라밸 (work-life balance)

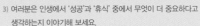

얼마 전까지만 해도 한국 사람들은 사회에서 인정을 받고 직장에서 승진하고 높은 연봉을 받는 것이 성공이라고 생각했다. 그러나 최근에는 그런 사회적 성공보다 개인의 행복이 더 중요하다는 생각을 하는 사람이 많아지고 있다.

이에 따라 일과 개인 생활의 균형을 의미하는 '워라밸(work-life balance)'이라는 말이 생겨났다. 그리고 직장인들이 야근보다는 정시에 퇴근해서 '저녁이 있는 삶'을 살기를 원하면서 정부도 근로자의 주당 근로 시간을 최대 52시간으로 줄이게 되었다. 이런 워라밸을 중시하는 문화는 젊은 대학생과 직장인들 사이에서 먼저 시작되었는데 그들이 생각하는 행복은 기존의 행복 개념과는 다른 것이다. 따라서 그들은 큰 성공보다는 작지만 확실한 행복이 인생에서 더 중요하다는 뜻의 '소확행'이라는 말도 만들어 냈다.

1) 최근 사람들은 무엇을 더 중요하게 생각합니까?
2) '워라밸'과 '소확행'이라는 말의 의미가 무엇입니까?
3) 여러분은 인생에서 '성공'과 '휴식' 중에서 무엇이 더 중요하다고 생각하는지 이야기해 보세요.

176 사회통합프로그램(KIIP) 한국어와 한국문화 중급 1

워라밸 (work-life balance)

1. 이 단원의 문화와 정보가 무엇에 대한 것인지 알려 준다.

🎤 여러분 워라밸이라는 말을 들어봤어요? 여러분은 직장에서 밤늦게까지 일하고 자신의 시간이 없는 게 좋아요? 아니면 월급이 적지만 자신의 시간이 있는 게 좋아요? 오늘은 '워라밸'에 대해 알아봅시다.

2. 교재의 사진을 보면서 주제에 대해 알고 있는 것을 상기시키고 말해 보게 한다. 이때 관련 시각 자료를 추가로 활용할 수 있다.

🎤 이 사람은 지금 몇 시에 퇴근해요?
일과 삶의 무게가 비슷해요? 아니면 한 쪽이 더 많아요?

3. 교재를 같이 읽으면서 내용을 설명한다. 이때 중요한 정보가 있는 부분에 밑줄을 긋거나 표시하게 하는 것도 좋다.

4. 질문 1, 2의 답을 찾아보고 답하게 한다.

🎤 최근 사람들은 뭐를 더 중요하게 생각해요?
'워라밸'과 '소확행'은 무슨 의미예요?

5. 3번 질문을 이용하여 학습자 자신의 경험을 말해 보도록 한다.

🎤 여러분은 인생에서 '성공'과 '휴식' 중에서 무엇이 더 중요하다고 생각해요?

배운 어휘 확인

☐ 업무	☐ 사무직
☐ 지시	☐ 생산직
☐ 작성하다	☐ 관리직
☐ 결재	☐ 영업직
☐ 정비하다	☐ 판매직
☐ 작동	☐ 일용직
☐ 공구	☐ 급여
☐ 재고	☐ 연봉
☐ 자재	☐ 주급
☐ 제출하다	☐ 일당
☐ 작업	☐ 시급
☐ 마무리하다	☐ 수당(보너스)
☐ 스스로	☐ 해소하다
☐ 거주하다	☐ 성과
☐ 창고	☐ 피로
☐ 적응하다	☐ 정확하다
☐ 방식	☐ 이겨 내다
☐ 파악하다	☐ 상사
☐ 허락을 받다	☐ 상하 관계
☐ 상의하다	☐ 재충전하다
☐ 반반씩	☐ 책임감
☐ 모집 공고	☐ 원만하다
☐ 직종	

13과 직장 생활 **177**

- 이 단원에서 배운 어휘 중 기억나는 것을 말해 보세요.
- 이 단원에서 배운 문법은 뭐예요? 어떻게 사용해요?
- 직장 일의 종류에는 뭐가 있어요?
- 직장 생활의 스트레스를 어떻게 풀어요?
- 최근 사람들은 '성공'과 '휴식' 중에서 무엇을 더 중요하게 생각해요?

마무리

1. '배운 어휘 확인' 목록을 읽으면서 이해한 단어에 ☑해 보도록 한다.

2. 배운 어휘 목록의 어휘들을 읽으면서 의미를 상기시킨다.

3. 단원에서 학습한 문법(동-게 하다, 동-어 가다)을 상기시키며 의미와 사용법을 기억하는지 확인한다.

4. 단원의 목표와 성취도를 확인한다.

5. 익힘책을 과제로 제시하며 다음 단원의 주제 '14과 인터넷과 스마트폰'을 예고하면서 마무리한다.

14 인터넷과 스마트폰

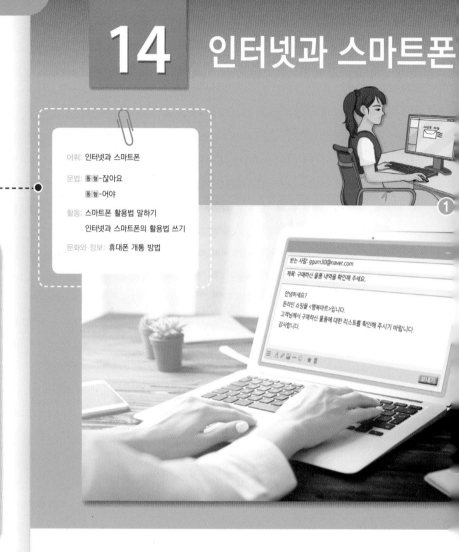

어휘: 인터넷과 스마트폰

문법: 동형-잖아요
    동형-어야

활동: 스마트폰 활용법 말하기
    인터넷과 스마트폰의 활용법 쓰기

문화와 정보: 휴대폰 개통 방법

수업 목표 및 내용

• **주제:** 인터넷과 스마트폰

• **어휘와 문법**
– 어휘: 인터넷과 스마트폰 관련 어휘를 익힌다.
– 문법: '동형-잖아요', '동형-어야'의 의미와
    형태를 익혀 사용할 수 있다.

• **활동**
– 말하기: 스마트폰의 활용법을 말할 수 있다.
– 듣기: 유튜브 영상에 관한 대화를 듣고 이해할
    수 있다.
– 읽기: 스마트폰의 장단점에 관한 글을 읽고
    이해할 수 있다.
– 쓰기: 인터넷과 스마트폰 활용법을 쓸 수 있다.

• **문화와 정보:** 휴대폰 개통 방법

수업 전개

도입, 어휘   1차시

문법   2차시

· 인터넷과 스마트폰

· 동형-잖아요
· 동형-어야

익힘책 pp.114-115

익힘책 pp.116-118

② ③

• 이 사람은 인터넷과 스마트폰으로 무엇을 해요?
• 여러분은 인터넷과 스마트폰으로 무엇을 해요?

도입

1. 교재 그림을 이용하여 학생들과 이야기하며 이 과의 주제를 노출한다.

그림❶ 🎤 이 사람은 지금 무엇을 하고 있어요? 여러분은 인터넷으로 무엇을 해요?

그림❷ 🎤 스마트폰으로 쇼핑을 해 봤어요? 무엇을 사 봤어요?

그림❸ 🎤 스마트폰으로 정보를 자주 찾아요? 무슨 정보를 찾아요?

2. 대화 내용을 정리하며 이 단원에서는 '인터넷으로 하는 일, 스마트폰 사용법' 등에 대해 공부한다는 것을 알려 준다.

이 단원을 지도할 때는…

스마트폰을 자주 사용하는지, 어떨 때 사용하는지를 떠올리게 하면서 자신의 이야기를 이끌어 내면 효율적으로 주제 도입을 할 수 있습니다. 반대로 인터넷과 스마트폰이 없는 세상을 가정하고 불편한 점이 무엇일지 생각해 보는 것도 좋습니다.

이 단원과 관계있는 단원은 아래와 같습니다.
• 주제: 정보화 사회
  - 4권 8과

말하기 듣기, 발음	3차시	읽기	4차시	쓰기, 문화와 정보, 마무리	5차시
·스마트폰 활용법 말하기 ·유튜브 영상에 대한 대화 듣기		·스마트폰의 장단점에 대한 글 읽기		·인터넷과 스마트폰의 활용법 쓰기 ·휴대폰 개통 방법	
익힘책 p.119		익힘책 p.120		익힘책 p.121	

• **정보를 검색하다:** 알고 싶은 정보가 있어요. 궁금한 것이 있어요. 그때 정보를 찾아요. 정보를 검색해요.

• **인터넷 쇼핑을 하다:** '온라인 쇼핑을 해요'와 비슷한 뜻이에요. 인터넷 쇼핑은 시장이나 마트에 직접 가지 않고 하는 쇼핑이에요.

• **댓글을 남기다:** 인터넷에서 어떤 사람이 올린 글을 보고 다른 사람이 글(또는 답)을 써요. 이것을 '댓글'이라고 해요. 우리는 친구의 에스엔에스(SNS)에 댓글을 남겨요.

• **문자를 보내다:** '메시지를 보내다'와 비슷한 뜻이에요.

• **영상 통화를 하다:** '화상 통화를 하다'와 비슷한 뜻이에요. 영상 통화는 얼굴을 보면서 통화를 하는 거예요.

• **앱(App)을 설치하다:** '앱'은 'Application'을 짧게(줄여서) 말한 거예요. 필요한 앱이 있으면 우리는 앱을 설치해요. 말할 때는 '앱을 깔아요.'라고도 표현해요. 스마트폰에 여러 가지 앱을 설치해서 쇼핑도 하고 물건을 살 때 계산도 할 수도 있어요.

---

1. 여러분은 인터넷과 스마트폰으로 무엇을 해요?

정보를 검색하다

인터넷 뱅킹을 하다

인터넷 쇼핑을 하다

이메일을 보내다

인터넷 강의를 듣다

영화를 감상하다

에스엔에스(SNS)를 하다

댓글을 남기다

유튜브(Youtube)를 보다

사진/동영상을 촬영하다

영상 통화를 하다

문자를 보내다

어휘 뜻을 찾다

게임을 하다

앱(App)을 설치하다

 저는 보통 인터넷으로 정보를 검색해요.

저는 스마트폰으로 사진을 촬영하거나 게임을 해요.

어휘 (인터넷과 스마트폰)

１ 도입, 제시

1. 인터넷과 스마트폰을 자주 사용하는지, 어떨 때 사용하는지 묻는다. 오늘 배우는 어휘는 인터넷과 스마트폰에 대해 말할 때 사용하는 표현임을 알려 준다.

🎙 여러분은 인터넷으로 무엇을 해요? 스마트폰으로 무엇을 해요?
오늘은 인터넷과 스마트폰에 대해 공부해요.

2. 교사를 따라 어휘를 소리 내어 한 번 읽도록 한다. 이때 발음에 주의하게 한다.

3. 어휘의 의미를 설명한다. 어휘가 사용된 문장을 예로 제시하거나 의미를 풀어서 설명해 준다. 상황에 따라 유의어나 반의어 등을 추가로 설명할 수 있다.

4. 배운 어휘를 소리 내어 읽도록 한다. 이때 '-어요' 형태로 단어를 읽는 등 변화를 줄 수 있다.

２ 연습

1. 인터넷과 스마트폰으로 무엇을 하는지 질문을 한다.

2. 짝과 함께 인터넷과 스마트폰 활용에 대해 간단히 말해 보도록 한다.

3. 학생들끼리 이야기한 것을 교사가 정리해 주며 같이 이야기한다.

🎙 인터넷으로 가장 자주 하는 것이 뭐예요? 스마트폰으로 무엇을 해요?

1 동 형 -잖아요

듣는 사람도 알고 있다고 생각하는 일에 대해서 이야기하거나 어떤 사실을 확인할 때 사용한다.

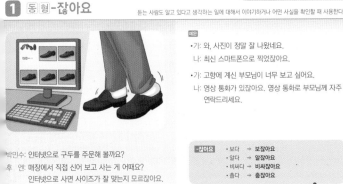

예문
- 가: 와, 사진이 정말 잘 나왔네요.
- 나: 최신 스마트폰으로 찍었잖아요.
- 가: 고향에 계신 부모님이 너무 보고 싶어요.
- 나: 영상 통화가 있잖아요. 영상 통화로 부모님께 자주 연락드리세요.

박민수: 인터넷으로 구두를 주문해 볼까요?
후 엔: 매장에서 직접 신어 보고 사는 게 어때요?
인터넷으로 사면 사이즈가 잘 맞는지 모르잖아요.

-잖아요	
• 보다 →	보잖아요
• 알다 →	알잖아요
• 비싸다 →	비싸잖아요
• 춥다 →	춥잖아요

1. 그림을 보고 보기 와 같이 친구와 이야기해 보세요.

이번 시험도 아나이스 씨가 1등을 했네요!

보기

아나이스 씨는 항상 열심히 공부하잖아요.

아나이스   항상 열심히 공부하다

1) 김밥을 자주 먹네요.
김밥   바쁠 때 간편하게 먹을 수 있다

2) 왜 버스를 안 타요?
걸어서 가다   건강에 좋다

3) 드미트리 씨는 오늘 출근을 안 했어요?
드미트리   출장을 갔다

2. 서로 함께 알고 있는 사실이나 의견에 대해 친구들과 이야기해 보세요.

- 유튜브(Youtube)를 많이 보는 이유
- 케이팝(K-pop)이 세계적으로 인기 있는 이유
- 인터넷으로 쇼핑을 하는 이유

유튜브로 뭐든지 쉽게 배울 수 있잖아요.

단어장
최신
간편하다
세계적
출장을 가다

14과 인터넷과 스마트폰   181

동 형 -잖아요

듣는 사람도 알고 있다고 생각하는 일에 대해서 이야기하거나 어떤 사실을 확인할 때 사용한다.

- 가: 고향에 있는 가족들이 너무 보고 싶어요.
  나: 영상 통화가 있잖아요. 영상 통화로 얼굴을 보면서 이야기하세요.

- 가: 인터넷으로 옷을 주문해 볼까요?
  나: 직접 가게에 가서 사는 게 어때요? 디자인이 잘 어울리는지 알 수 없잖아요.

- 가: 도서관에 학생들이 정말 많네요.
  나: 내일부터 시험이잖아요.

-잖아요	보다 → 보잖아요 기다리다 → 기다리잖아요 *모르다 → 모르잖아요 *알다 → 알잖아요 *어렵다 → 어렵잖아요
-았잖아요 -었잖아요	보다 → 봤잖아요 기다리다 → 기다렸잖아요 *모르다 → 몰랐잖아요 *알다 → 알았잖아요 *어렵다 → 어려웠잖아요

문법 1 (동 형 -잖아요)

1 도입, 제시

1. 도입 그림과 대화를 통해 문법이 사용되는 상황을 인지시킨다.

🎙 민수 씨가 무엇을 주문하려고 해요? 후엔 씨는 민수 씨에게 왜 구두를 매장에서 직접 신어 보고 사라고 해요?

2. 교재의 대표 예문을 보면서 문법의 의미를 설명한다.

🎙 '사이즈가 잘 맞는지 모르잖아요'는 '사이즈가 잘 맞는지 모르니까요'와 비슷한 의미예요. 듣는 사람도 이유를 알고 있다고 생각할 때 '-잖아요'를 써요.

3. 단어장의 새 어휘를 설명하고 문법 연습이 이루어지도록 한다.

4. 학생들과 교재의 예문들을 읽으면서 문법의 의미를 설명하고 이해시킨다.

5. 문법의 형태 정보를 제시하고 설명한다.

6. 추가 예문을 제시하고 문법의 의미와 사용법을 정확하게 이해시킨다.

2 연습 1

1. 〈보기〉의 대화를 교사와 함께 완성해 본다.

2. 나머지 문제를 〈보기〉의 대화처럼 짝과 완성하도록 한다.

3. 연습한 것을 발표하게 하거나 교사가 전체 학생 대상으로 답하게 하여 확인한다. 그리고 오류가 있으면 수정해 준다.

3 연습 2

1. 서로 알고 있는 사실이나 의견에 대해 이야기하면서 '-잖아요'를 활용하여 이유를 말해 보도록 한다.

2. 친구와 대화한 것을 발표하게 하고 오류가 있으면 수정해 준다.

익힘책 116~117쪽을 풀게 하거나 과제로 제시한다. 익힘책은 연습 활동 난이도에 따라 교재 연습 문제 전후로 활용한다.

동 명 -어야

앞에 오는 내용이 뒤 내용의 필수 조건이 될 때 사용한다. 앞의 내용이 이루어지지 않으면 뒤의 내용이 이루어질 수 없다.

- 가: 이 홈페이지에 회원 가입이 잘 안 돼요.
  나: 먼저 본인 확인을 <u>해야</u> 가입을 할 수 있어요.

- 가: 초등학생은 혼자 스마트폰을 개통할 수 없어요?
  나: 네, 보호자가 <u>있어야</u> 개통할 수 있어요.

- 비밀번호를 <u>알아야</u> 이메일 로그인이 된다.

- <u>서둘러야</u> 약속 시간에 도착할 수 있다.

-아야 (ㅏ, ㅗ O)	좋다 → 좋아야 찾다 → 찾아야 *다르다 → 달라야
-어야 (ㅏ, ㅗ X)	먹다 → 먹어야 *차갑다 → 차가워야 *걷다 → 걸어야
-해야 (하다)	가입하다 → 가입해야 건강하다 → 건강해야 친절하다 → 친절해야

---

2 동 형 -어야 앞에 오는 내용이 뒤 내용의 필수 조건이 될 때 사용한다

- 가: 중학생은 혼자 스마트폰을 개통할 수 없어요?
  나: 네, 보호자가 있어야 가능해요.
- 여권이 있어야 비행기를 탈 수 있다.
- 빵은 부드러워야 맛있다.

-아야	자다 → 자야 찾다 → 찾아야
-어야	먹다 → 먹어야 *차갑다 → 차가워야
-해야	가입하다 → 가입해야 건강하다 → 건강해야

제이슨: 이 홈페이지에 회원 가입이 잘 안 되네요.
안젤라: 휴대 전화로 본인 확인을 해야 가입이 돼요.

1. 보기와 같이 친구와 이야기해 보세요.

조금 후에 출발하면 약속 시간에 늦어요?

네, 지금 출발해야 늦지 않아요.

보기	조금 후에 출발하다	약속 시간에 늦다	지금 출발하다	늦지 않다
1)	휴대폰이 없다	불편하다	휴대폰이 있다	친구들과 연락하다
2)	국이 차갑다	맛없다	국이 따뜻하다	맛있다
3)	한국에서 취직하고 싶다	어떻게 하다	한국어가 유창하다	취직할 수 있다
4)	인터넷에 접속하고 싶다	어떻게 하다	와이파이 비밀번호를 입력하다	접속하다

2. 어떤 일을 할 때 꼭 필요한 방법에 대해 친구와 이야기해 보세요.

- 처음 가는 장소를 빨리 찾는 방법
- 사진을 잘 찍는 방법
- 한국어를 잘하는 방법

길찾기 앱을 설치해야 처음 가는 장소를 빨리 찾을 수 있어요.

단어장
홈페이지
회원 가입을 하다/
회원으로 가입하다
본인 확인
개통하다
접속하다

182 사회통합프로그램(KIIP) 한국어와 한국문화 중급 1

문법 2 (동 형 -어야)

1 도입, 제시

1. 도입 그림과 대화를 통해 문법이 사용되는 상황을 인지시킨다.

🎤 제이슨 씨는 무엇이 잘 안 돼요? 안젤라 씨가 제이슨 씨에게 무엇을 알려 주었어요?

2. 교재의 대표 예문을 보면서 문법의 의미를 설명한다.

🎤 홈페이지 회원 가입을 하고 싶어요. 그러면 무엇을 '먼저' 해야 해요? 맞아요. 휴대폰으로 본인 확인을 해야 해요. 본인 확인을 '먼저' 해요. 그러면 회원 가입이 돼요. 그럼 이렇게 말할 수 있어요. "휴대폰으로 본인 확인을 해야 회원 가입이 돼요." '-어야'의 앞에는 먼저 해야 하는 일(조건)을 말해요.

3. 단어장의 새 어휘를 설명하고 문법 연습이 이루어지도록 한다.

4. 학생들과 교재의 예문들을 읽으면서 문법의 의미를 설명하고 이해시킨다.

5. 문법의 형태 정보를 제시하고 설명한다.

6. 추가 예문을 제시하고 문법의 의미와 사용법을 정확하게 이해시킨다.

2 연습 1

1. 〈보기〉의 대화를 교사와 함께 완성해 본다.

2. 나머지 문제를 〈보기〉의 대화처럼 짝과 완성하도록 한다.

3. 단어장의 새 어휘를 설명해 준다.

4. 연습한 것을 발표하게 하거나 교사가 전체 학생 대상으로 답하게 하여 확인한다. 그리고 오류가 있으면 수정해 준다.

3 연습 2

1. 어떤 일을 할 때 꼭 필요한 방법(조건)에 대해, 묻고 대답하면서 '-어야'를 활용하여 자신의 이야기를 하도록 한다.

2. 친구와 대화한 것을 발표하게 하고 오류가 있으면 수정해 준다.

익힘책 117~118쪽을 풀게 하거나 과제로 제시한다. 익힘책은 연습 활동 난이도에 따라 교재 연습 문제 전후로 활용한다.

말하기 ⏰ 20분

아나이스 씨와 라민 씨가 스마트폰을 활용한 공부 방법을 이야기합니다. 다음 대화처럼 이야기해 보세요.

아나이스: 라민 씨, 한국어를 재미있게 공부하는 방법이
　　　　　있어요?

라　　만: 요즘은 누구나 스마트폰을 가지고 있잖아요.
　　　　　스마트폰으로 한번 공부해 보세요.

아나이스: 그래요? 어떻게요?

라　　만: 저는 한국어 어휘 앱을 설치해 놓고 심심할 때마다
　　　　　공부해요. 그걸로 해 보니까 아주 재미있어요.

아나이스: 와! 좋은 방법이에요. 꼭 책을 봐야 공부할 수
　　　　　있는 게 아니네요.

라　　만: 맞아요. 아나이스 씨도 필요하면 무슨 앱인지
　　　　　알려 줄게요.

아나이스: 고마워요. 앱 이름 좀 알려 주세요. 저도 바로
　　　　　해 볼게요.

1) 스마트폰을 가지고 있다 | 책을 보다, 공부할 수 있다

2) 스마트폰이 있다 | 수업을 듣다, 한국어를 배우다

스마트폰 활용 방법에 대해 대화해 보세요. 그리고 여러분의 이야기를 해 보세요.

스마트폰 활용 방법
• 사진을 잘 찍는 방법
• 길을 잘 찾는 방법
• 건강 관리 하는 방법

스마트폰 활용 방법 답하기
• 뷰티 앱
• 길찾기 앱
• 만보기 앱

14과 인터넷과 스마트폰　**183**

• 이번 말하기를 통해 각자 알고 있는 노하우나 정보를
　제공하는 방법을 익힐 수 있습니다.

• '-어야 -(으)ㄹ 수 있다'나 '-어야 -(으)ㄹ 수 있는 게
　아니에요'와 같은 표현을 사용해서 자신이 알고 있는
　정보를 상대방에게 알려 줄 수 있습니다.

스마트폰 활용법 말하기

1 대화문 연습

1. 한국어를 재미있게 공부하는 방법에 대해 이야기하며 교재의 그림을 이용해 어떤 상황인지 추측해 보도록 한다.

　🎤 라민 씨는 아나이스 씨에게 무엇을 알려 주고 있어요?
　　　두 사람은 한국어 공부와 스마트폰에 대해 어떤 이야기를 할까요?

2. 지시문을 이용하여 대화 상황을 학생들에게 명확하게 알려 준다.

3. 단어장의 새 어휘를 설명한다.

4. 대화를 들려주고 간단한 질문을 하여 대화 내용을 이해했는지 확인한다.

　🎤 아나이스 씨는 어떤 방법을 알고 싶어요?
　　　라민 씨는 스마트폰으로 한국어를 어떻게 공부해요?
　　　라민 씨는 아나이스에게 무엇을 알려 주려고 해요?
　　　아나이스 씨는 앱으로 무엇을 해 볼 거예요?

5. 교사와 함께 대화문을 읽으면서 자연스럽게 말하는 연습을 한다. 두 번 정도 반복해서 연습한다.

6. 교체 어휘를 활용하여 짝과 함께 연습하게 한다.

7. 연습이 끝나면 한두 팀을 발표시키거나 교사가 전체 학생을 대상으로 확인한다.

2 확장 연습

1. 스마트폰 활용 방법에 대해 말하기를 한다고 알려 준다.

2. 짝과 같이 자신이 알고 있는 스마트폰 활용 방법에 대해 이야기하게 한다. 대화를 할 때는 다음과 같은 내용을 포함하여 말하도록 지시한다.

　🎤 스마트폰으로 다양한 것을 할 수 있지요? 여러분은 스마트폰으로 어떤
　　　것을 해요? 어떤 노하우가 있어요? 친구들과 이야기해 보세요. 사진을
　　　잘 찍는 방법이 뭐예요? 길을 잘 찾는 방법이 뭐예요? 건강 관리 하는
　　　방법이 있어요?

3. 이야기가 끝나면 한두 팀을 발표시키거나 교사가 전체 학생을 대상으로 확인하고 오류를 수정해 준다.

듣기

라흐만(남): 요즘은 유튜브를 보는 사람이 정말 많아졌지요?

후 엔(여): 맞아요. 저도 유튜브 보는 걸 좋아해요.

라흐만(남): 그래요? 보통 어떤 걸 봐요?

후 엔(여): 한국 요리에 대한 거요. 요리는 혼자 배우기 어렵잖아요. 그런데 한국 요리 채널을 보면서 쉽게 따라할 수 있어서 좋아요.

라흐만(남): 와, 수업을 직접 들어야만 요리를 배울 수 있는 게 아니네요. 또 자주 보는 영상이 있어요?

후 엔(여): 음. 집에서 혼자 운동하는 법을 가르쳐 주는 게 있는데 그것도 괜찮아요.

라흐만(남): 그거 좋은데요? 저도 꼭 한번 봐야겠어요.

후 엔(여): 언젠가 저도 우리나라 문화를 알리는 영상을 만들어 보고 싶어요.

라흐만(남): 와, 정말 멋진 계획이에요.

---

1. 여러분은 유튜브를 자주 봅니까? 어떤 내용을 봅니까?

> 어떤 영상을 좋아해요?
> 그 영상은 어떤 내용이에요?
> 추천하고 싶은 영상이 있어요?

2. 후엔 씨와 라흐만 씨가 이야기합니다. 잘 듣고 질문에 답해 보세요.

1) 후엔과 라흐만은 무엇에 대한 이야기를 합니까?

❶ ❷ ❸

2) 들은 내용과 같으면 ○, 다르면 X 하세요.

❶ 라흐만은 유튜브를 보면서 운동을 배운다. (X)
❷ 후엔은 유튜브 개인 채널을 가지고 있다. (X)
❸ 후엔은 한국 요리에 대한 영상을 자주 본다. (○)

단어장
영상
추천하다

받침 ㅎ + 모음 ➡ ☒

발음

어렵잖아요[어렵짜나요]
괜찮아요[괜차나요]
좋아하는[조아하는]

다음을 듣고 따라 읽으세요.

1) 요리는 혼자 배우기 어렵잖아요.
2) 한국어 어휘 공부 앱이 아주 괜찮아요.
3) 이것은 제가 좋아하는 인터넷 게임이에요.

184 사회통합프로그램(KIIP) 한국어와 한국문화 중급 1

유튜브 영상에 대한 대화 듣기

1. 지시문을 이용하여 들을 내용과 관련있는 이야기를 나눈다.

🎤 여러분은 유튜브를 자주 봐요?
어떤 영상을 좋아해요?
추천하고 싶은 영상이 있어요?

2. 문제를 읽고 들어야 하는 정보를 파악하게 한다.

🎤 후엔 씨는 한국 요리 채널을 왜 좋아해요?
후엔 씨는 라흐만 씨에게 어떤 영상을 추천했어요?
후엔 씨는 앞으로 어떤 영상을 만들고 싶어요?

3. 듣기 파일을 두 번 듣고 문제를 풀게 한다.

4. 교재 질문의 답을 확인한 후 해당 대화를 같이 읽으며 내용을 확인한다. 필요한 경우 새로운 어휘, 표현을 설명한다.

발음

1. 교재 1번 발음을 들려주고 '어렵잖아요', '괜찮아요', '좋아하는'의 발음이 어떻게 들리는지 학습자 스스로 확인해 보도록 한다.

2. 어간 끝소리 'ㅎ' 다음에 모음이 올 때 'ㅎ'의 소리가 나지 않는다는 것을 알려 준다.

🎤 받침에 'ㅎ'이 있어요. 그 뒤에 모음이 와요. 그러면 'ㅎ'은 발음하지 않아요.

3. 교재에 제시된 발음을 따라해 보도록 한다.

4. 교재에 제시된 문장의 발음을 따라해 보도록 한다.

5. 교재 문장을 읽으며 연습하게 한 후에 확인한다.

> • 받침 [ㅎ] 뒤에 모음이 올 때 'ㅎ' 약화
> 예 많아요[마나요], 싫어요[시러요], 낳아요[나아요],
> 사지 않아요[사지 아나요]

1. 뉴스에서 인터넷과 스마트폰의 긍정적인 영향에 대해 이야기하고 있습니다. 각각 어떤 내용인지 이야기해 보세요.

적절한 스마트폰 사용,
사회적 고립감 해소에 도움

스마트폰의 대중화가 만들어 낸
1인 미디어 시대

지갑 대신 스마트폰에 앱카드

연휴 응급 상황 의료 기관·약국 찾기
스마트폰·인터넷으로

- **의존/의존하다/의존도:** 혼자 할 수 없어요. 그래서 다른 것(또는 사람)의 도움이 필요해요. 다른 것에 기대요. 이것을 '의존'이라고 해요. '~에/에게 의존하다'라고 말할 수 있어요. 어릴 때는 부모님에게 의존해요. 하지만 어른이 되면 부모님에게 의존하면 안 되지요? 그리고 '의존도'는 의존을 하는 정도예요. '의존도가 높다/낮다'라고 말해요.

- **보편화:** 어떤 것이 나한테만 있는 일(것)이 아니에요. 누구에게나 있는 일(것)이에요. 그럴 때 '~이/가 보편화되다'라고 말해요. 스마트폰을 사용하는 것이 요즘은 특별한 일이 아니지요? 누구나 스마트폰을 사용하니까요. '스마트폰이 보편화되었다'라고 말할 수 있어요.

2. 스마트폰과 인터넷을 너무 많이 사용해서 발생하는 부정적인 영향에는 무엇이 있습니까? 알맞은 것끼리 연결해 보세요.

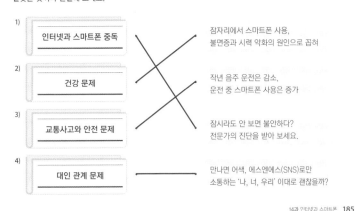

1) 인터넷과 스마트폰 중독

2) 건강 문제

3) 교통사고와 안전 문제

4) 대인 관계 문제

잠자리에서 스마트폰 사용,
불면증과 시력 악화의 원인으로 꼽혀

작년 음주 운전은 감소,
운전 중 스마트폰 사용은 증가

잠시라도 안 보면 불안하다?
전문가의 진단을 받아 보세요.

만나면 어색, 에스엔에스(SNS)로만
소통하는 '나, 너, 우리' 이대로 괜찮을까?

14과 인터넷과 스마트폰 **185**

인터넷과 스마트폰의 영향

1. 1번 자료를 보며 주요 정보를 파악하게 한다.

　🎤 무엇에 대한 뉴스예요?
　　인터넷과 스마트폰의 편리한 점이 뭐예요?

2. 1번의 각 기사의 핵심어를 통해 주요 정보를 이해하도록 한다.

3. 2번 자료를 보며 주요 정보를 파악하게 한다.

　🎤 무엇에 대한 뉴스예요?
　　인터넷과 스마트폰의 부정적인 영향은 뭐예요?

4. 2번의 질문에 해당하는 정보를 찾게 한다.

5. 답을 같이 확인한 후, 다시 읽으며 주요 어휘를 확인한다.

6. 답을 같이 확인한 후, 필요한 경우 보충 설명을 덧붙인다.

- **과유불급:** '과식', '과음', '과속'에서 '과(過)'는 지나치다는 뜻이에요. 무엇이든지 적당한 것이 좋은데 너무 많이 먹거나 너무 많이 마시거나 하면 문제가 생기지요. 스마트폰도 잘 활용하면 좋지만 지나치게 많이 사용하면 부정적인 영향이 있잖아요. 이렇게 '과유불급'은 어떤 정도가 너무 지나친 것이 모자란 것과 같다 또는 모자란 것보다 좋지 않다는 의미예요.

---

3. 다음은 스마트폰 사용에 대한 글입니다. 잘 읽고 질문에 답해 보세요.

스마트폰이 없는 일상을 상상하기 어려운 시대가 되었다. 과거와 달리 우리는 스마트폰 덕분에 많은 일을 쉽고 신속하게 해결할 수 있게 되었다. 반면, 스마트폰 의존도가 높아지면서 인간관계나 우리의 삶에도 많은 변화를 가져왔다.

먼저, 스마트폰 사용이 주는 편리함부터 살펴보자. 스마트폰이라는 작은 기기 하나만 있으면 사진 촬영, 녹음, 동영상 촬영에서 음악 감상까지 모든 것이 가능하다. 또 스마트폰으로 우리는 전 세계 어디에 있는 사람과도 수시로 이메일을 주고받거나 영상 통화를 한다. 무엇보다도 스마트폰으로 우리는 필요한 정보와 최신의 데이터를 쉽게 발견하고 활용한다. 쇼핑, 게임, 인터넷 뱅킹도 보편화되었다.

한편, 스마트폰의 편리함이 인간관계나 우리의 삶에 미친 영향도 크다. 사람과 사람이 직접 만나기보다는 에스엔에스(SNS)로 연락을 주고받는 일이 많아졌다. 대화가 줄어들고 소통이 단절되는 일도 생겼다. 또 스마트폰에 대한 의존도가 높아지면서 개인 정보 유출, 사생활 노출, 스마트폰 중독 등의 사회 문제가 심각해졌다.

과유불급(過猶不及)이라는 말이 있다. 어떤 일의 정도가 지나친 것은 모자란 것보다 좋지 않다는 뜻이다. 스마트폰에 의존하지 않고 스마트폰을 잘 사용하는 지혜가 필요하다.

1) 이 글은 무엇에 대한 글입니까?
   ❶ 스마트폰 의존도
   ❷ 스마트폰의 장점과 단점
   ❸ 스마트폰의 편리함

2) 윗글의 내용과 같으면 ○, 다르면 X 하세요.
   ❶ 스마트폰 사용과 사회 문제는 별로 관계가 없다.　(X)
   ❷ 스마트폰이 있어도 많은 사람들은 직접 만나서 일을 해결한다.　(X)
   ❸ '과유불급'은 어떤 일의 정도가 적당하다는 뜻이다.　(X)

단어장
신속하다
해결하다
의존도
수시로
데이터
보편화
소통이 단절되다
개인 정보 유출
사생활 노출
과유불급
지혜
활용하다

스마트폰의 장단점에 대한 글 읽기

1. 단락별 첫 문장을 읽게 한 후 글의 내용을 유추하게 한다.

   🎤 스마트폰이 없는 일상이 가능할까요?
   　 스마트폰은 우리의 일상에 어떤 영향을 주었을까요?

2. 글을 훑어 읽게 한 후 주제, 중심 내용 등을 간단히 말해 보도록 한다.

   🎤 스마트폰 사용의 편리한 점이 뭐예요?
   　 스마트폰 사용의 부정적인 영향은 뭐예요?
   　 과유불급의 뜻이 뭐예요?

3. 글을 다시 읽으면서 문제를 풀게 한다.

4. 답을 같이 확인한 후, 본문을 다시 읽으며 모르는 어휘가 없는지 확인한다. 필요한 경우 새로운 어휘, 표현을 설명한다.

1. 여러분은 인터넷과 스마트폰으로 무엇을 합니까? 인터넷과 스마트폰을 잘못 활용할 때의 문제점은 무엇입니까? 인터넷과 스마트폰을 잘 활용하기 위한 방법은 무엇입니까? 간단히 메모해 보세요.

> 인터넷/스마트폰으로 하는 일

> 인터넷/스마트폰을 잘못
> 활용했을 때의 문제점

> 인터넷/스마트폰을 적절하게
> 활용하는 방법

2. 위 메모를 바탕으로 '인터넷과 스마트폰의 현명한 활용 방법'에 대해 글을 써 보세요.

14과 인터넷과 스마트폰   187

인터넷과 스마트폰의 활용법 쓰기

1. 어떤 글을 쓸지 알려 주고 글에 들어갈 내용을 생각해 보게 한다.

🎤 오늘은 인터넷과 스마트폰의 현명한 활용 방법을 쓸 거예요.
   글에 들어갈 내용을 생각해 보세요.

2. 교재 질문에 대해 자신이 쓸 내용을 간단히 메모하도록 한다. 교사는 학생들이 쓴 메모에 오류가 없는지 확인해 준다.

3. 메모한 내용을 바탕으로 글을 완성하게 한다.

• **개통하다:** '개통하다'는 어떤 것과 어떤 것을 연결해서(이어서) 완성한다는 뜻이에요. 그리고 그것을 처음 쓸 때 '개통하다'라고 해요. '휴대폰을 개통하다', '도로를 개통하다'라는 표현이 있어요.

• **무제한:** '제한'은 어디까지는 되고 어디까지는 안 된다고 할 때 쓰는 단어예요. '제한이 있다/없다' 이렇게 말해요. 시험을 볼 때 보통은 시간 제한이 있지요? 그리고 '무(無)'는 없다는 뜻이니까 '무제한'은 제한이 없다는 거예요. 여러분은 음식을 마음대로 먹고 싶을 때 어디에 가요? '뷔페식당'에 가면 음식을 '무제한으로' 먹을 수 있어요.

휴대폰 개통 방법

휴대폰을 개통하기 위해 꼭 알아 두어야 할 세 가지를 살펴보자. 먼저 한국의 대표적인 통신사 이름을 기억하는 것이 좋다. 현재 한국에는 세 곳의 이동 통신사가 있는데 SKT, KT, LG U+가 그것이다. 따라서 휴대폰을 개통하려면 이 세 곳의 통신사 대리점에 가야 한다. 휴대폰을 개통하러 갈 때는 신분증(여권, 외국인 등록증)을 반드시 가져가야 한다. 유심(USIM) 카드가 있다면 챙겨 가는 것이 좋다. 단, 외국인 등록을 하기 전에는 본인 이름으로 휴대폰을 개통하는 것이 불가능하다는 것을 알아야 한다.

마지막으로, 자신에게 맞는 요금제를 선택하는 것이 중요하다. 요금제는 데이터, 문자 메시지, 통화 시간 등에 따라 매우 다양하다. 만약 데이터 사용량이 많고 업무상 휴대폰을 많이 쓴다면 '무제한 요금제'를 선택하는 것이 유리하다. 무제한 요금제는 사용한 데이터나 음성 통화의 양과 관계없이 매달 같은 요금을 내기 때문이다.

1) 휴대폰을 개통할 때 무엇이 필요합니까?
2) '무제한 요금제'란 무엇입니까?
3) 여러분은 한국에서 휴대폰을 개통할 때 어떤 어려움을 느꼈습니까?

188 사회통합프로그램(KIIP) 한국어와 한국문화 중급 1

휴대폰 개통 방법

1. 이 단원의 문화와 정보가 무엇에 대한 것인지 알려 준다.

🎙 한국에 와서 휴대폰을 어떻게 개통했어요? 그때 무엇이 필요했어요?
오늘은 '휴대폰 개통 방법'에 대해 알아봅시다.

2. 교재의 사진을 보면서 주제에 대해 알고 있는 것을 상기시키고 말해 보게 한다. 이때 관련 시각 자료를 추가로 활용할 수 있다.

🎙 여러분의 휴대폰 요금제는 어떤 거예요?
데이터를 많이 써요? 통화를 많이 해요?

3. 교재를 같이 읽으면서 내용을 설명한다. 이때 중요한 정보가 있는 부분에 밑줄을 긋거나 표시하게 하는 것도 좋다.

4. 질문 1, 2의 답을 찾아보고 답하게 한다.

🎙 휴대폰을 개통할 때 무엇이 필요해요?
'무제한 요금제'란 뭐예요?

5. 3번 질문을 이용하여 학습자 자신의 경험을 말해 보도록 한다.

🎙 여러분이 한국에서 휴대폰을 개통할 때 어려움을 느낀 적이 있어요?
휴대폰을 개통할 때 어떤 어려움을 경험했어요?

배운 어휘 확인

정보를 검색하다	영상
인터넷 뱅킹을 하다	추천하다
인터넷 쇼핑을 하다	긍정적
이메일을 보내다	고립감
인터넷 강의를 듣다	대중화
영화를 감상하다	부정적
에스엔에스(SNS)를 하다	인터넷 중독
댓글을 남기다	불면증
유튜브(Youtube)를 보다	시력 악화
사진/동영상을 촬영하다	음주 운전
영상 통화를 하다	어색하다
문자를 보내다	소통하다
어휘 뜻을 찾다	신속하다
게임을 하다	해결하다
앱(App)을 설치하다	의존도
최신	수시로
간편하다	데이터
세계적	보편화
출장을 가다	소통이 단절되다
홈페이지	개인 정보 유출
회원 가입을 하다/ 회원으로 가입하다	사생활 노출
본인 확인	과유불급
개통하다	지혜
접속하다	활용하다

14과 인터넷과 스마트폰 **189**

- 이 단원에서 배운 어휘 중 기억나는 것을 말해 보세요.
- 이 단원에서 배운 문법은 뭐예요? 어떻게 사용해요?
- 여러분은 인터넷과 스마트폰으로 무엇을 해요?
- 스마트폰의 긍정적인 영향과 부정적인 영향에 대해 이야기해 보세요.
- 휴대폰을 개통하려면 어디에 가야 돼요?

마무리

1. '배운 어휘 확인' 목록을 읽으면서 이해한 단어에 ☑해 보도록 한다.

2. 배운 어휘 목록의 어휘들을 읽으면서 의미를 상기시킨다.

3. 단원에서 학습한 문법(통형-잖아요 통형-어야)을 상기시키며 의미와 사용법을 기억하는지 확인한다.

4. 단원의 목표와 성취도를 확인한다.

5. 익힘책을 과제로 제시하며 다음 단원의 주제 '15과 고민과 상담'을 예고하면서 마무리한다.

15 고민과 상담

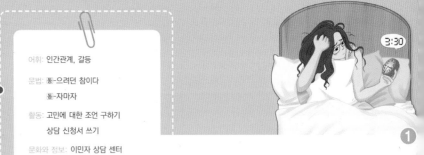

어휘: 인간관계, 갈등

문법: 통-으려던 참이다
통-자마자

활동: 고민에 대한 조언 구하기
상담 신청서 쓰기

문화와 정보: 이민자 상담 센터

수업 목표 및 내용

• **주제:** 고민과 상담

• **어휘와 문법**
 – 어휘: 고민과 상담 관련 어휘를 익힌다.
 – 문법: '통-으려던 참이다', '통-자마자'의 의미와 형태를 익혀 사용할 수 있다.

• **활동**
 – 말하기: 고민에 대해 말하고 조언을 구할 수 있다.
 – 듣기: 취업 상담에 관한 대화를 듣고 이해할 수 있다.
 – 읽기: 우울증 자가 진단법을 읽고 이해할 수 있다.
 – 쓰기: 상담 신청서를 쓸 수 있다.

• **문화와 정보:** 이민자 상담 센터

수업 전개	도입, 어휘 1차시	문법 2차시
	·고민과 상담	·통-으려던 참이다 ·통-자마자
	익힘책 pp.122-123	익힘책 pp.124-126

- 이 사람은 무슨 문제가 있어요?
- 여러분은 힘들 때 누구와 이야기해요?

도입

1. 교재 그림을 이용하여 학생들과 이야기하며 이 과의 주제를 노출한다.

그림❶ 🎤 누가 어디에서 이야기하고 있어요?
여러분은 건강 상담을 받은 적이 있어요?

그림❷ 🎤 이 사람은 어떤 문제가(고민이) 있을까요?
왜 그렇게 생각해요?

그림❸ 🎤 두 사람은 어떤 이야기를 할 것 같아요?
무슨 문제가 있는 것 같아요?
여러분은 힘들 때 누구와 이야기해요?

2. 대화 내용을 정리하며 이 단원에서는 '고민, 갈등, 상담 관련 표현' 등에 대해 공부한다는 것을 알려 준다.

이 단원을 지도할 때는…

'고민'이라는 주제를 다룬다고 해서 꼭 어둡고 부정적인 내용에 초점을 두지 않아도 됩니다. 자신에게 필요한 정보를 구하는 방법, 향후 닥칠 수 있는 문제를 미리 예측하고 대비하는 방법에 대해서도 다룰 수 있습니다.

이 단원과 관계있는 단원은 아래와 같습니다.
• 주제: 대인 관계 고민
– 3권 1과

말하기 듣기, 발음	3차시	읽기	4차시	쓰기, 문화와 정보, 마무리	5차시
·고민에 대해 말하고 조언 구하기 ·취업 상담 대화 듣기		·우울증 자가 진단법 읽기		·상담 신청서 쓰기 ·이민자 상담 센터	
익힘책 p.127		익힘책 p.128		익힘책 p.129	

- **제자리걸음:** '제자리걸음'이란 계속 같은 곳을 걷는 것을 의미해요. 어떤 일이 잘 진행되지 않거나 상황이 좋아지지 않을 때 '~이/가 제자리걸음이다'라고 표현해요.
- **병행하다:** '병행'이란 두 개 이상의 일을 함께 한다는 뜻이에요. '~와/과 ~을/를 병행하다'라고 말해요.

- **갈등:** 나와 상대방의 생각, 입장, 마음 등이 다를 때 생겨요. 갈등은 겉으로 보일 때도 있고 보이지 않을 때도 있어요. 갈등이 커지면 싸움이 되기도 해요. '갈등이 있다', '갈등을 겪다'와 같이 말해요.
- **되풀이하다:** 같은 일(행동)을 두 번 이상 하는 거예요. '반복하다'와 비슷한 뜻이에요.
- **취직, 퇴직, 이직:** 직장에 들어가는 것을 '취직'이라고 해요. 직장을 그만두는 것은 '퇴직'이고 직장을 다른 곳으로 옮기는 것을 '이직'이라고 해요.

- **눈앞이 캄캄하다:** 앞에 아무것도 안 보이는 느낌이 들고 어떻게 해야 할지 모를 때가 있었어요? '눈앞이 캄캄하다'는 문제 해결의 방법을 찾을 수 없을 때, 희망이 없을 때 쓰는 표현이에요.
- **털어놓다:** 숨기지 않고 솔직하게 말한다는 뜻이에요. 상대방에게 나의 '비밀을 털어놓다' 또는 '고민을/잘못을 털어놓다' 이렇게 말할 수 있어요.

---

1. 여러분은 요즘 고민이 있어요? 어떤 고민인지 이야기해 보세요.

인간관계 문제
- 주변 사람들과 가까워지기 어렵다.
- 동료들과 성격이 안 맞는다.

한국 생활 문제
- 국적 취득이 힘들다.
- 한국어 실력이 제자리걸음이다.

육아 문제
- 직장과 육아를 병행하기 힘들다.
- 학부모 모임에 참여하기 두렵다.

집안 문제
- 고부간의 갈등이 있다.
- 부부 싸움을 자주 한다.

건강 문제
- 이유 없이 자주 우울하다.
- 만성 피로와 불면증이 있다.

진로·취업 문제
- 진로가 불투명하다.
- 퇴직과 이직을 되풀이하고 있다.

경제 문제
- 수입이 일정하지 않다
- 재테크 및 돈 관리가 어렵다.

2. 여러분은 고민이 있을 때 어떻게 해요?

고민
- 머리가 복잡하다
- 신경이 쓰이다
- 속이 타다
- 골치가 아프다
- 눈앞이 캄캄하다
- 발 뻗고 못 자다

상담
- 고민을 털어놓다
- 고민을 나누다
- 조언을 구하다
- 상담을 받다

고민 해결
- 고민을 덜다
- 고민을 해결하다
- 고민을 털어버리다

어휘 (고민과 상담)

1 도입, 제시

1. 요즘 어떤 고민이 있는지 물으며 오늘 배우는 어휘는 고민이나 상담에 대한 표현임을 알려 준다.

   🎤 여러분은 요즘 고민이 있어요? 어떤 고민이 있어요?
   고민이 있을 때 어떻게 해요?

2. 교사를 따라 어휘를 소리 내어 한 번 읽도록 한다. 이때 발음에 주의하게 한다.

3. 어휘의 의미를 설명한다. 어휘가 사용된 문장을 예로 제시하거나 의미를 풀어서 설명해 준다. 상황에 따라 유의어나 반의어 등을 추가로 설명할 수 있다.

4. 배운 어휘를 소리 내어 읽도록 한다. 이때 '-어요' 형태로 단어를 읽는 등 변화를 줄 수 있다.

2 연습

1. 고민이 있을 때 조언이나 상담을 받는지 질문을 한다.

2. 짝과 함께 고민 상담에 대한 의견이나 경험을 간단히 말해 보도록 한다.

3. 학생들끼리 이야기한 것을 교사가 정리해 주며 같이 이야기한다.

   🎤 고민이 생기면 마음이나 기분이 어때요? 다른 사람에게 조언을 구해요?
   상담을 받아요? 고민을 어떻게 해결해요?

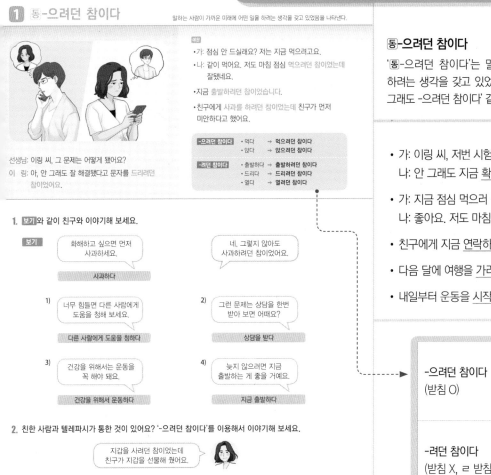

1 동-으려던 참이다   말하는 사람이 가까운 미래에 어떤 일을 하려는 생각을 갖고 있었음을 나타낸다.

예문
- 가: 점심 안 드실래요? 저는 지금 먹으려고요.
- 나: 같이 먹어요. 저도 마침 점심 먹으려던 참이었는데 잘됐네요.
- 지금 출발하려던 참이었습니다.
- 친구에게 사과를 하려던 참이었는데 친구가 먼저 미안하다고 했어요.

-으려던 참이다	먹다	→	먹으려던 참이다
	앉다	→	앉으려던 참이다
-려던 참이다	출발하다	→	출발하려던 참이다
	드리다	→	드리려던 참이다
	*열다	→	열려던 참이다

선생님: 이링 씨, 그 문제는 어떻게 됐어요?
이 링: 아, 안 그래도 잘 해결됐다고 문자를 드리려던 참이었어요.

1. 〈보기〉와 같이 친구와 이야기해 보세요.

〈보기〉
화해하고 싶으면 먼저 사과하세요.
→ 사과하다

네, 그렇지 않아도 사과하려던 참이었어요.

1) 너무 힘들면 다른 사람에게 도움을 청해 보세요.
→ 다른 사람에게 도움을 청하다

2) 그런 문제는 상담을 한번 받아 보면 어때요?
→ 상담을 받다

3) 건강을 위해서는 운동을 꼭 해야 돼요.
→ 건강을 위해서 운동하다

4) 늦지 않으려면 지금 출발하는 게 좋을 거예요.
→ 지금 출발하다

2. 친한 사람과 텔레파시가 통한 것이 있어요? '-으려던 참이다'를 이용해서 이야기해 보세요.

지갑을 사려던 참이었는데 친구가 지갑을 선물해 줬어요.

15과 고민과 상담   193

동-으려던 참이다

'동-으려던 참이다'는 말하는 사람이 가까운 미래에 어떤 일을 하려는 생각을 갖고 있었음을 나타낸다. '마침 -으려던 참이다', '안 그래도 -으려던 참이다' 같은 표현으로 자주 쓰인다.

- 가: 이링 씨, 저번 시험 결과가 나왔어요?
  나: 안 그래도 지금 확인하려던 참이에요.

- 가: 지금 점심 먹으러 갈 건데 같이 갈래요?
  나: 좋아요. 저도 마침 먹으려던 참이었어요.

- 친구에게 지금 연락하려던 참이었습니다.

- 다음 달에 여행을 가려던 참이었다.

- 내일부터 운동을 시작하려던 참이었는데 다리를 다쳤다.

-으려던 참이다 (받침 O)	먹다	→	먹으려던 참이다
	앉다	→	앉으려던 참이다
	읽다	→	읽으려던 참이다
	*걸다	→	걸으려던 참이다
-려던 참이다 (받침 X, ㄹ 받침)	보다	→	보려던 참이다
	바꾸다	→	바꾸려던 참이다
	연락하다	→	연락하려던 참이다
	*열다	→	열려던 참이다

문법 1 (동-으려던 참이다)

1 도입, 제시

1. 도입 그림과 대화를 통해 문법이 사용되는 상황을 인지시킨다.

🎙 이링이 지금 선생님께 문자를 드리려고 해요. '바로 그때' 선생님 전화가 왔어요. 그래서 이링은 깜짝 놀랐어요. 이링이 선생님께 어떤 말을 할 것 같아요?

2. 교재의 대표 예문을 보면서 문법의 의미를 설명한다.

🎙 내가 곧 어떤 일을 하려고 생각해요. 그럴 때 '-으려던 참이다/ 참이었다'라고 말해요. 무엇을 하려는 내 생각이 상대방과 똑같을 때도(텔레파시가 통했을 때도) 자주 말해요.

3. 학생들과 교재의 예문들을 읽으면서 문법의 의미를 설명하고 이해시킨다.

4. 문법의 형태 정보를 제시하고 설명한다.

5. 추가 예문을 제시하고 문법의 의미와 사용법을 정확하게 이해시킨다.

2 연습 1

1. 〈보기〉의 대화를 교사와 함께 완성해 본다.

2. 나머지 문제를 〈보기〉의 대화처럼 짝과 완성하도록 한다.

3. 연습한 것을 발표하게 하거나 교사가 전체 학생 대상으로 답하게 하여 확인한다. 그리고 오류가 있으면 수정해 준다.

3 연습 2

1. 친한 사람과 텔레파시가 통한 것이 있는지 묻고 대답하면서 '-으려던 참이다'를 활용하여 자신의 이야기를 하도록 한다.

2. 친구와 대화한 것을 발표하게 하고 오류가 있으면 수정해 준다.

익힘책 124~125쪽을 풀게 하거나 과제로 제시한다. 익힘책은 연습 활동 난이도에 따라 교재 연습 문제 전후로 활용한다.

동자마자

앞의 동작이 이루어지고 난 후에 잇따라 뒤의 사건이나 동작이
일어남을 나타낸다.

• 가: 월급을 받으면 뭐 해요?
  나: 저는 월급을 받자마자 부모님 선물을 사요.

• 가: 시험이 끝나면 뭐 할 거예요?
  나: 저는 시험이 끝나자마자 여행 갈 거예요.

• 저는 졸업하자마자 취업했어요.

• 선생님이 교실에 들어오자마자 수업을 시작하셨다.

-자마자 (받침 O, X)	먹다 → 먹자마자 만나다 → 만나자마자 도착하다 → 도착하자마자

2 동-자마자

앞의 동작이 이루어지고 난 후에 잇따라 뒤의 사건이나 동작이 일어남을 나타낸다.

예문
• 가: 졸업하면 뭐 할 거예요?
  나: 네, 졸업하자마자 일단 귀국해야 할 것 같아요.

• 요즘 너무 피곤해서 집에 돌아가자마자 씻지도 못하고
  자요.

• 전화로 어머니의 목소리를 듣자마자 눈물이 났어요.

아나이스: 제이슨 씨는 단어 잘 외워져요? 저는 너무 안
외워져요.
제 이 슨 : 저도 그래요. 외우자마자 잊어버려요.

-자마자	• 늙다 → 늙자마자 • 외우다 → 외우자마자

1. 보기와 같이 친구와 이야기해 보세요.

월급을 받으면 뭐 해요?

월급을 받자마자 부모님께
송금부터 해요.

보기	월급을 받으면 뭐 해요?	부모님께 송금부터 하다
1)	집에 돌아가면 뭐 해요?	텔레비전부터 켜다
2)	도착하면 연락하세요.	전화하다
3)	택배를 받으면 전달을 부탁드려.	사장님께 전해 드리다
4)	시험이 끝나면 뭐 하고 싶어요?	여행을 다녀오다

2. 여러분은 집에 가면 무엇을 해요? '-자마자'를 이용해서 이야기해 보세요.

저는 집에 가자마자 강아지를 데리고 산책해요.

194 사회통합프로그램(KIIP) 한국어와 한국문화 중급 1

문법 2 (동자마자)

1 도입, 제시

1. 도입 그림과 대화를 통해 문법이 사용되는 상황을 인지시킨다.

🎤 아나이스 씨와 제이슨 씨가 공부에 대한 고민을 이야기해요. 아나이스
씨는 새 단어를 외우면 금방 잊어버려요. 그래서 고민이에요.

2. 교재의 대표 예문을 보면서 문법의 의미를 설명한다.

🎤 너무 피곤했어요. 그래서 집에 돌아가서 바로 잤어요. 아무것도 안 하고
그냥 잤어요. 집에 돌아가자마자 잤어요. '-자마자'는 어떤 동작을 해요.
(또는 어떤 일이 있어요) 그리고 '바로' 다른 동작을 해요. 그럴 때 쓰는
표현이에요.

3. 단어장의 새 어휘를 설명하고 문법 연습이 이루어지도록 한다.

4. 학생들과 교재의 예문들을 읽으면서 문법의 의미를 설명하고 이해
시킨다.

5. 문법의 형태 정보를 제시하고 설명한다.

6. 추가 예문을 제시하고 문법의 의미와 사용법을 정확하게 이해시킨다.

2 연습 1

1. 〈보기〉의 대화를 교사와 함께 완성해 본다.

2. 나머지 문제를 〈보기〉의 대화처럼 짝과 완성하도록 한다.

3. 연습한 것을 발표하게 하거나 교사가 전체 학생 대상으로 답하게 하여
확인한다. 그리고 오류가 있으면 수정해 준다.

3 연습 2

1. 집에 가서 바로 무엇을 하는지 묻고 대답하면서 '-자마자'를 활용하여
자신의 이야기를 하도록 한다.

2. 친구와 대화한 것을 발표하게 하고 오류가 있으면 수정해 준다.

익힘책 125-126쪽을 풀게 하거나 과제로 제시한다. 익힘책은 연습 활동
난이도에 따라 교재 연습 문제 전후로 활용한다.

1. 고민이 있는 아나이스 씨가 선배에게 조언을 구합니다. 다음 대화처럼 이야기해 보세요.

아나이스: 선배, 잠깐 얘기 좀 할 수 있어요?

선　　배: 어, 안 그래도 커피 한잔하려던 참이었어. 왜? 무슨 일 있어?

아나이스: 아니, 저 요즘 한국어 실력이 통 늘지 않는 거 같아서요. 단어장도 많은데 외우자마자 금방 잊어버려요. 어떡하죠?

선　　배: 공부를 해도 실력이 안 늘어서 고민이구나.

아나이스: 네, 맞아요. 계속 제자리걸음을 하는 거 같아요.

선　　배: 내 생각에는 무엇보다 꾸준히 하는 게 제일 중요한 것 같아. 매일 예습하고 수업 후에 바로 복습하고.

아나이스: 선배, 좋은 말씀 고마워요. 선배 말씀대로 한번 해 볼게요.

1) 단어장도 많은데 외우자마자 금방 잊어버리다 | 매일 예습하고 수업 후에 바로 복습하다

2) 하고 싶은 말이 있어도 자신이 없어서 말을 못 하다 | 매일 있었던 일을 일기로 써 보는 것도 좋다

• '금방'이나 '바로'를 쓰지 않고 '-자마자'만 말해도 됩니다. 앞의 행위 뒤에 뒤의 행위가 바로 온다는 것을 더 강조하고 싶을 때 '금방'이나 '바로'를 넣습니다.

3-15 EBOOK

2. 아래 상황에 맞게 조언을 해 보세요.

고민	조언
• 한국어 실력이 늘지 않는다. • 잠이 잘 안 온다.	• •

15과 고민과 상담 **195**

고민에 대한 조언 구하기

1 대화문 연습

1. 자신의 고민에 대해 이야기하며 교재의 그림을 이용해 어떤 상황인지 추측해 보도록 한다.

🎤 아나이스 씨는 손에 무엇을 들고 있어요?
　아나이스 씨는 선배와 무슨 이야기를 하는 것 같아요?

2. 지시문을 이용하여 대화 상황을 학생들에게 명확하게 알려 준다.

3. 대화를 들려주고 간단한 질문을 하여 대화 내용을 이해했는지 확인한다.

🎤 아나이스 씨 선배는 무엇을 하려던 참이었어요?
　아나이스 씨의 요즘 고민은 뭐예요? 아나이스 씨 선배는 아나이스 씨에게 어떤 이야기를 해 주었어요?

4. 교사와 함께 대화문을 읽으면서 자연스럽게 말하는 연습을 한다. 두 번 정도 반복해서 연습한다.

5. 교체 어휘를 활용하여 짝과 함께 연습하게 한다.

6. 연습이 끝나면 한두 팀을 발표시키거나 교사가 전체 학생을 대상으로 확인한다.

2 확장 연습

1. 고민에 대해 조언을 해 보는 연습을 한다고 알려 준다.

2. 짝과 같이 고민과 조언을 해 보게 한다. 대화를 할 때는 다음과 같은 내용을 포함하여 말하도록 지시한다.

🎤 요즘 어떤 고민이 있는지, 그것이 왜 고민인지 말해 보세요. 일상생활, 공부, 일, 친구 관계 등에 대해 말해도 좋습니다. 짝의 고민을 듣고 어떻게 하면 좋을지 여러분의 의견을 말해 주세요.

3. 이야기가 끝나면 한두 팀을 발표시키거나 교사가 전체 학생을 대상으로 확인하고 오류를 수정해 준다.

상담사(여): 어서 오세요. 상담 신청서를 보니까 지금은 이삿짐센터에서 일을 하시는데 이직을 희망하신다고요?

잠시드(남): 네, 이삿짐센터 일을 한 지 2년쯤 됐는데 이제 다른 일을 해 보고 싶어요.

상담사(여): 이직을 희망하시는 이유는요?

잠시드(남): 돈을 일당으로 받으니까 수입이 일정하지 않아서요.

상담사(여): 아, 네. 급여를 월급으로 받는 일을 하고 싶으시다는 거지요?

잠시드(남): 네, 맞아요. 이삿짐센터 일이 적성에도 맞고 좋은데 너무 적게 버는 달도 있어서 힘들어요.

상담사(여): 한국에 오기 전에는 무슨 일을 하셨어요?

잠시드(남): 고등학교 졸업하자마자 바로 한국에 와서 다른 경력은 없어요.

상담사(여): 혹시 자격증이나 운전면허 같은 거 있으세요?

잠시드(남): 아니요. 없는데 안 그래도 운전면허증은 따려던 참이었어요.

상담사(여): 그래요. 그럼 운전면허증부터 따시는 게 좋겠어요. 운전을 배울 수 있는 외국인 복지관도 있어요. 제가 메모해 드릴게요.

잠시드(남): 네, 감사합니다.

상담사(여): 제가 잠시드 씨에게 맞는 일을 찾아보고 다시 연락드릴게요.

잠시드(남): 네, 연락 기다리겠습니다.

---

1. 여러분은 취업 상담실에 가 본 적이 있습니까? 취업 상담실 선생님은 무슨 질문을 할까요?

> 어떤 일을 하고 싶으세요?
>
> 자격증이나 운전면허증 있으세요?
>
> 급여는 얼마나 받고 싶으세요?

2. 잠시드 씨와 상담사의 대화입니다. 잘 듣고 질문에 답해 보세요.

1) 잠시드 씨는 지금 무슨 일을 합니까?
   이삿짐센터에서 일을 합니다.

2) 잠시드 씨는 왜 이직을 하고 싶어 합니까?
   돈을 일당으로 받아서 수입이 일정하지 않기 때문입니다.

3) 들은 내용과 같으면 ○, 다르면 X 하세요.
   ❶ 잠시드 씨는 급여를 일당으로 받고 싶어 한다. (X)
   ❷ 잠시드 씨는 고등학교 졸업 후에 바로 한국에 왔다. (○)
   ❸ 잠시드 씨는 운전면허증이 있다. (X)

> 단어장
> 급여
> 일당

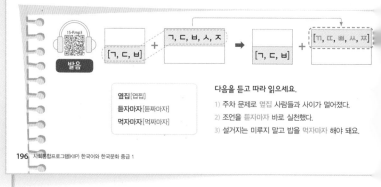

발음

[ㄱ, ㄷ, ㅂ] + [ㄱ, ㄷ, ㅂ, ㅅ, ㅈ] ➡ [ㄱ, ㄷ, ㅂ] + [ㄲ, ㄸ, ㅃ, ㅆ, ㅉ]

옆집[엽찝]
듣자마자[듣짜마자]
먹자마자[먹짜마자]

다음을 듣고 따라 읽으세요.
1) 주차 문제로 옆집 사람들과 사이가 멀어졌다.
2) 조언을 듣자마자 바로 실천했다.
3) 설거지는 미루지 말고 밥을 먹자마자 해야 돼요.

취업 상담 대화 듣기

1. 지시문을 이용하여 들을 내용과 관련있는 이야기를 나눈다.

   🎤 여러분은 취업 상담실에 가 본 적이 있어요?
   거기에서 누구와 이야기했어요?
   어떤 이야기를 했어요?

2. 문제를 읽고 들어야 하는 정보를 파악하게 한다.

   🎤 잠시드 씨는 어떤 일을 해요? 그 일을 계속하고 싶어요? 잠시드 씨는 한국에 오기 전에 일을 해 봤어요? 상담사 선생님은 잠시드 씨에게 어떤 조언을 했어요?

3. 듣기 파일을 두 번 듣고 문제를 풀게 한다.

4. 교재 질문의 답을 확인한 후 해당 대화를 같이 읽으며 내용을 확인한다. 필요한 경우 새로운 어휘, 표현을 설명한다.

발음

1. 교재 1번 발음을 들려주고 '옆집', '듣자마자', '먹자마자'의 발음이 어떻게 들리는지 학습자 스스로 확인해 보도록 한다.

2. '옆', '듣', '먹' 다음에 오는 '집', '자마자', '자마자'가 [찝], [짜마자], [짜마자]로 발음된다는 것을 알려 준다.

   🎤 받침소리 [ㄱ, ㄷ, ㅂ] 뒤에 오는 'ㄱ, ㄷ, ㅂ, ㅅ, ㅈ'은 [ㄲ, ㄸ, ㅃ, ㅆ, ㅉ]로 발음돼요.

3. 교재에 제시된 발음을 따라해 보도록 한다.

4. 교재에 제시된 문장의 발음을 따라해 보도록 한다.

5. 교재 문장을 읽으며 연습하게 한 후에 확인한다.

> • **받침소리 [ㄱ, ㄷ, ㅂ] 뒤에 나타나는 경음화**
>
> 받침소리 [ㄱ, ㄷ, ㅂ] 뒤에 오는 'ㄱ, ㄷ, ㅂ, ㅅ, ㅈ'은 [ㄲ, ㄸ, ㅃ, ㅆ, ㅉ]로 발음된다.
> 경음화란 'ㄱ, ㄷ, ㅂ, ㅅ, ㅈ'을 [ㄲ, ㄸ, ㅃ, ㅆ, ㅉ]로 발음하는 것을 말한다.
>
> 📌 학교[학꾜], 학생[학쌩], 식당[식땅]

1. 다음 건강 문제에 대해서 이야기해 보세요.

우울증

불면증

고혈압

당뇨

- **매사:** '모든 일'이라는 뜻이에요. '매사에 자신감이 넘친다', '매사에 적극적이다'와 같이 써요.

- **식욕:** '음식을 먹고 싶어 하는 욕구나 마음'이에요. '식욕이 있다/없다', '식욕이 떨어지다/증가하다'와 같이 표현해요.

2. 다음의 우울증 체크 리스트를 보고 표시해 보세요.

지난 2주 동안에	전혀 없음	며칠 동안	1주일 이상	거의 매일
1. 매사에 흥미나 즐거움이 거의 없다.				
2. 기분이 가라앉았거나 우울하거나 희망이 없다고 느낀다.				
3. 잠들기 어렵거나 자주 깬다. 혹은 잠을 너무 많이 잔다.				
4. 피곤하다고 느끼거나 기운이 거의 없다.				
5. 식욕이 줄었다. 혹은 너무 많이 먹는다.				
6. 내 자신이 실패자로 여겨지거나 자신과 가족을 실망시켰다고 느낀다.				
7. 신문을 읽거나 TV를 보는 것과 같은 일상적인 일에 집중하기 어렵다.				
8. 평소보다 말과 행동이 느리다. 혹은 너무 불안해서 가만히 앉아 있을 수 없다.				
9. 죽고 싶다는 생각을 한다.				

15과 고민과 상담 **197**

우울증 자가 진단법 읽기

1. 1번 자료를 보며 건강 관련 어휘의 뜻을 파악하게 한다.

🎤 어떤 건강 문제가 있는 것 같아요?

2. 1번의 각 사진에 대한 증상을 이해하게 한다.

3. 다시 읽으며 새 어휘를 확인한다.

4. 2번 자료를 보며 주요 정보를 파악하게 한다.

🎤 무엇을 알아보는 질문이에요?
어느 기간에 대해 답을 하면 돼요?
여러분은 이런 기분이 얼마나 자주 들어요? 표시해 보세요.

5. 2번의 질문에 해당하는 자신의 응답을 표시하게 한다.

6. 응답한 것을 확인한 후, 다시 읽으며 새 어휘를 확인한다. 필요한 경우 보충 설명을 덧붙인다.

- **극복 방법:** 우울하다고 느낄 때는 극복 방법을 찾는 것이 좋다.

  발음 극복 방법[극뽁 방법]

- **진단법:** 나는 우울증 자가 진단법을 활용해 보았다.

  발음 진단법[진단뻡]

- **규칙적으로:** 나는 건강을 위해 규칙적으로 운동한다.

  발음 규칙적으로[규칙쩍으로]

- **회복하다:** '원래의 좋은 상태로 되돌아가다'라는 뜻이에요. 건강이 나빠졌다가 다시 좋아진 경우에, '건강을 회복했다'라고 말할 수 있어요.

- **일시적으로:** 긴 시간이 아니라 '잠깐의 짧은 동안에'라는 뜻이에요. 반대말로 '영구적으로'라는 표현이 있어요.

- **의심하다, 의심되다:** 어떤 사실을 믿을 수 없을 때나 어떤 사실이 확실하지 않을 때, '~을/를 의심하다', '~이/가 의심되다'라고 말해요.

- **보고하다, 보고되다:** 어떤 내용이나 결과를 공식적으로 알리는 것을 '보고'라고 해요. '~을/를 보고하다', '~이/가 보고되다'라는 표현으로 쓰여요.

---

3. 다음은 신문 기사입니다. 잘 읽고 질문에 답해 보세요.

○○신문 | 20XX년 4월 28일

마음의 감기, 우울증 자가 진단과 극복 방법

우리는 살면서 어떤 상황이나 사건으로 인해 일시적으로 기분이 우울해지는 것을 경험한다. 그러나 쉽게 회복하지 못하고 2주 이상 우울한 기분이 계속된다면 우울증이 아닌지 의심해 볼 수 있다.

우울증은 마음의 감기라고도 하는데 실제로 열 명 중 한 명은 우울증에 걸린다고 보고될 정도로 흔한 병이다. 한국건강증진개발원은 우울증 자가 진단법을 소개하고 "우울증은 다른 모든 질병과 마찬가지로 빨리 발견하여 치료하는 것이 중요하다."라고 덧붙였다.

우울증은 조기 진단과 치료가 중요하기 때문에 증상이 의심되면 빨리 병원을 찾거나 지역 정신 보건 기관에서 상담을 받아 보는 것이 좋다. '정신건강위기상담전화'(1577-0199)를 통해 전화 상담을 받을 수도 있다.

세계보건기구(WHO)는 우울하다고 느낄 때 ▲믿을 수 있는 사람과 자신의 감정을 이야기하기 ▲술·담배 피하기 ▲짧은 산책이라도 규칙적으로 운동하기 ▲가족·친구와 관계 및 연락 유지하기 등을 극복 방법으로 권하고 있다.

1) 윗글의 중심 생각은 무엇입니까?

  ❶ 누구나 우울증에 걸릴 수 있다.

  ❷ 우울증은 노력하면 쉽게 극복할 수 있다.

  ❸ 우울증은 빨리 발견하여 치료하는 것이 중요하다.

  ❹ 자가 진단법을 통해 우울증을 정확하게 진단할 수 있다.

2) 윗글의 내용과 같으면 ○, 다르면 X 하세요.

  ❶ 기분이 우울한 것을 모두 우울증이라고 한다.　(X)

  ❷ 살면서 90%의 사람이 우울증을 경험한다.　(X)

  ❸ 우울할 때는 사람들과 자주 만나거나 연락하는 것이 좋다.　(○)

단어장
일시적
의심하다
보고되다

우울증 자가 진단법 읽기

1. 글 제목을 보며 글의 내용을 유추하게 한다.

  🎤 마음의 감기란 무엇일까요?
  우울한 기분이 들 때 어떻게 하면 좋아요?

2. 글을 훑어 읽게 한 후 주제, 중심 내용 등을 간단히 말해 보도록 한다.

  🎤 우울한 기분이 얼마나 지속되면 우울증을 의심해야 해요?
  우울증 증상이 있을 때 어디에서 도움을 받을 수 있어요?
  우울증을 이기는 방법은 뭐예요?

3. 글을 다시 읽으면서 문제를 풀게 한다.

4. 답을 같이 확인한 후, 본문을 다시 읽으며 모르는 어휘가 없는지 확인한다. 필요한 경우 새로운 어휘, 표현을 설명한다.

1. 요즘 여러분의 고민은 무엇입니까?

> • 무엇에 대한 고민입니까?

> • 어떤 문제가 있습니까?

> • 그 고민을 해결하기 위해 어떤 노력을 해 봤습니까?

2. 다음은 고민 상담 신청서입니다. 신청서를 작성해 보세요.

고민 상담 신청서

신청 일자	20 년 월 일		
성명		성별	남 여
이메일		전화번호	
국적		상담 언어	
주소			

고민 유형

☐ 인간관계 문제 　☐ 취업 문제 　☐ 진로 문제 　☐ 집안 문제
☐ 건강 문제 　☐ 경제적 문제 　☐ 육아/자녀 교육 문제 　☐ 기타( )

고민 상담 내용

15과 고민과 상담　**199**

상담 신청서 쓰기

1. 어떤 글을 쓸지 알려 주고 글에 들어갈 내용을 생각해 보게 한다.

🎤 오늘은 고민 상담을 신청하는 글을 쓸 거예요. 상담 신청서에 어떤 내용을 쓰면 좋을까요?

2. 교재 질문에 대해 자신이 쓸 내용을 간단히 메모하도록 한다. 교사는 학생들이 쓴 메모에 오류가 없는지 확인해 준다.

3. 메모한 내용을 바탕으로 글을 완성하게 한다.

문화와 정보

이민자 상담 센터

한국에 이민자가 증가하면서 이민자들의 문제를 해결해 주거나 상담해 주는 기관도 늘고 있다. 이민자를 위한 상담 기관은 한국에 살면서 겪는 어려움을 상담해 주거나 구체적인 해결 방안을 마련해 준다.

이민자를 대상으로 한 상담 센터는 지역별로 여러 곳이 있지만 대표적인 예로 '외국인노동자지원센터'가 있다. '외국인노동자지원센터'에서는 한국에 거주하고 있는 외국인 노동자들의 문제를 그들의 모국어로 상담해 준다. 또한 서울에는 '서울글로벌센터'에서 이민자들을 위한 다양한 서비스를 제공하고 있는데, 상담도 그중의 하나이다. 특히 생활과 관련된 문제를 상담해 주거나 취업 관련 상담도 운영하고 있다. 이외에도 각 지방 자치 단체에 설치되어 있는 '다문화가족지원센터'에서는 결혼 이민자를 대상으로 가족 상담을 진행하고 있다.

1) 외국인 노동자들을 대상으로 한 상담 센터는 무엇입니까?
2) 결혼 이민자 가족을 대상으로 한 상담은 어디에서 받을 수 있습니까?
3) 여러분 주변에 이민자를 대상으로 한 상담 센터로 무엇이 있습니까?

200 사회통합프로그램(KIIP) 한국어와 한국문화 중급 1

이민자 상담 센터

1. 이 단원의 문화와 정보가 무엇에 대한 것인지 알려 준다.

   🎤 고민이 있을 때 어떻게 해요? 한국에서 상담을 받아 본 적 있어요?
   이민자들이 상담을 받을 수 있는 곳을 알아요? 오늘은 '이민자 상담 센터'에 대해 알아봅시다.

2. 교재의 사진을 보면서 주제에 대해 알고 있는 것을 상기시키고 말해 보게 한다. 이때 관련 시각 자료를 추가로 활용할 수 있다.

   🎤 여러분은 상담 센터에 가 봤어요?
   이민자 상담 센터에 어떤 서비스가 있어요?

3. 교재를 같이 읽으면서 내용을 설명한다. 이때 중요한 정보가 있는 부분에 밑줄을 긋거나 표시하게 하는 것도 좋다.

4. 질문 1, 2의 답을 찾아보고 답하게 한다.

   🎤 외국인 노동자들을 위한 상담 센터는 뭐예요?
   결혼 이민자 가족은 어디에서 상담을 받을 수 있어요?

5. 3번 질문을 이용하여 학습자 자신의 경험을 말해 보도록 한다.

   🎤 여러분, 주변에는 이민자를 위한 상담 센터가 있어요?
   그곳은 어떤 곳이에요?

배운 어휘 확인

인간관계	눈앞이 캄캄하다
성격이 안 맞다	발을 못 뻗고 자다
국적 취득	고민을 털어놓다
제자리걸음	고민을 나누다
병행하다	조언을 구하다
두렵다	상담을 받다
고부간	고민을 덜다
불투명하다	고민을 해결하다
되풀이하다	고민을 털어버리다
만성 피로	급여
불면증	일당
일정하다	우울증
재테크	고혈압
머리가 복잡하다	당뇨
신경이 쓰이다	일시적
속이 타다	의심하다
골치가 아프다	보고되다

15과 고민과 상담 **201**

- 이 단원에서 배운 어휘 중 기억나는 것을 말해 보세요.
- 이 단원에서 배운 문법은 뭐예요? 어떻게 사용해요?
- 요즘 여러분에게는 어떤 고민이 있어요? 해결하고 싶은 문제가 있어요?
- 취업 문제나 경제 문제로 고민이 있는 친구에게 어떤 조언을 해 주고 싶어요?
- 이민자에게 생활과 관련된 문제를 상담해 주는 곳은 어디예요?

마무리

1. '배운 어휘 확인' 목록을 읽으면서 이해한 단어에 ☑해 보도록 한다.

2. 배운 어휘 목록의 어휘들을 읽으면서 의미를 상기시킨다.

3. 단원에서 학습한 문법(통-으려던 참이다, 통-자마자)을 상기시키며 의미와 사용법을 기억하는지 확인한다.

4. 단원의 목표와 성취도를 확인한다.

5. 익힘책을 과제로 제시하며 다음 단원의 주제 '16과 기후와 날씨'를 예고하면서 마무리한다.

16 기후와 날씨

어휘: 날씨, 날씨에 따른 몸의 변화

문법: 통 형 -을 텐데
　　 통 -어 있다

활동: 날씨에 맞게 계획 변경하기
　　 날씨 관련 정보 제공하기

문화와 정보: 한국의 절기

수업 목표 및 내용

- **주제:** 기후와 날씨

- **어휘와 문법**
  - 어휘: 날씨, 날씨에 따른 몸의 변화 관련 어휘를 익힌다.
  - 문법: '통 형 -을 텐데', '통 -어 있다'의 의미와 형태를 익혀 사용할 수 있다.

- **활동**
  - 말하기: 날씨에 맞게 계획을 변경할 수 있다.
  - 듣기: 일기 예보를 듣고 이해할 수 있다.
  - 읽기: 날씨 변화에 따라 건강을 유지하는 방법에 대한 글을 읽고 이해할 수 있다.
  - 쓰기: 자신의 고향 날씨 관련 정보를 제공할 수 있다.

- **문화와 정보:** 한국의 절기

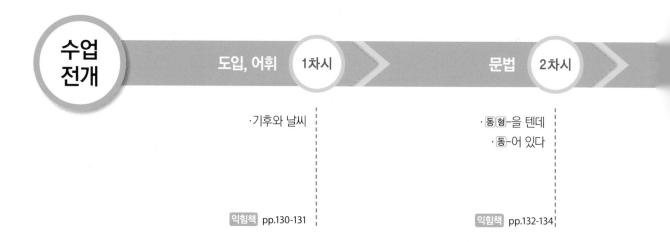

수업
전개

도입, 어휘 **1차시**

·기후와 날씨

익힘책 pp.130-131

문법 **2차시**

·통 형 -을 텐데
·통 -어 있다

익힘책 pp.132-134

② 중 구
미세 먼지(PM 10) 심각
177㎍/㎥(기준 100 이하)
서울특별시

③

- 지금 날씨가 어때요? 이런 날씨에 사람들은 어떻게 행동해요?
- 여러분의 고향에도 이런 날씨가 있어요?

도입

1. 교재 그림을 이용하여 학생들과 이야기하며 이 과의 주제를 노출한다.

그림❶ 🎤 이 사람들은 늦은 밤에 왜 밖에 있어요? 지금은 어느 계절일까요?

그림❷ 🎤 이 사람들은 왜 마스크를 쓰고 있어요? 여러분 고향에서도 자주 마스크를 써요?

그림❸ 🎤 이 사람들은 어디에서 무엇을 하고 있어요? 지금 날씨가 어때요? 여러분 고향에도 이런 날씨가 있어요?

2. 대화 내용을 정리하며 이 단원에서는 '기후와 날씨'에 대해 공부한다는 것을 알려 준다.

이 단원을 지도할 때는…

기후, 날씨 표현 이해와 함께 기후, 날씨 변화가 건강에 미치는 영향, 주의할 점 등을 함께 다룰 수 있습니다.

이 단원과 관계있는 단원은 아래와 같습니다.
- 주제: 고향의 날씨 소개하기
    – 1권 15과

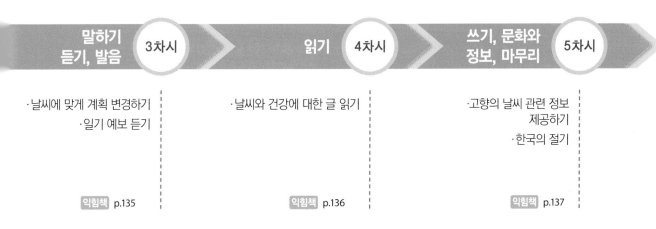

말하기 듣기, 발음 **3차시**	읽기 **4차시**	쓰기, 문화와 정보, 마무리 **5차시**
·날씨에 맞게 계획 변경하기 ·일기 예보 듣기	·날씨와 건강에 대한 글 읽기	·고향의 날씨 관련 정보 제공하기 ·한국의 절기
익힘책 p.135	익힘책 p.136	익힘책 p.137

어휘

- **체감 온도:** 우리 몸으로 느끼는 더위나 추위를 숫자(온도)로 나타낸 거예요. '체감 온도가 높다/낮다'라고 표현해요. 더운 날씨에 바람이 불지 않으면 체감 온도가 더 높아요.
- **습도:** 공기 중에 수증기가 들어 있는 정도를 의미해요. 여름에 습도가 높으면 더 덥게 느껴져요.

- **비가 그치다:** '그치다'는 어떤 일이 계속되다가 중단된다(멈춘다)는 뜻이에요. 비가 오다가 안 올 때 '비가 그치다'라고 말해요.
- **폭염 주의보:** '주의보'란 날씨 피해가 예상될 때 기상청에서 조심하라고 알리는 예보예요. 폭염이란 아주 무더운 것을 의미해요. '폭염 주의보를 내리다', '폭염 주의보가 내려지다'라고 표현해요.

- **호우 경보:** '경보'란 어떤 위험이 있을 때 그것을 피할 수 있도록 알려 주는 거예요. '호우'는 아주 크고 많은 비라는 뜻이에요. '호우 경보', '한파 경보' 등의 표현이 있어요.
- **대피하다:** 위험이나 피해를 입지 않도록 일시적으로 피하는 것을 의미해요. 만약 큰비 때문에 피해가 예상되면 우리는 안전한 곳으로 대피해요.

---

1. 날씨 앱이에요. 오늘 날씨가 어때요?

2. 사람들은 무엇을 해야 돼요? 왜 그래요?

1)

미세 먼지 주의보, 외출 시 마스크를 쓰세요.

2)

폭염 주의보, 물을 많이 마셔야 해요.

3)

호우 경보, 하천 주변 주민은 대피하세요.

4)

한파 경보, 가능하면 외출을 하지 마세요.

204　사회통합프로그램(KIIP) 한국어와 한국문화 중급 1

어휘 (날씨와 기후)

1 도입, 제시

1. 일기 예보를 자주 보는지, 날씨 앱을 사용한 적이 있는지, 날씨를 확인하는 이유가 무엇인지 묻는다. 오늘 배우는 어휘는 날씨와 기후에 대해 말할 때 사용하는 표현임을 알려 준다.

   🎤 여러분은 날씨 앱을 사용해요? 일기 예보를 확인해요?
   　오늘은 기후와 날씨를 공부해요.

2. 교사를 따라 어휘를 소리 내어 한 번 읽도록 한다. 이때 발음에 주의하게 한다.

3. 어휘의 의미를 설명한다. 어휘가 사용된 문장을 예로 제시하거나 의미를 풀어서 설명해 준다. 상황에 따라 유의어나 반의어 등을 추가로 설명할 수 있다.

4. 배운 어휘를 소리 내어 읽도록 한다. 이때 '-어요' 형태로 단어를 읽는 등 변화를 줄 수 있다.

2 연습

1. 기후나 날씨가 나빠서 피해를 입거나 조심한 적이 있는지 질문을 한다.

2. 짝과 함께 기후와 날씨가 나쁜 상황에 대해 간단히 말해 보도록 한다. 교재의 사진 이외에 뉴스에서 보거나 들은 것에 대해서도 말해 보도록 한다.

3. 학생들끼리 이야기한 것을 교사가 정리해 주며 같이 이야기한다.

   🎤 미세 먼지가 많은 날은 어떻게 해야 해요?
   　아주 무더운 날은 무엇을 조심해야 해요?
   　내일 아주 크고 많은 비가 온대요. 여러분은 어떻게 할 거예요?
   　주말에 아주 춥대요. 여러분은 외출할 거예요?

1 동형 -을 텐데

어떤 내용에 대한 말하는 사람의 추측을 나타낸다.

예문
• 가: 이번에 토픽 시험 보지요?
　나: 네. 잘 봐야 할 텐데 걱정이에요.
• 바쁘실 텐데 시간을 내 주셔서 감사합니다.
• 친구가 기다리고 있을 텐데 빨리 가야겠어요.

-을 텐데	먹다 → 먹을 텐데
	많다 → 많을 텐데
-ㄹ 텐데	오다 → 올 텐데
	비싸다 → 비쌀 텐데
	*놀다 → 놀 텐데

박민수: 여보, 갔다 올게요.
후엔: 오후에 비가 올 텐데 우산을 가지고 가세요.

1. 그림을 보고 **보기** 와 같이 친구와 이야기해 보세요.

저 나갔다 올게요.

보기
날씨가 추울 텐데 두꺼운 옷을 입는 게 어때요?

날씨가 춥다
두꺼운 옷을 입다

1)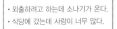
미세 먼지가 심하다
마스크를 쓰다

2)
길이 막히다
지하철을 타다

3)
길이 미끄럽다
차를 두고 가다

2. 여러분은 이럴 때 어떻게 할 거예요? 친구와 이야기해 보세요.

• 외출하려고 하는데 소나기가 온다.
• 식당에 갔는데 사람이 너무 많다.

소나기가 오는데 어떻게 할까요?

곧 그칠 텐데 잠시 후에 가요.

16과 기후와 날씨 **205**

동형 -을 텐데
어떤 내용에 대한 말하는 사람의 추측을 나타낼 때 사용한다.

• 가: 우리 12시에 점심 먹으러 갈까요?
　나: 12시는 손님이 너무 <u>많을</u> 텐데 30분 일찍 가면 어때요?
• 가: 여보, 한국어 공부하러 갔다 올게요.
　나: 오늘 날씨가 <u>추울</u> 텐데 따뜻하게 입고 가요.
• <u>피곤하실</u> 텐데 주말에는 푹 쉬세요.
• 이번 시험이 <u>어려울</u> 텐데 열심히 공부해야겠어요.

-을 텐데 (받침 O)	먹다 → 먹을 텐데
	없다 → 없을 텐데
	닫다 → 닫을 텐데
	*덥다 → 더울 텐데
	*묻다 → 물을 텐데
-ㄹ 텐데 (받침 X, ㄹ 받침)	오다 → 올 텐데
	바쁘다 → 바쁠 텐데
	비싸다 → 비쌀 텐데
	*열다 → 열 텐데

문법 1 (동형 -을 텐데)

1 도입, 제시

1. 도입 그림과 대화를 통해 문법이 사용되는 상황을 인지시킨다.

🎤 후엔 씨가 남편에게 무엇을 주고 있어요? 그것을 왜 줄까요?

2. 교재의 대표 예문을 보면서 문법의 의미를 설명한다.

🎤 후엔 씨가 남편에게 "오후에 비가 올 텐데 우산을 가지고 가세요." 라고 했어요. '-을 텐데'는 말하는 사람의 추측을 나타내요. "오후에 비가 올 거예요. 우산을 가지고 가세요."라는 뜻으로 남편에게 말해요. 그리고 남편에게 우산을 주었어요.

3. 학생들과 교재의 예문들을 읽으면서 문법의 의미를 설명하고 이해시킨다.

4. 단어장의 새 어휘를 설명하고 문법 연습이 이루어지도록 한다.

5. 문법의 형태 정보를 제시하고 설명한다.

6. 추가 예문을 제시하고 문법의 의미와 사용법을 정확하게 이해시킨다

2 연습 1

1. 〈보기〉의 대화를 교사와 함께 완성해 본다.

2. 나머지 문제를 〈보기〉의 대화처럼 짝과 완성하도록 한다.

3. 연습한 것을 발표하게 하거나 교사가 전체 학생 대상으로 답하게 하여 확인한다. 그리고 오류가 있으면 수정해 준다.

3 연습 2

1. 어떤 상황을 추측하고 그때 어떻게 할지를 묻고 대답하면서 '-을 텐데'를 활용하여 자신의 이야기를 하도록 한다.

2. 친구와 대화한 것을 발표하게 하고 오류가 있으면 수정해 준다.

익힘책 132~133쪽을 풀게 하거나 과제로 제시한다. 익힘책은 연습 활동 난이도에 따라 교재 연습 문제 전후로 활용한다.

16과 기후와 날씨 **193**

통-어 있다

어떤 행동이 끝난 후에 그 상태가 지속됨을 나타낼 때 사용한다.

- 가: 누가 고천 씨예요?
  나: 저쪽 의자에 <u>앉아 있는</u> 사람이에요.

- 가: 한국 문화 체험 안내문이 어디에 있어요?
  나: 센터 게시판에 <u>붙어 있어요</u>.

- 불이 <u>꺼져 있어서</u> 교실이 어두워요.

- 내 가방에 한국어 책이 <u>들어 있다</u>.

-아 있다 (ㅏ, ㅗ O)	서다 → 서 있다 들어가다 → 들어가 있다 앉다 → 앉아 있다
-어 있다 (ㅏ, ㅗ X)	피다 → 피어 있다 닫히다 → 닫혀 있다 놓이다 → 놓여 있다
-해 있다 (하다)	정지하다 → 정지해 있다 입원하다 → 입원해 있다 도착하다 → 도착해 있다

---

2 통-어 있다
어떤 일이 끝난 후에 그 상태가 지속됨을 나타낸다

고   천: 와! 공원에 꽃이 많이 피어 있어요.
김영욱: 네. 이제 정말 봄이네요.

예문
- 가: 누가 안젤라 씨예요?
  나: 저기 과장님 옆에 앉아 있는 사람이에요.
- 이 커피에는 설탕이 안 들어 있어요.
- 친구에게 전화했는데 전원이 꺼져 있어요.

1. 그림을 보고 보기와 같이 이야기해 보세요.

보기 고천 씨가 소파에 앉아 있어요.

1) 볼펜이 바닥에 떨어지다
2) 창문이 닫히다
3) 시계가 벽에 걸리다
4) 탁자 위에 컵이 놓이다

2. 다음 장소에 대해 이야기해 보세요.

보기 창문이 열려 있어요. 가방이 책상 위에 놓여 있어요.

206 사회통합프로그램(KIIP) 한국어와 한국문화 중급 1

문법 2 (통-어 있다)

1 도입, 제시

1. 도입 그림과 대화를 통해 문법이 사용되는 상황을 인지시킨다.

🎤 고천 씨와 김영욱 씨가 공원을 같이 걸으면서 꽃을 보고 있어요. 공원에 예쁜 꽃이 많이 있어요. 고천 씨가 뭐라고 말할까요?

2. 교재의 대표 예문을 보면서 문법의 의미를 설명한다.

🎤 고천 씨가 꽃을 보면서 "꽃이 많이 피어 있어요."라고 말해요. '-어 있다'는 어떤 상태가 달라지지 않고 그대로 있다는 뜻이에요. 꽃이 피었어요. 죽지 않았어요. 계속 피어 있어요. 그래서 우리는 꽃을 볼 수 있어요.

3. 단어장의 새 어휘를 설명하고 문법 연습이 이루어지도록 한다.

4. 학생들과 교재의 예문들을 읽으면서 문법의 의미를 설명하고 이해시킨다.

5. 문법의 형태 정보를 제시하고 설명한다.

6. 추가 예문을 제시하고 문법의 의미와 사용법을 정확하게 이해시킨다.

2 연습 1

1. 〈보기〉의 대화를 교사와 함께 완성해 본다.

2. 나머지 문제를 〈보기〉의 대화처럼 짝과 완성하도록 한다.

3. 연습한 것을 발표하게 하거나 교사가 전체 학생 대상으로 답하게 하여 확인한다. 그리고 오류가 있으면 수정해 준다.

3 연습 2

1. 장소 그림이나 사진을 보면서 어떤 모습인지 묻고 대답하면서 '-어 있다'를 활용하여 이야기를 하도록 한다.

2. 친구와 대화한 것을 발표하게 하고 오류가 있으면 수정해 준다.

익힘책 133-134쪽을 풀게 하거나 과제로 제시한다. 익힘책은 연습 활동 난이도에 따라 교재 연습 문제 전후로 활용한다.

1. 아나이스 씨와 라민 씨가 야외 행사 계획에 대해 이야기합니다. 다음 대화처럼 이야기해 보세요.

아나이스: 일기 예보 봤어요? 내일 미세 먼지가 심하대요. 기온도 많이 떨어지고요.

라 민: 아, 체육 대회 하기로 한 날에 날씨가 이래서 걱정이에요.

아나이스: 그러게요. 사람들이 날씨 때문에 힘들어할 텐데 괜찮을까요?

라 민: 아니요. 내일 같은 날에 야외 행사는 무리예요. 체육 대회를 다른 날로 연기하는 게 어때요?

아나이스: 그게 낫겠죠? 제가 빨리 사람들에게 연락할게요.

1) 미세 먼지가 심하다, 기온이 많이 떨어지다 |
체육 대회, 체육 대회를 다른 날로 연기하다

2) 최고 기온이 33도까지 올라가다, 습도도 80%이다 |
야유회, 야유회 가지 말고 다 같이 식사만 하다

2. 다음과 같은 상황에서 어떻게 할지에 대해 친구와 이야기해 보세요.

상황

• 여행을 가려고 하는데 호우 경보가 내렸다.

• 야외 근무를 하는 날에 폭염 주의보가 내렸다.

단어장
야외 행사
체육 대회
연기하다
무리
야유회

• **체육 대회**: '큰 규모의 운동회'라는 뜻이에요. 학교, 직장 등에서 사람들이 같이 운동을 하면서 더 가까워지기 위한 행사예요.

• **야유회**: 어떤 단체나 모임 사람들이 함께 야외(산, 들, 공원 등)에 나가서 즐기는 행사예요.

3-16 EBOOK

날씨에 맞게 계획 변경하기

1 대화문 연습

1. 날씨와 야외 행사에 대해 이야기하며 교재의 그림을 이용해 어떤 상황인지 추측해 보도록 한다.

🎤 이 두 사람은 무슨 이야기를 하고 있는 것 같아요?
'야외 활동 자제'란 어떤 뜻일까요?

2. 지시문을 이용하여 대화 상황을 학생들에게 명확하게 알려 준다.

3. 단어장의 새 어휘를 설명한다.

4. 대화를 들려주고 간단한 질문을 하여 대화 내용을 이해했는지 확인한다.

🎤 일기 예보에서 내일 날씨가 어떻다고 했어요? 내일은 무엇을 하기로 한 날이에요? 라민 씨는 내일 야외 행사가 왜 무리라고 했어요?
아나이스 씨는 사람들에게 어떤 연락을 할 것 같아요?

5. 교사와 함께 대화문을 읽으면서 자연스럽게 말하는 연습을 한다. 두 번 정도 반복해서 연습한다.

6. 교체 어휘를 활용하여 짝과 함께 연습하게 한다.

7. 연습이 끝나면 한두 팀을 발표시키거나 교사가 전체 학생을 대상으로 확인한다.

2 확장 연습

1. 야외 행사나 여행 계획이 있는 날 날씨가 안 좋을 때 어떻게 할지에 대해 말하기를 한다고 알려 준다.

2. 짝과 같이 날씨 때문에 야외 행사를 연기했거나 취소한 경험에 대해 이야기하게 한다. 대화를 할 때는 다음과 같은 내용을 포함하여 말하도록 지시한다.

🎤 여러분은 이런 경험이 있어요? 또는 이럴 때 어떻게 할 거예요?
"가족들과 캠핑을 하려고 하는데 호우 경보가 내렸어요. 친구들과 등산을 갔는데 소나기가 내리기 시작했어요. 한강에서 자전거를 타려고 하는데 폭염 주의보가 내렸어요."

3. 이야기가 끝나면 한두 팀을 발표시키거나 교사가 전체 학생을 대상으로 확인하고 오류를 수정해 준다.

듣기

20분

16-L.mp3

캐스터(여): 오늘 대구 하늘은 대체로 맑은 가운데 미세 먼지 농도도 낮아서 공기가 깨끗할 것으로 예상됩니다. 낮에는 기온이 18도까지 올라가겠지만 밤에는 기온이 3도까지 떨어져 일교차가 크겠습니다. 기온 변화에 대비하여 옷차림을 잘하셔야 되겠습니다. 이상 날씨였습니다.

캐스터(남): 현재 서울 경기 지역에 폭염 주의보가 내려진 가운데, 밤에도 열대야가 계속되는 곳이 많겠습니다. 최고 기온이 35도를 넘는 폭염은 주말까지 계속될 것으로 예상됩니다. 또 일부 지역에서는 한낮에 5~40mm의 소나기가 오는 곳도 있겠습니다. 날씨였습니다.

---

1. 뉴스에서 날씨를 소개하고 있습니다. 그림을 보고 내일 날씨가 어떨지 말해 보세요.

2. 뉴스의 일기 예보입니다. 잘 듣고 질문에 답해 보세요.

16-L.mp3

1) 대구 날씨에 대해 들은 내용과 같으면 ○, 다르면 X 하세요.
   ❶ 오늘은 날이 맑지만 미세 먼지가 심할 것이다. (X)
   ❷ 일교차가 크기 때문에 옷차림을 조심해야 한다. (○)

2) 서울 경기 날씨에 대해 들은 내용과 같으면 ○, 다르면 X 하세요.
   ❶ 주말에도 몹시 더울 것이다. (○)
   ❷ 내일은 하루 종일 비가 올 것이다. (X)

단어장
열대야
찬바람이 불다
옷차림

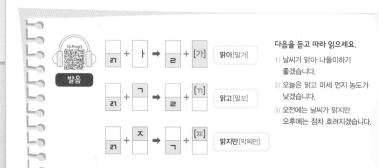

발음

16-P.mp3

맑아[말가]

맑고[말꼬]

맑지만[막찌만]

다음을 듣고 따라 읽으세요.
1) 날씨가 맑아 나들이하기 좋겠습니다.
2) 오늘은 맑고 미세 먼지 농도가 낮겠습니다.
3) 오전에는 날씨가 맑지만 오후에는 점차 흐려지겠습니다.

208 사회통합프로그램(KIIP) 한국어와 한국문화 중급 1

일기 예보 듣기

1. 지시문을 이용하여 들을 내용과 관련있는 이야기를 나눈다.

🎤 여러분은 일기 예보를 자주 봐요?
그림을 보고 날씨가 어떨지 말해 보세요.

2. 문제를 읽고 들어야 하는 정보를 파악하게 한다.

🎤 대구의 낮 기온은 어때요?
기온 변화가 많은 날은 무엇에 신경 쓰는 것이 좋아요?
폭염 주의보가 내려진 곳은 어디예요?

3. 듣기 파일을 두 번 듣고 문제를 풀게 한다.

4. 교재 질문의 답을 확인한 후 해당 대화를 같이 읽으며 내용을 확인한다. 필요한 경우 새로운 어휘, 표현을 설명한다.

발음

16-P.mp3

1. 교재 1번 발음을 들려주고 '맑아', '맑고', '맑지만'의 발음이 어떻게 들리는지 학습자 스스로 확인해 보도록 한다.

2. '맑-' 다음에 '아', '-고', '-지만'이 올 때 [말가], [말꼬], [막찌만]으로 발음된다는 것을 알려 준다.

🎤 겹받침 [ㄺ] 뒤에 오는 'ㄱ, ㄷ, ㅂ, ㅅ, ㅈ'은 [ㄲ, ㄸ, ㅃ, ㅆ, ㅉ]로 발음돼요.
겹받침 [ㄺ] 뒤에 모음이 오면 'ㄱ'이 연음돼요.

3. 교재에 제시된 발음을 따라해 보도록 한다.

4. 교재에 제시된 문장의 발음을 따라해 보도록 한다.

5. 교재 문장을 읽으며 연습하게 한 후에 확인한다.

- 비슷한 예로, '읽어', '읽고', '읽지만'의 예를 들 수 있다.
  예 읽어[일거], 읽고[일꼬], 읽지만[익찌만]

---

1. 계절이 바뀌어 기후나 날씨가 달라지면 사람의 몸에 어떤 영향이 있습니까?

- **춘곤증**, 봄에 온몸이 나른하면?
- 밤이 되어도 25도를 넘는 열대야로 잠들기 어려우면?
- 우울한 기분이 드는 등 가을을 탈 때?
- 고열과 근육통이 심해 독감이 의심되면?

2. 춘곤증의 증상에 대해 그림을 보면서 이야기해 보세요.

몸이 나른하다 / 피로를 느끼다 / 기운이 없다 / 졸음이 오다 / 집중력이 떨어지다

16과 기후와 날씨 **209**

- **나른하다:** 보통 때보다 피곤한 느낌이 들고 힘이 나지 않을 때 쓰는 표현이에요. '몸이 나른하다'와 같이 말해요.
- **열대야:** 아주 무더운 밤이라는 뜻이에요. 방 밖의 온도가 25℃ 이상인 경우를 말해요.
- **기운이 없다:** '기운'이란 '힘'과 비슷한 뜻이에요. 살아 움직이는 힘이라는 의미라서 기계 등에는 쓸 수 없어요.

- **졸음이 오다:** '졸음'은 잠이 오는 느낌이나 상태라는 뜻이에요. '졸음이 오다', '졸음이 쏟아지다'와 같이 말해요.
- **집중력:** '어느 한 가지 일에 쏟을 수 있는 힘'이라는 뜻이에요. '집중력이 높다/낮다', '집중력이 높아지다/떨어지다'와 같은 표현으로 쓰여요.

날씨와 몸의 변화(춘곤증)에 대한 글 읽기

1. 1번 자료를 보며 주요 정보를 파악하게 한다.

   🎤 사람들이 무엇을 하고 있어요?
   기후나 날씨가 달라지면 우리 몸에 어떤 영향이 있어요?

2. 1번의 새 어휘를 이해시키며 설명한다.

3. 다시 읽으며 새 어휘를 확인한다.

4. 2번 자료를 보며 주요 정보를 파악하게 한다.

   🎤 춘곤증의 증상이 뭐예요?
   여러분도 이런 증상을 느낀 적이 있어요?

5. 2번의 자료에 해당하는 상황이나 예문을 생각해 보도록 한다.

6. 다시 읽으며 새 어휘를 확인한다. 필요한 경우 보충 설명을 덧붙인다.

- **춘곤증**: 춘곤증은 날씨의 변화와 관련이 있다.

  발음 춘곤증[춘곤쯩]

- **쉽게**: 건강이 안 좋을 때는 쉽게 피로를 느낀다.

  발음 쉽게[쉽께]

---

3. 다음은 '춘곤증'에 대한 글입니다. 잘 읽고 질문에 답해 보세요.

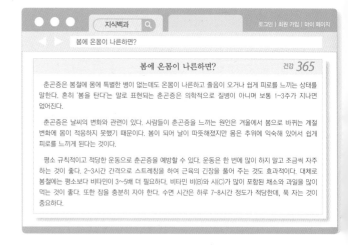

1) 춘곤증의 증상에는 무엇이 있습니까?

   특별한 병이 없는데도 온몸이 나른하고 졸음이 오거나 쉽게 피로를 느낍니다.

2) 춘곤증은 왜 생깁니까?

   겨울에서 봄으로 바뀌는 계절 변화에 몸이 적응하지 못했기 때문입니다.

3) 춘곤증의 예방 방법으로 맞으면 ○, 틀리면 X 하세요.

   ❶ 운동은 한 번에 오랫동안 하는 것이 좋다.   (X)
   ❷ 평소보다 채소와 과일을 더 먹어야 한다.   (○)
   ❸ 하루에 7~8시간 정도 푹 자야 한다.   (○)

   단어장
   봄을 타다
   적응하다
   익숙하다
   스트레칭을 하다
   수면 시간

날씨와 몸의 변화(춘곤증)에 대한 글 읽기

1. 그림과 글 제목을 보며 글의 내용을 유추하게 한다.

   🎤 계절은 몸의 변화와 관계가 있을까요?
   '춘곤증'을 느끼는 계절은 언제예요?

2. 글을 훑어 읽게 한 후 주제, 중심 내용 등을 간단히 말해 보도록 한다.

   🎤 춘곤증은 질병이에요?
   춘곤증에는 왜 쉽게 피로를 느껴요?
   춘곤증을 예방하려면 무엇을 해야 해요?
   어떤 음식이 춘곤증 예방에 좋아요?

3. 글을 다시 읽으면서 문제를 풀게 한다.

4. 답을 같이 확인한 후, 본문을 다시 읽으며 모르는 어휘가 없는지 확인한다. 필요한 경우 새로운 어휘, 표현을 설명한다.

1. 여러분 고향의 날씨는 어떻습니까? 이때 무엇을 주의해야 합니까?

나라	날씨	주의할 점
한국	겨울에 춥고 건조하다.	• 독감이 유행할 수 있으니까 손을 잘 씻는다. • 미세 먼지가 심한 날에는 마스크를 쓴다.

2. 여러분의 고향으로 여행을 가려는 친구에게 현지 날씨와 주의할 점을 알리는 이메일을 써 보세요.

단어장
건조하다

16과 기후와 날씨 **211**

날씨 정보 제공하기

1. 어떤 글을 쓸지 알려 주고 글에 들어갈 내용을 생각해 보게 한다.

🎤 오늘은 여러분 고향의 날씨와 이때 주의해야 할 점을 쓸 거예요. 여러분의 고향으로 친구가 여행을 가려고 해요. 현지 날씨와 주의할 점을 알려 주고 싶어요. 어떤 내용을 쓰면 좋아요?

2. 교재 질문에 대해 자신이 쓸 내용을 간단히 메모하도록 한다. 교사는 학생들이 쓴 메모에 오류가 없는지 확인해 준다.

3. 메모한 내용을 바탕으로 글을 완성하게 한다.

문화와 정보

한국의 절기

한국에서는 해가 하늘에서 지나는 길을 보고 1년을 24시기로 나누어 계절의 변화를 나타냈는데 이를 절기라고 한다. 7일을 단위로 생활하는 요즘과는 다르게, 옛날에는 절기를 사용하여 15일을 단위로 살았다고 할 수 있다. 24절기는 최근에 많이 사용되지 않지만 아직도 몇몇 절기는 여전히 계절의 변화를 알려 주는 날로 한국인의 일상 속에 자리 잡고 있다. 이들 절기 중 사람들에게 친숙한 절기는 입춘, 춘분, 하지, 추분, 동지 등이다.

입춘은 봄의 시작을 알리는데, 예전에는 입춘에 한자로 '입춘대길(立春大吉)'이라고 써서 대문에 붙이고 행복을 빌었다. 춘분은 낮과 밤의 길이가 같은 날로 춘분이 지나면 낮의 길이가 점점 더 길어진다. 하지는 1년 중 낮의 길이가 가장 긴 날이고 추분은 낮과 밤의 길이가 같은 날이다. 추분이 지나면 다시 밤이 길어지는데 동지는 1년 중 밤의 길이가 가장 긴 날이다. 동지에는 팥죽을 먹으며 나쁜 일이 생기는 것을 막는 풍습이 있다.

1) 옛날 사람들은 무엇을 위해 절기를 사용했습니까?
2) 입춘과 동지에 사람들은 무엇을 합니까?
3) 여러분 고향에서는 옛날에 시간이나 계절의 흐름을 어떻게 나타냈습니까?

한국의 절기

1. 이 단원의 문화와 정보가 무엇에 대한 것인지 알려 준다.

🎙 '절기'라는 말을 들어 봤어요? 한국에서는 계절의 변화를 나타내는 단위를 '절기'라고 해요. 오늘은 '한국의 절기'에 대해 알아봅시다.

2. 교재의 사진을 보면서 주제에 대해 알고 있는 것을 상기시키고 말해 보게 한다. 이때 관련 시각 자료를 추가로 활용할 수 있다.

🎙 사진 속 달력에 '춘분'이라고 적혀 있네요. 이날은 무슨 날일까요? 올해 달력에 '입춘', '춘분', '하지', '추분', '동지'라고 적힌 날이 있는지 찾아보세요.

3. 교재를 같이 읽으면서 내용을 설명한다. 이때 중요한 정보가 있는 부분에 밑줄을 긋거나 표시하게 하는 것도 좋다.

4. 질문 1, 2의 답을 찾아보고 답하게 한다.

🎙 옛날 사람들은 무엇을 위해 절기를 사용했어요? 입춘과 동지에 사람들은 무엇을 해요?

5. 3번 질문을 이용하여 학습자 자신의 경험을 말해 보도록 한다.

🎙 여러분 고향에서는 옛날에 시간이나 계절의 흐름을 어떻게 나타냈어요?

단원 마무리

배운 어휘 확인

체감 온도	열대야
습도	찬바람이 불다
비 올 확률	옷차림
미세 먼지	춘곤증
최저 기온	우울하다
최고 기온	봄/가을을 타다
일교차가 크다	고열
비가 그치다	근육통
날이 개다	독감
기온이 영하로 떨어지다	의심되다
폭염 주의보	몸이 나른하다
호우/한파 경보	피로를 느끼다
마스크를 쓰다	기운이 없다
대피하다	졸음이 오다
시간을 내다	집중력이 떨어지다
소나기가 내리다	적응하다
야외 행사	익숙하다
체육 대회	스트레칭을 하다
연기하다	수면 시간
무리	건조하다
야유회	

16과 기후와 날씨 **213**

- 이 단원에서 배운 어휘 중 기억나는 것을 말해 보세요.
- 이 단원에서 배운 문법은 뭐예요? 어떻게 사용해요?
- 오늘 날씨가 어때요? 요즘 날씨에 조심해야 할 것이 있어요?
- 고향의 날씨와 주의할 점에 대해 설명할 수 있어요?
- 여러분이 알고 있는 한국의 절기에는 뭐가 있어요?

마무리

1. '배운 어휘 확인' 목록을 읽으면서 이해한 단어에 ☑해 보도록 한다.
2. 배운 어휘 목록의 어휘들을 읽으면서 의미를 상기시킨다.
3. 단원에서 학습한 문법(동·형-을 텐데, 동-어 있다)을 상기시키며 의미와 사용법을 기억하는지 확인한다.
4. 단원의 목표와 성취도를 확인한다.
5. 익힘책을 과제로 제시하며 다음 차시에는 복습을 할 것을 예고하면서 마무리한다.

연구

　국립국어원 학예연구관　　　　　　　이슬비　국립국어원 학예연구사
　혜선　국립국어원 학예연구사　　　　박지수　국립국어원 연구원

집필진

　책임 집필
　이미혜　이화여자대학교 교육대학원 교수

　공동 집필
　이영숙　한양대학교 국제교육원 교수　　　조항록　상명대학교 한국학과 교수
　안경화　서울대학교 언어교육원 대우교수　　배재원　이화여자대학교 언어교육원 특임교수
　김현정　서강대학교 국제한국학선도센터 책임연구원　정미지　아주대학교 다산학부대학 특임교수
　이윤진　안양대학교 교육대학원 교수　　　오지혜　세명대학교 미디어문화학부 교수
　유해준　상지대학교 한국어문학과 교수　　박수연　조선대학교 언어교육원 교육부장
　강유선　숙명여자대학교 아시아여성연구원 연구원　이미선　서정대학교 사회통합프로그램 강사
　이명순　대전대학교 사회통합프로그램 강사

　연구 보조원
　김민정　이화여자대학교 국제대학원 강사　　오민수　건국대학교 언어교육원 강사
　위햇님　서울대학교 언어교육원 강사　　　이승민　(재)한국이민재단 강사
　남미정　상명대학교 국제언어문화교육원 강사　곽은선　고려대학교 한국어센터 강사
　권수진　한양대학교 국제교육원 강사　　　강수진　상명대학교 국제언어문화교육원 강사
　진보영　안산시외국인주민지원본부 사회통합프로그램 강사

법무부 사회통합프로그램(KIIP)

한국어와 한국문화 중급 1 (교사용 지도서)

1판 1쇄 발행　2020년 12월 10일
1판 3쇄 발행　2023년 5월 26일

기획 · 연구　국립국어원
관계 기관협조　법무부 출입국 · 외국인정책본부 이민통합과
지은이　이미혜 외

펴낸이　박민우
기획팀　송인성, 김선명, 김선호
편집팀　박우진, 김영주, 김정아, 최미라, 전혜련
관리팀　임선희, 정철호, 김성언, 권주련
펴낸곳　(주)도서출판 하우

주소　서울시 중랑구 망우로68길 48
전화　(02)922-7090
팩스　(02)922-7092
홈페이지　http://www.hawoo.co.kr
e-mail　hawoo@hawoo.co.kr
등록번호　제475호

값 13,000원
ISBN 979-11-90154-92-5 14710
ISBN 979-11-90154-80-2 14710 (set)